Qualitative Soz
und ihr Kontex

Jessica Pflüger

Qualitative Sozialforschung und ihr Kontext

Wissenschaftliche Teamarbeit im internationalen Vergleich

Springer VS

Jessica Pflüger
Erlangen, Deutschland

Zgl. Dissertation an der Friedrich-Alexander-Universität Erlangen-Nürnberg, 2012
Originaltitel „Qualitative Sozialforschung und ihr Kontext. Methodische Praktiken der teamförmigen Durchführung von arbeits- und industriesoziologischen Fallstudien in Großbritannien und Deutschland“

Die Dissertation erhält den STAEDTLER Promotionspreis, 2013

ISBN 978-3-658-01225-0 ISBN 978-3-658-01226-7 (eBook)
DOI 10.1007/978-3-658-01226-7

Die Deutsche Nationalbibliothek verzeichnet diese Publikation in der Deutschen Nationalbibliografie; detaillierte bibliografische Daten sind im Internet über http://dnb.d-nb.de abrufbar.

Springer VS

Gedruckt auf säurefreiem und chlorfrei gebleichtem Papier

Springer VS ist eine Marke von Springer DE. Springer DE ist Teil der Fachverlagsgruppe Springer Science+Business Media.
www.springer-vs.de

Danksagung

Eine Arbeit, die für eine ‚Kontextualisierung von Sozialforschung' plädiert, sollte sich diesem Anspruch auch selbst stellen. Daher an dieser Stelle einige Sätze zum Kontext der vorliegenden Studie.

Die folgende Untersuchung wurde im Rahmen einer Promotion in einem Zeitraum von knapp fünf Jahren (2007 bis 2012) an drei verschiedenen Universitäten und in zwei Ländern angefertigt – und dabei von zahlreichen Menschen begleitet und unterstützt.

Sie hat ihren Ursprung in einem von der Deutschen Forschungsgemeinschaft (DFG) geförderten Projekt zur ‚Industriesoziologischen Fallstudie – Entwicklungspotenziale einer Forschungsstrategie' (2007 bis 2009). Der internationale Vergleich wurde durch ein einjähriges Forschungsstipendium des Deutschen Akademischen Austausch Dienstes (DAAD) in Großbritannien möglich und vor Ort von Paul Blyton (ideal) betreut (2009 bis 2010).

Herzlich bedanken möchte ich mich bei den (ehemaligen) Kolleginnen und Kollegen an der TU München, der Cardiff University und der FAU Erlangen-Nürnberg, für Motivation und konstruktive Kritik. Für viele wertvolle Diskussionen bin ich der ‚Münchner Forschungswerkstatt' (Anna Buschmeyer, Sabrina Gebauer, Elisa Hartmann, Horan Lee, Judith Neumer, Karin Orle, Tobias Ritter und Hans Pongratz) sehr verbunden.

Tiefen Dank empfinde ich gegenüber meinen Doktorvätern Hans Pongratz und Rainer Trinczek – und zwar weit über deren inhaltliche Anregungen bezüglich der Dissertation hinaus. Beide haben mich in den letzten zehn Jahren als Dozenten, Vorgesetzte und Mentoren begleitet und waren Lehrer im besten Sinne. Hans Pongratz danke ich besonders für seinen Blick auf das Wesentliche und sein außergewöhnliches Engagement. Rainer Trinczek möchte ich ausdrücklich danken für ein Maß an wissenschaftlicher Freiheit wie man es nur selten findet und bestmögliche Arbeitsbedingungen. Ich hoffe sehr, dass wir auch in Zukunft Möglichkeiten zur Zusammenarbeit finden.

Zu großem Dank bin ich außerdem den Interviewpartnerinnen und Interviewpartnern für ihre Gesprächsbereitschaft verpflichtet – ohne sie wäre die Studie nicht in dieser Weise möglich gewesen.

Inhalt

1 Einleitung

> „Will man eine Wissenschaft verstehen, so sollte man nicht in erster Linie ihre Theorien oder Entdeckungen ansehen und keinesfalls das, was ihre Apologeten über sie zu sagen haben, sondern das, was ihre Praktiker tun“ (Geertz 1987, 9 f.).

Geertzs Plädoyer ist aus manchem Grund beizupflichten und dennoch bleibt wissenschaftliche Forschungspraxis auch gut 25 Jahre später ein theoretisch wie empirisch spärlich untersuchtes Feld. Wir wissen nicht viel darüber, wie Wissen in alltäglichen Forschungsprozessen in verschiedenen wissenschaftlichen Disziplinen erzeugt wird. Warum und unter welchen Bedingungen setzen sich bestimmte (methodische) Praktiken durch bzw. verschwinden? Wie verläuft die Interpretation von Daten? Welche (sozialen) Faktoren treiben Themen voran oder bremsen diese? Welche mikro-, meso- oder makrostrukturellen Dynamiken beeinflussen Forschung? Wie wirken sich beispielsweise die Forschenden und ihre Forschungsteams, disziplinäre Traditionen oder nationale Wissenschaftspolitik auf Forschungsarbeit aus? Das sind Fragen, über die bisher nur wenig bekannt ist (vgl. Leahey 2008).

Dies überrascht, verspricht doch eine derartige *Analyse wissenschaftlicher Praxis* Erkenntnisgewinn zu liefern, indem sie die sozialen Prozesse und kontextuellen Einflüsse, unter denen Wissen hergestellt wird, beleuchtet. Umso dringlicher wird dies, wo sich Wissenschaft gravierend verändert. Gerade die Soziologie, die es sich zur Aufgabe gemacht hat, einen Blick ‚hinter die Fassade‘, auf (verborgene) soziale Strukturen und Konstruktionen zu werfen, darf nicht zurückschrecken, (soziologische) Forschung selbst zum Gegenstand wissenschafts- und erkenntnistheoretischer Reflexion zu machen:

> „Sociology, which invites the other sciences to address the question of their social foundations, cannot exempt itself from this calling into question. Casting an ironic gaze on the social world, a gaze which unveils, unmasks, brings to light what is hidden, it cannot avoid casting this gaze on itself – with the intention not of destroying sociology but rather of serving it, using the sociology of sociology in order to make a better sociology“ (Bourdieu 2004, 4).

Die vorliegende Arbeit will einen Beitrag dazu leisten, unter anderem indem sie einen empirischen Einblick in die Welt der (Sozial-)Forschung eröffnet. Sie fokussiert eine spezifische Facette wissenschaftlicher Praxis – den Forschungsprozess. Dabei konzentriert sie sich auf *methodische Praktiken*, d.h. (methodische) Forschungspraxis im Zuge der Durchführung von empirischen Studien, genauer gesagt, von arbeits- und industriesoziologischen Fallstudien. Die Arbeit ist somit an der Schnittstelle von Wissenschaftssoziologie und Methodologie zu verorten.

Ihr liegen zwei zentrale Probleme zu Grunde: Erstens, das *Spannungsverhältnis von Methodologie und empirischer Forschungspraxis*. Methodische Regeln werden grundsätzlich als handlungsleitend verstanden; Methoden der empirischen Sozialforschung erheben den Anspruch auf universelle Gültigkeit ihrer Leitlinien. Gleichwohl wird mit Blick auf die ‚Wirklichkeit' der Forschungspraxis offenkundig, dass prinzipiell handlungsleitende Regeln ganz unterschiedlich umgesetzt werden, sozusagen unterschiedliche Deutungs- und Ausgestaltungsmuster von Methodologie bestehen (vgl. Lamnek 2005). Wie und warum methodische Praktiken variieren können, wird im Folgenden betrachtet. Zugleich berührt die Arbeit einen *wissenschaftstheoretischen Grundkonflikt*: die Forderung nach objektiven Ergebnissen, obwohl seit den 1970er Jahren bekannt ist, dass Forschende als Akteure den Forschungsprozess und dessen Ergebnisse beeinflussen (z.B. Knorr-Cetina 1981). Sozialwissenschaft hat soziale Prozesse nicht nur zum Gegenstand, sondern findet selbst auch als soziale Praxis statt. Besonders gilt dies für qualitative Sozialforschung, die methodologisch unter anderem durch ‚Kommunikation' gekennzeichnet ist (vgl. Hoffmann-Riem 1980). Daher steht diese in den weiteren Ausführungen im Mittelpunkt.

Wenn die Kommunikationsgebundenheit von derartiger Forschung systematisch reflektiert wird, dann allerdings üblicherweise mit Blick auf Austauschbeziehungen von Forschenden und Beforschten. Nicht thematisiert wird in der Regel die (methodische) Bedeutung des Forschungsteams. Vielmehr wird in der einschlägigen Literatur meist noch immer der Ideologie des *‚lone researcher'* gefolgt. Es wird (zumindest implizit) davon ausgegangen, dass der einzelne Forschende Ergebnisse relativ isoliert produziert. Wenngleich ein beachtlicher – und zunehmender – Teil an Forschung in den Sozial- und Naturwissenschaften von Forschungsgruppen durchgeführt wird (vgl. Mauthner/Doucet 2008), fehlen derzeit in Standardwerken und Einführungsbüchern zur Wissenschaftssoziologie oder zur Methodik empirischer Sozialforschung weitestgehend Hinweise auf die Spezifika und Implikationen wissenschaftlicher Zusammenarbeit.[1] Die Einbezie-

[1] Siehe etwa die Standardwerke zur Wissenschaftsforschung von Felt et al. (1995) oder Jasanoff (1995). Zur Methodik von Sozialforschung siehe z.B. die bekannten Einführungsbücher von Schnell et al. (2011) bzw. Flick (2007) oder, international, z.B. Denzin/Lincoln (2005) oder Miles/Huberman (2005).

hung von wissenschaftlicher Teamarbeit als relevante Kategorie methodologischer Reflexion steht noch aus. Dabei kann begründet vermutet werden, dass ‚Scientific Teamwork' nicht nur besondere organisatorische Herausforderungen zur Folge hat, sondern auch method(olog)ische Charakteristika, die von Einzelforschung abweichen. Vor allem im Rahmen qualitativ orientierter Forschung wird wiederholt auf spezifische Vorteile von Forschungsgruppen verwiesen (z.B. Liggett et al. 1994, Wasser/Bresler 1996, Richards 1999).

Untersucht wird dies – d.h. die Spezifika teamförmiger Forschung und deren kontextuelle Beeinflussung – in der vorliegenden Studie am Beispiel von *Teams in der arbeits- und industriesoziologischen Fallstudienforschung in Großbritannien und Deutschland*. Der Blick auf Fallstudienforschung bietet sich aufgrund ihrer methodologischen Kennzeichen besonders an. Denn die ‚Forschungsstrategie' der Fallstudie ist insbesondere durch ihre Flexibilität und den relativ hohen Grad an Offenheit im Forschungsprozess charakterisiert (Yin 2009). Diese Merkmale stellen nicht nur besondere Voraussetzungen, beispielsweise an kontinuierliche Abstimmungsprozesse im Forschungsteam, sie bringen es auch mit sich, wie deutlich werden wird, dass dem Team im Forschungsprozess bedeutungsvolle (methodische) Funktionen zukommen. Vor allem in der Arbeits- und Industriesoziologie konnte sich die Fallstudie als vorherrschendes Forschungsdesign durchsetzen (vgl. Pflüger et al. 2010a bzw. Pongratz/Trinczek 2010). Daher scheint es angemessen dieses Feld in das Zentrum der Untersuchung zu rücken. Der Vergleich von britischen und deutschen Forschungsgruppen erlaubt die systematische Einbeziehung nationaler Traditionen und Institutionen, was für ein umfassendes Verständnis wesentlich ist. Der Vergleich ist zulässig, da die arbeitssoziologische Fallstudienforschung in Großbritannien und Deutschland im Großen und Ganzen durch strukturelle Ähnlichkeiten gekennzeichnet ist (vgl. Frege 2008); der Vergleich ist dienlich, da gleichzeitig signifikante Differenzen zu erkennen sind, die aus der bestehenden Literatur nicht erklärt werden können (vgl. Maurice 1991). Die Ursachen hierfür zu beleuchten, ist Aufgabe der vorliegenden Arbeit.

Es werden folglich drei konkrete *Zielsetzungen* verfolgt: Erstens, unterschiedliche methodische Vorgehensweisen bei der Durchführung von Fallstudien in verschiedenen Teams systematisch zu beschreiben, zweitens, zu klären, warum diese Praktiken (teamspezifisch) variieren, und, drittens, herauszufinden, wie diese teamförmig strukturierten Forschungsstile entstehen bzw. wann sie sich verändern. Die methodischen Praktiken der Forschungsgruppen werden theoretisch eingebettet, im Rahmen einer Analyse, die auf wissenschaftssoziologischen und neo-institutionalistischen Überlegungen beruht. Beide Perspektiven verweisen darauf, dass wissenschaftliches Wissen jeweils lokal in einem spezifischen Entstehungszusammenhang produziert wird, doch sie behandeln dies aus unterschiedlichen Blickwinkeln. Während wissenschaftssoziologische Deutungen häufig ‚internalistisch' bleiben, da sie die Sozialstruktur der Wissenschaft und ihre Normensysteme fokussieren (vgl. Felt et al. 1995), wird durch die Einbeziehung neo-institutionalistischer Annahmen demgegenüber eine ‚externalistische' Betrachtung möglich. Denn die Prämissen des ‚Neo-Institutionalismus' können nachvollziehbar machen, warum sich wissenschaftliche Vorgehensweisen prinzipiell ähneln (aufgrund ‚isomorphistischer Prozesse') und gleichzeitig, warum sich Unterschiede in den wissenschaftlichen Praktiken (z.B. zwischen den Teams in beiden Ländern) ergeben (aufgrund unterschiedlicher Erwartungen der ‚Umwelt').

Da über solche Fragen bis dato wenig bekannt ist, wird eine *qualitativ orientierte empirische Studie* durchgeführt. Sie basiert auf sechs Fallstudien arbeits- und industriesoziologischer Teams in Großbritannien und Deutschland. Neben Analysen veröffentlichter Publikationen dieser Teams und deren Mitglieder finden hierzu 29 halbstrukturierte Leitfadeninterviews mit Wissenschaftlerinnen und Wissenschaftlern statt. In den Interviews wird sowohl auf individuelle Erfahrungen mit Teamarbeit im Zuge von Fallstudienforschung eingegangen als auch auf die spezifischen Kennzeichen des Forschungsteams sowie allgemeine Charakteristika wissenschaftlicher Zusammenarbeit. Die beiden Zugänge, Dokumentenanalyse und Interviews, können als komplementär gelten. Deren Triangulation wird als Möglichkeit verstanden, den Untersuchungsgegenstand umfassend in seinen unterschiedlichen Facetten zu erfassen und so zu einer angemessenen Fallanalyse zu gelangen. Beide Erhebungsverfahren finden zunächst einzeln statt und werden auf der Ebene des Einzelfalls, d.h. des untersuchten Teams, in Beziehung gesetzt. Erst anschließend erfolgt der fallübergreifende Vergleich. Im Zentrum von Erhebung und Auswertung steht das ‚Verstehen' des Einzelfalles in seinem Kontext, numerische Generalisierbarkeit wird nicht angestrebt. So erlaubt die Arbeit zwar keine Rückschlüsse auf Häufigkeiten, sie trägt jedoch zu einem Verständnis von Handlungsmustern in deren Vielfalt und Strukturiertheit bei.

Unterschiede in wissenschaftlichen Praktiken begreifbar zu machen, ist ein ehrgeiziges Vorhaben. Selbstverständlich sind für derartige Differenzen immer mehr als nur ein Faktor verantwortlich, insbesondere wenn Unterschiede in national geprägten Forschungsverfahren erklärt werden sollen (vgl. Frege 2007). Daher steht in dieser Arbeit nicht die Klärung von Kausalitäten im Vordergrund, stattdessen sollen wechselseitige Zusammenhänge aufgedeckt werden. Es wird insbesondere danach gefragt, welche Beziehung zwischen ‚Methode' und ‚Kontext' besteht. Der Beitrag der Arbeit reicht über die deskriptive Analyse wissenschaftlicher Verfahren hinaus: Sie verdeutlicht, auf der Basis der empirischen Erhebung, dass gängige methodologische Annahmen an Unterkomplexität leiden, da sie ‚wissenschaftsexterne' Faktoren und deren Einfluss auf methodische Vorgehensweisen weitgehend ausblenden. Sie spricht sich für eine kontextsensible Betrachtung teamförmiger Forschungspraxis aus.

Der Aufbau der Arbeit gestaltet sich wie folgt: Das anschließende Kapitel, Kapitel 2, führt ausführlich in den Forschungsgegenstand und die Fragestellung der Arbeit ein. Es zeigt, dass die Analyse teamförmig strukturierter (methodischer) Praktiken im Zuge von Forschungsprozessen vor dem Hintergrund kontextueller Varianzen noch aussteht, jedoch Gewinn versprechend ist. Auf dieser Grundlage erfolgt in Kapitel 3 die Darstellung des Forschungsfelds, der arbeits- und industriesoziologischen Fallstudienforschung in Großbritannien und Deutschland. In diesem Zusammenhang werden grundlegende Herausforderungen international vergleichender Studien reflektiert. Kapitel 4 bildet den theoretischen Rahmen der Studie ab. Dabei werden zunächst wissenschaftssoziologische Konzeptionen skizziert, sodann erfolgt eine Vorstellung des soziologischen Neo-Institutionalismus. Für beide Ansätze werden die Implikationen mit Blick auf die vorliegende Arbeit herausgearbeitet. Die Potenziale der Verbindung von Wissenschaftssoziologie und Neo-Institutionalismus werden hervorgehoben. Kapitel 5 beschreibt das methodische Vorgehen im Zuge der empirischen Studie. Neben den forschungsleitenden Annahmen werden das Forschungsdesign und Auswertungsstrategien der empirischen Studie skizziert. Die Untersuchung basiert auf Fallstudien, die unter Bezugnahme auf Prinzipien der Grounded Theory sowie Eisenhardts Konzept der Fallanalyse ausgewertet werden. Kapitel 6 wiederum demonstriert empirische Ergebnisse: Die untersuchten Teams werden präsentiert, ihre typischen methodischen Vorgehensweisen werden im Rahmen von Fallstudien aufbereitet und anschließend fallübergreifend verglichen. Dabei werden die Zusammenhänge von methodischen Praktiken und teamspezifischer methodologischer Verortung, teaminternem Kooperationsstil und institutionellem Kontext erarbeitet. Auf diese Weise wird deutlich, dass der Teamzusammenhang zwar strukturierend für den Charakter von methodischen Verfahren ist, dieser allerdings nicht ausreicht, um deren Unterschiede zu erklären. Kapitel 7 führt die Analyse fort: Einerseits wird die (methodische) Bedeutung des Forschungsteams diskutiert. Die (Fallstudien-)Forschungsgruppe erweist sich als *multiperspektivischer, reflexiver sozialer Raum*, der gegenüber der Einzelarbeit spezifische Vorteile aufweist. Methodologisch ist die Betrachtung von Forschungsteams zudem interessant, da dies der Ort ist, an welchem das Spannungsverhältnis von Methodologie und Forschungspraxis ‚aufgelöst' wird und die ‚Institutionalisierung' von methodischen Praktiken erfolgt. Es wird deutlich, warum methodische Praktiken, erst einmal institutionalisiert, relativ stabil sind. Andererseits wird verdeutlicht, warum sich methodische Vorgehensweisen verändern; etwa wenn sich die Erwartungen des ‚organisationalen Bezugsfelds' umformen. Auf der Grundlage des Ländervergleichs können hier in der Folge nationaler Wissenschaftsevaluation in Großbritannien Tendenzen der *Strategisierung* und *methodischen Homogenisierung von Fallstudienforschungspraxis* identifiziert werden. Diese Ergebnisse können als Hinweis auf die Wirkung des Kontexts im Rahmen von arbeits- und industriesoziologischer Fallstudienforschung gewertet werden. Daher schließt die Arbeit, in Kapitel 8, mit einem Plädoyer für eine *Kontextualisierung von Sozialforschung.*

2 Zur Teamförmigkeit von Sozialforschung

Dieses Kapitel dient der Einführung in das Forschungsproblem (Kap. 2.1), sowie der Darstellung und Reflexion bestehender empirischer Ergebnisse und konzeptioneller Überlegungen dazu (Kap. 2.2). Darüber hinaus soll erläutert werden, warum in diesem Zusammenhang das Feld der (teamförmigen) arbeits- und industriesoziologischen Fallstudienforschung untersucht wird und welche Implikationen sich hieraus ergeben (Kap. 2.3). Abschließend erfolgt eine erste kurze Zusammenfassung (Kap. 2.4).

2.1 Der Mythos des ‚lone researcher'

Für Max Weber war wissenschaftliches Wissen anderen Wissensformen überlegen, da „Regeln der Logik und Methodik" gelten (Weber 2002, 494; im Original 1914). Diese Annahme, dass wissenschaftliches Wissen ein per se superiores, weil objektives, Wissen ist, wird heutzutage kritisch gesehen. Methodisch kontrolliertes Vorgehen gilt hingegen immer noch als zentraler Bestimmungsfaktor wissenschaftlichen Wissens. Methoden dienen in der Sozialforschung als Hilfsmittel bei der Konstituierung inhaltlich begründeter, intersubjektiv nachvollziehbarer Wirklichkeitsperspektiven; methodologische Grundsätze gelten als universell.

Dabei gibt es nicht *die* eine richtige Methode, sondern einen breites Spektrum von unterschiedlichen, prinzipiell gleichberechtigen Ansätzen (‚Methodenpluralismus'). Das Arsenal an verschiedenen Methoden wird in den Sozialwissenschaften häufig als ‚Werkzeugkasten' verstanden, aus welchem, je nach Forschungsgegenstand und -frage, unterschiedliche Erhebungs- und Auswertungsinstrumente ausgewählt werden (vgl. Atteslander 2003, vgl. Flick 2007). Die Metaphern des ‚Werkzeugkastens' und der ‚Instrumente' sind jedoch insofern irreleitend als sie ein allzu statisches Bild vermitteln, müssen doch in der Forschungspraxis die jeweiligen Methoden an den Untersuchungsgegenstand angepasst werden. Methodologie und Forschungspraxis stehen in einem Spannungsverhältnis. Das sieht auch Mayntz, wenn sie deren Verhältnis mit der Beziehung zwischen sozialen Normen und faktischem sozialen Verhalten vergleicht: „Unkenntnis, Unvermögen und eine Vielzahl praktischer Zwänge und gegenläufiger

Zwecke machen die Übereinstimmung unvollkommen, ohne jedoch die Gültigkeit der Regeln grundsätzlich in Frage zu stellen“ (Mayntz 1985, 65). Damit kann Mayntz zwar Variabilität in der Umsetzung von methodischen Regeln erklären, unterschätzt aber meines Erachtens, dass eine reine ‚Anwendung‘ der einzelnen methodischen Zugänge nur bedingt möglich ist. Wie – prinzipiell handlungsleitende – methodische Standards umgesetzt werden, variiert nicht nur mit Blick auf den Untersuchungsgegenstand, sondern ist auch von den Forschenden und deren Kontext abhängig. Dass der ‚Zugriff‘ auf den Werkzeugkasten, die Verwendung der Instrumente, und vor allem die Bewertung deren Resultate unter anderem von der Subjektivität der Forschenden (und von der Forschungsgruppe) abhängen, wurde durch eine Reihe wissenschaftssoziologische Analysen zu einer salonfähigen Annahme (z.B. Knorr-Cetina 1981, Latour/Woolgar 1979, Lynch 1985). Daher finden sich in der methodologischen Diskussion seit Beginn der 1980er Jahre immer häufiger Verweise auf die kulturelle, konzeptuelle oder epistemologische Relativität wissenschaftlicher Deutungsmuster und Forschungspraktiken (Bonß/Hartmann 1985, 18).

Dementsprechend thematisiert die Arbeit einen wissenschaftstheoretischen Grundkonflikt: Einerseits besteht die Forderung nach wissenschaftlich soliden, objektiven Ergebnissen, während andererseits hinlänglich bekannt ist, dass Forschende als Akteure Forschungsprozesse und -ergebnisse strukturieren (z.B. durch biographische, kulturelle oder disziplinäre Erfahrungen, Mruck/Breuer 2003). Leahey fasst dies, insbesondere mit Blick auf Sozialforschung, lapidar zusammen: „Research is a human activity, not immune to social influences, and social research is no exception“ (Leahey 2008, 34).[2]

Gemeinsam ist an solchen Überlegungen, dass sie oftmals auf der individuellen Ebene verharren.[3] Wenn ausschließlich die Subjektivität des einzelnen Forschenden beachtet wird, wird jedoch ein zentraler Aspekt verkannt: Forschung erfolgt nicht selten in Teamarbeit. Im Gegenteil, teamförmige Forschung ist heute nicht die Ausnahme, sondern in vielen wissenschaftlichen Disziplinen die Regel. Dies stellt Cottrell schon 1962 fest:

---

2 Die Folgerungen, die aus dieser Erkenntnis gezogen werden, sind durchaus unterschiedlich. Während in der quantitativen Sozialforschung versucht wird, den ‚Störfaktor‘ Subjektivität auszuschalten, gilt die (methodisch kontrollierte) Reflexivität des Forschenden in der qualitativen Methodologie als Bestandteil der Erkenntnis (vgl. Flick et al. 2000, 23).

3 Zwar wird sozialen Gruppenprozessen in den einschlägigen Laborstudien eine hohe Bedeutung beigemessen (z.B. Knorr-Cetina 1981), deren Kontext wird jedoch nur sporadisch analysiert. In der Regel wird nicht gefragt, warum die Forschenden so handeln, wie sie handeln, etc.

> „The solitary scientist, withdrawn from the world: this is a popular image and it is easy to see why. Even so, this image of the solitary scientist is mostly a misleading one. (…) This is an age of research teams, big laboratories, international research projects“ (Cottrell 1962, 390).

Auffallend ist, dass wissenschaftliche Teamarbeit zunimmt. Ein Indiz hierfür ist beispielsweise das rapide Wachstum von Ko-Autorschaften, das sich insbesondere in der Soziologie feststellen lässt (nachgeordnet auch in Mathematik und Physik, siehe Babchuk et al. 1999). Deshalb wird Kollaboration auch und gerade in den Sozialwissenschaften teilweise schon als *‚academic mode of production‘* verstanden (Mauthner/Doucet 2008). Zu einem ähnlichen Ergebnis kommen Hunter und Leahey (2008) auf der Basis einer quantitativen Analyse der amerikanischen Soziologie: „(…) collaboration is becoming normative in sociology and it is important to understand both the causes and the implications of this major shift in work organization“ (Hunter/Leahey 2008, 305).

Und dies ist keine neue oder kurzzeitige Entwicklung, schon in den 1950er Jahren wurde die steigende Tendenz zu Scientific Teamwork in den Sozialwissenschaften als eine der *„(...) most significant developments in social sciences in the last two decades“* bezeichnet (Bennis 1956, 223). Die Gründe für eine Zunahme teamförmiger Forschung in zahlreichen wissenschaftlichen Disziplinen sind vielfältig: Eaton (1951) hebt beispielsweise hervor, dass Forschung immer komplexer wird und damit Arbeitsteilung immer notwendiger und gewinnbringender. Hagstrom (1964) führt die steigende Bedeutung von wissenschaftlicher Teamarbeit auf veränderte ökonomische und technische Rahmenbedingungen zurück und Bahrdt (1971) nennt die Ausdifferenzierung von Forscherkenntnissen und -fähigkeiten.

Obwohl ein beachtlicher Teil an Forschung in den Sozial- und Naturwissenschaften von Forschungsgruppen durchgeführt wird (und nicht von Einzelpersonen), wird in wissenschaftstheoretischen Studien immer noch häufig implizit oder explizit dem Mythos des ‚lone researcher‘ gefolgt, der relativ isoliert seine Ergebnisse produziert. Derzeit fehlen in Standardwerken und Einführungsbüchern zur Wissenschaftssoziologie oder zur Methodik empirischer Sozialforschung weitestgehend Hinweise auf die besonderen Voraussetzungen und Anforderungen, die mit wissenschaftlicher Zusammenarbeit verbunden sind.[4] Eine systematische Reflexion deren Bedeutung findet bisher nicht statt. Diese

4 Wie schon in der Einleitung skizziert, fehlen ausführliche Betrachtungen etwa in den Standardwerken der Wissenschaftsforschung von Felt et al. (1995) oder (international) Jasanoff (2003). Selbiges gilt mit Blick auf die Methodologie von Sozialforschung, z.B. bei Schnell et al. (2011) bzw. Flick (2007) oder, international, beispielsweise bei Denzin/Lincoln (1994) und Miles/Huberman (2005).

Vernachlässigung der Thematik im sozialwissenschaftlichen Diskurs – und zwar trotz der wachsenden Relevanz in der Forschungspraxis – scheint erstaunlich, sind doch Formen der Team- oder Projektarbeit in vielen anderen Arbeitsfeldern zum dezidierten Forschungsgegenstand geworden (siehe z.B. Hackman 1990, Procter/Mueller 2000; zur Projektförmigkeit von Forschung siehe Torka 2008).

Mit Blick auf die deutschsprachige Literatur wird dieses Desiderat auf den ersten Blick ersichtlich: Publikationen, die sich aus sozialwissenschaftlicher Perspektive mit Teamarbeit von Forschenden beschäftigen (und wiederum deren Einfluss auf den Forschungsprozess), lassen sich an einer Hand abzählen. Wo sich Anhaltspunkte zur Problematik finden, bleiben diese häufig oberflächlich. Selbiges trifft insgesamt auf den internationalen Raum zu, auch wenn in den Vereinigten Staaten seit den 1950er Jahren immer wieder Einzelaufsätze zu ‚scientific teamwork' oder ‚scientific collaboration' veröffentlicht und diskutiert werden. Da bis dato keine übergreifende Auseinandersetzung mit der Thematik stattgefunden hat (ausführlich in Kap. 2.2), ist Barry und anderen in ihrer Aussage zuzustimmen, wenn sie formulieren: *„In general, scientific teamwork appears to be one of the taken-for-granted aspects of research"* (Barry et al. 1999, 27).

Unter dem Blickwinkel der Entwicklung teamförmiger Forschung zum ‚akademischen Modus der Produktion' scheint es angebracht, solche, bislang unhinterfragten, Annahmen in den Mittelpunkt zu rücken, d.h. im Team strukturierte Forschungsprozesse einer sorgfältigen Analyse zu unterziehen. Für eine derartige Betrachtung sprechen neben dem Aspekt des quantitativen Wachstums von wissenschaftlicher Teamarbeit durchaus gute Gründe. Vor allem für die Sozialforschung scheint eine Auseinandersetzung aufgrund eines ihrer Charakteristika besonders wünschenswert: *Da Sozialforschung durch Kommunikation geprägt ist, und diese Kommunikation maßgeblich innerhalb in der Forschungsgruppe stattfindet, kann begründet vermutet werden, dass dem wissenschaftlichen Team eine (methodische) Bedeutung im Forschungsprozess zukommt.*

Dass Daten in den Sozialwissenschaften kommunikativ erzeugt werden bzw. solche Forschung die Herstellung von kommunikativen Beziehungen zwischen Auftraggebern, Forschern und Beforschten voraussetzt, wird inzwischen kaum mehr bestritten. Schon Schütze hat betont, dass insbesondere die sozialwissenschaftliche Datengewinnung an eine Kommunikationsbeziehung zwischen Forschendem und Beforschten gebunden ist. Daher spricht er vom ‚*kommunikativen Grundcharakter*' der Sozialforschung (vgl. Schütze 1978). Graduelle Unterschiede ergeben sich mit Blick auf so genannte ‚quantitative' und ‚qualitative'

Forschung[5]: *Kommunikationsgebundenheit* wird als besonderes Merkmal von letzterer verstanden (vgl. Hoffmann-Riem 1980).

Obgleich dieser ‚kommunikative Charakter‘ der qualitativ orientierten empirischen Forschung weitgehend anerkannt wird, bleibt er häufig latent (dazu Ziegaus 2009 ausführlich; er kann z.B. zeigen, wie Validität kommunikativ erzeugt wird). Nachhaltige Diskussionen von kommunikativen Konstellationen im Rahmen von Forschungsprozessen finden in der Methodendiskussion sowie der Wissenschaftstheorie kaum statt. Diese ‚Latenz‘ der Thematik scheint erstaunlich, da beispielsweise in Deutschland schon in den 1970er Jahren *‚Sozialforschung als Kommunikation‘* formuliert wurde, und zwar durch die ‚Arbeitsgruppe Bielefelder Soziologen‘ (1976). Aufbauend auf interaktionistischen Annahmen wird dort davon ausgegangen, dass soziale Wirklichkeit als Ergebnis gemeinsam in sozialer Interaktion hergestellter Bedeutungen und Zusammenhänge zu verstehen ist. Und Sozialforschung stellt keine Ausnahme dar: Jedweder Forschung sind Kommunikationsprozesse inhärent (in unterschiedlichem Ausmaß), Kommunikation ist ein *‚Strukturelement‘* von Methoden (Arbeitsgruppe Bielefelder Soziologen 1976, 42 f.).

Ein Kritikpunkt kann jedoch sowohl Schütze wie auch den ‚Bielefelder Soziologen‘ nicht erspart bleiben: Sie fokussieren die *Erhebungsphase* – und dabei insbesondere Rückkopplungsprozessen zwischen Forschenden und Beforschten (sieh auch Lamnek 2005). Allerdings ist davon auszugehen, dass Kommunikation gerade in qualitativen Forschungsprozessen fortlaufend und insbesondere auch in der Auswertung von Daten, d.h. innerhalb der Forschungsgruppe, relevant wird. Dies macht es notwendig, forschungsgruppeninterne Kommunikations- und Konstruktionsprozesse zu explizieren. Dass der Forschungsgruppe im Rahmen (kommunikativ geprägter) empirischer Untersuchungen maßgebliche (methodische) Funktionen zukommen, darauf wird in der Forschungspraxis immer wieder verwiesen (detailliert in den Kapiteln 2.2.2 und 7.1).

Daher wird an dieser Stelle für eine Betrachtung qualitativer Sozialforschung in ihrer teamförmigen Strukturierung plädiert. Eine solche Analyse wissenschaftlicher Forschungspraxis scheint nicht nur lange überfällig, sondern auch durchaus sinnvoll[6]: die Darstellung von typischerweise nicht transparenten Prak-

---

5 Im weiteren Verlauf der Arbeit werden immer wieder ‚qualitative‘ und ‚quantitative‘ Methoden der Sozialforschung gegenübergestellt. Diese zugegebenermaßen vereinfachende und pauschalisierende Dichotomisierung dient Darstellungszwecken.

6 Leahey (2008) weist in ihrer Synopse zu Recht darauf hin, dass Plädoyers für eine stärkere Analyse von Forschungspraxis nicht neu sind. So wurde immer wieder von verschiedensten Seiten auf die Notwendigkeit der Analyse von wissenschaftlichen Praktiken hingewiesen, z.B. durch Aaron Cicourel, Howard Becker oder Harold Garfinkel und Anselm Strauss aus der ethnomethodologisch geprägten Tradition, durch Nora Schaeffer und Tom Smith aus der Survey Tra-

tiken kann Forschende ermutigen, ihre eigene Vorgehensweise zu reflektieren und somit positive Effekte für die Qualität von solchen Untersuchungen generieren. Methodologische Grundlagenforschung hat, wie Leahey (2008) deutlich macht, eine ‚ausstrahlende Wirkung' auf weite Bereiche soziologischer Analyse. Da Forschende aus unterschiedlichsten soziologischen Theorietraditionen empirisch arbeiten, streuen Veränderungen bzw. Verbesserungen, im Umgang mit Methoden breit in die wissenschaftliche Community.[7] Daher plädiert sie ausdrücklich für eine Auseinandersetzung damit:

> „The sociology of social research, far from being a trite exercise in navel-gazing, is critical for the future viability of sociology, for the discipline's legitimacy and autonomy, and for improving social research more generally" (Leahey 2008, 33).

2.2 Wissenschaftliche Teamarbeit

Obwohl der Mythos des ‚lone researcher' die einschlägige Literatur nach wie vor dominiert, lassen sich auch vereinzelt Bemühungen der Reflexion wissenschaftlicher Teamarbeit erkennen. Dies beginnt in den 1950er Jahren. Dort finden sich im US-amerikanischen Raum erste einzelne Publikationen, die ‚Scientific Teamwork' im naturwissenschaftlichen Bereich betrachten (z.B. Furney 1950). In den 1960er und 1970er Jahren werden daraufhin grundlegend die spezifischen Kennzeichen und Herausforderungen von Forschungsgruppen skizziert (z.B. Hagstrom 1964, Bahrdt 1971) und einzelne einschlägige empirische Studien durchgeführt (hier ist vor allem Platt 1976 zu nennen). Ein Fokus der Beforschung von Scientific Teamwork liegt auf inter- und multidisziplinären Teams (z.B. Parthey 1983).[8] Ebenfalls zentral behandelt werden die Vor- und Nachteile von Gruppenarbeit in der Forschung (z.B. Fox/Faver 1984, Tripp-Reimer et al.

dition oder durch geschichtlich interessierte Soziologen wie Jennifer Platt. Dass diese Einzelplädoyers aus unterschiedlichen Disziplinen und Subdisziplinen kommen, hat bisher wohl dazu geführt, dass keine systematische Rezeption stattgefunden hat. Leahey vermutet außerdem, dass der Forschungsmangel zurückzuführen ist auf eine gewisse Abneigung von Forschenden, sich selbst zu untersuchen.

7 Diaz-Bone (2010) geht noch weiter: Er fasst empirische Sozialforschung, im Sinne einer ‚Sozio-Epistemologie', als eine breit in die Gesellschaft ausstrahlende Erkenntnispraxis und plädiert daher für eine Analyse deren Performativitäten und Gegenformativitäten.

8 Angefangen mit der Auswahl eines geeigneten interdisziplinären Forschungsthemas, über inhaltliche und methodische Unterschiedlichkeiten sowie charakteristische Statusdifferenzen und Konkurrenzmechanismen zwischen den Disziplinen bis hin zu kommunikativen Verständigungsschwierigkeiten multidisziplinärer Teamarbeit – derartige Teamarbeit stellt eine besondere Herausforderung dar und wurde deshalb vergleichsweise früh und ausführlich untersucht (vgl. dazu Blackwell 1955, Luszki 1958, Parthey/Schreiber 1983 oder Crow et al. 1992).

1994). Mit deutlichem Abstand folgen Einzelanalysen der Zusammenarbeit von Wissenschaftlern, beispielsweise zu den Konsequenzen geschlechtlicher und ethnischer Zusammensetzung von Teams (z.B. Stanley/Slattery 2003), zur Rolle der Projektgruppe bei der Interpretation von Ergebnissen (z.B. Wasser/Bresler 1996; Oelsen et al. 1994) oder zur Gestaltung des gemeinsamen Schreibprozesses (z.B. Woods et al. 1998). Auffällig ist, dass hier häufig Erfahrungsberichte konkreter Forschungsprojekte im Rahmen qualitativ orientierter Untersuchungen die Grundlage sind. Solche Einzeldarstellungen werden allerdings kaum in den Gesamtzusammenhang eingebettet und bleiben häufig atheoretisch. Eine systematische Zusammenschau zum Stand der Forschung existiert meines Wissens nicht.[9]

Daher soll an dieser Stelle eine Synopse bestehender Überlegungen erfolgen. Dazu werden zunächst Formen und Kennzeichen von wissenschaftlicher Teamarbeit vorgestellt (Kap. 2.2.1) und anschließend Anhaltspunkte zu deren methodischer Bedeutung geschildert (Kap. 2.2.2). Ziel dieses Kapitels ist es, einen Überblick über den einschlägigen Forschungsstand zu vermitteln, auf Forschungslücken hinzuweisen und die eigene Arbeit einzuordnen.

2.2.1 Strukturen wissenschaftlicher Teams

Definition: Wie wird ‚wissenschaftliche Teamarbeit' gefasst?

Wenn man sich mit der Zusammenarbeit von Wissenschaftlern befasst, fällt auf, dass hierfür sehr unterschiedliche Begriffe und Konzeptionen verwendet werden. In der internationalen Literatur finden sich unter anderem die Begriffe ‚cooperation' (z.B. Furney 1950), ‚collaboration' (z.B. Gottlieb 1995, Shrum et al. 2007), sowie ‚scientific teamwork' (z.B. Hagstrom 1964) oder ‚team research' (z.B. Luszki 1958, Bradley 1982). Diese Begrifflichkeiten sind meist nicht trennscharf und werden changierend verwendet. Erkennbar ist jedoch, dass ‚co-

[9] Was demgegenüber existiert, sind Analysen zur ‚scientific community', allgemein, oder zu spezifischen wissenschaftlichen Gemeinschaften. Beginnend mit Fleck (1999, i.O. 1935) und (später) Kuhn (1973, i.O. 1962) hat sich dies innerhalb der Wissenschaftssoziologie etabliert. Gläser (2001) stellt hier jedoch noch Forschungslücken fest. Zunehmend existieren auch bibliometrische Studien über die Entwicklung von Ko-Autorschaften und Zitationsverweisen (vgl. Jacobs 1987). Dies verbleibt aber auf der ‚formalen' Ebene, wie auch Collins (1985) feststellt. Gegen das Konzept der wissenschaftlichen Gemeinschaft richtet sich auch Knorr-Cetina (1981; 1999). Sie kritisiert dessen externalistischen Bias, der nicht mit den Wahrnehmungen von Wissenschaftlern übereinstimme: Wissenschaftler sähen die Grenzen ihrer Gemeinschaften nicht als analog den Grenzen einer wissenschaftlichen Disziplin oder Expertengruppen, sondern als verbunden im größeren Rahmen, als ‚transepistemic arenas'.

operation‘ und ‚collaboration‘ häufig auf netzwerkartige Strukturen hinweist, vor allem die interdisziplinäre Zusammenarbeit in Großprojekten oder mit Praxispartnern meint. Auch die Konkretisierung der Begriffe variiert stark. So fasst beispielsweise Furney ‚co-operation‘ sehr allgemein als „collective action for mutual profit or common benefit“ (Furney 1950, 66).

Andere einschlägige Abhandlungen arbeiten sich demgegenüber stärker an der Unterscheidung von ‚Team‘ und ‚Gruppe‘ ab. Dies trifft für Neidhardt (1983) zu, der damit eine wesentliche Konzeptualisierung im deutschsprachigen Raum vorgelegt hat. Er definiert ‚Team‘ beispielsweise in einem engen Sinn als Arbeitsgruppen, „(...) deren Mitglieder formell gleichberechtigt an einer gemeinsamen Aufgabe kooperieren“ (Neidhardt 1983, 558). Die Unterscheidung zwischen ‚Gruppe‘ und ‚Team‘ ist dabei nicht immer eindeutig. Gemeinsam ist beiden Formen, laut Ilgen et al. (1993, 247), dass sie

- mindestens zwei Individuen umfassen,
- diese Individuen miteinander interagieren,
- in gewisser Weise voneinander abhängig sind
- sowie für eine begrenzte Dauer bestehen.[10]

Als wesentliches Unterscheidungsmerkmal eines ‚Teams‘ gegenüber der ‚Gruppe‘ markieren die Autoren den ‚Zielbezug‘. Teams sind gekennzeichnet durch mindestens ein explizites gemeinsames Ziel, das es zu erreichen gilt. Lose Forschungsvorhaben mehrerer Wissenschaftlerinnen und Wissenschaftler, die sich nur ‚nebenbei‘ einer gemeinsamen Aufgabe widmen, werden mit derartigen Definitionen demgegenüber ausgeschlossen (z.B. bei Bahrdt 1971).

Insgesamt ist festzustellen, dass keine einheitlichen Begriffsbestimmungen bestehen. In dieser Arbeit werden Begriffe wie ‚wissenschaftliches Team‘, ‚Forschungsteam‘ oder ‚Forschergruppe‘ wie folgt verwendet. Zu verstehen sind diese als integrierte, nach außen abgrenzbare Gruppen mit mindestens zwei Mitgliedern, die zeitlich begrenzt versuchen, ein gemeinsames Forschungsziel zu erreichen und dabei interagieren. Dabei wird das ‚Forschungsziel‘ nicht ausschließlich projektförmig definiert, sondern schließt explizit auch die inhaltliche Zusammenarbeit an Forschungsthemen und in Forschungsbereichen ein, sofern diese einen thematischen oder methodischen Gesamtzusammenhang erkennen

---

[10] Dass schon zwei Personen ein Team konstituieren, ist dabei eine eher ungewöhnliche Charakterisierung.

lassen.[11] Nicht dazu zählen hingegen in der Regel Forschende anderer Institutionen, mit denen lose kooperiert wird. Der Begriff ‚Projektteam' wird demgegenüber, in Anlehnung an Ilgen und andere (1993) über ihren konkreten Zielbezug definiert – den (erfolgreichen) Abschluss eines bestimmten Forschungsprojekts. Für die Zusammenarbeit von Forschenden werden die folgenden Begriffe verwendet: wissenschaftliche Teamarbeit, wissenschaftliche Zusammenarbeit, Scientific Teamwork. Wenn der Begriff der Kollaboration vorkommt, so ist dieser im engeren Sinne zu verstehen. Keine Aussage treffen diese Begriffe über die Dichte oder Qualität der Interaktion, Mehrfachverwendungen dienen der besseren Lesbarkeit.

Jennifer Platts ‚Realities of Social Research' (1976)

Wie schon erwähnt, gibt es nur ganz wenige empirische Studien, die dezidiert wissenschaftliche Teamarbeit in den Mittelpunkt rücken. Wenn dies untersucht wurde, so meist im naturwissenschaftlichen Bereich (z.B. der experimentellen Physik, siehe z.B. Shrum et al. 2007). Nur in Ausnahmen widmen sich Studien der sozialwissenschaftlichen Forschungspraxis. Hier ist vor allem Jennifer Platts *‚Realities of Social Research'* von 1976 zu nennen. Sie beschäftigt sich in einer umfangreichen qualitativen Untersuchung mit dem Prozess empirischer Sozialforschung. Ihre spezielle und (damals wie heute) eher unübliche Perspektive beschreibt sie zu Beginn:

> „This is a book about the sociology of the social research process. Most books about the social research process are textbooks on method; most books about the sociology of sociology are discussions of the published end products of research; this book arises from a dissatisfaction with the general failure of sociologists to fill the gap between the two" (Platt 1976, 9).

Sie folgt der Grundüberzeugung, dass Sozialforschung aus einer soziologischen Perspektive ähnlich interessant und theoretisch ergiebig ist, wie jeder andere Arbeitskontext. Aus einem methodologischen Blickwinkel ist die Arbeit von Sozialforschern für sie beachtenswert, da hier anschaulich beobachtet werden kann, unter welchen Bedingungen und auf welche Art und Weise methodische Normen umgesetzt und ausgestaltet werden. Da diese Studie Ausnahmecharakter

[11] So werden z.B. auch Personen interviewt, die nicht am ausgewählten Bezugsprojekt beteiligt waren, sondern vorher, nachher oder währenddessen Teil des Forschungszusammenhangs waren, d.h. das Forschungsprofil mitentwickeln oder zumindest mittragen. Dazu mehr in Kapitel 5.

hat und für die vorliegende Arbeit hohe Relevanz besitzt, wird sie an dieser Stelle kurz vorgestellt:

Platts Untersuchung beruht auf einer qualitativen Erhebung empirisch forschenden britischer Soziologinnen und Soziologen. Datengrundlage bilden 121 offene Interviews, die Platt mit Forschenden aus 55 verschiedenen Projekten in den 1970er Jahren in Großbritannien durchgeführt hat. Häufig waren dabei Teams mit drei oder vier Personen und zwei unterschiedlichen Formen des wissenschaftlichen Status. Platts Ziel ist es, durch eine Analyse empirischer Forschungspraxis theoretische Anknüpfungs- und Weiterentwicklungspotenziale aufzuzeigen, sie möchte außerdem Vorschläge für die Optimierung der konkreten Forschungspraxis liefern (Platt 1976, 10 ff.).

Um die Organisation einer Forschungsgruppe zu analysieren, rekonstruiert Platt die horizontale und vertikale Arbeitsteilung zwischen den Mitgliedern in verschiedenen Projektphasen (design, politics, administration, questionnaire design, pilot interviews, training of interviewers, main interviews, depth interviews, observation, coding, data processing, analysis, writing) (Platt 1976, 69). Sie zeigt, dass Projektleiter überproportional in den Phasen des Designs, der ‚Politik', der Administration und letztlich bei der Interpretation und am Schreibprozess beteiligt sind. Die tatsächliche Feldforschung erfolgt häufig durch Nachwuchsforscher oder auch durch Externe, die z.B. zur Durchführung der Interviews hinzugezogen werden. Sie hält fest:

> „The characteristic way in which sociological research in Britain has been organised is for the director(s) who develop a proposal to receive a limited grant over a fixed-period of time from a funding agency, and to use this to pay other full-time or part-time workers who will, with varying degrees of autonomy, work under his direction. The director is normally someone who has other commitments; in higher education these will be in teaching and administration, in research units in other projects. Thus there is typically a division of labour in which the person who initiated the research is not involved in it full-time, while at least some of the day-to-day work is done by other people with their own interests, expectations and motives, and for them it is a work situation as well as one of intellectual activity for its own sake. The group thus formed develops its own social structure, and pursues the research topic in a context where there are external constraints from the immediate institutional setting and from sponsors, clients and respondents" (Platt 1976, 172).

Platt weist demnach auf eine starke Aufgabenteilung im Wissenschaftlerteam hin. Dieses *Grundmuster der Arbeitsteilung* variiert erheblich nach Projektart und -größe. So sind etwa in kleinen Projekten auch die formalen Leiter in allen Projektphasen erheblich beteiligt; Mitarbeiter, die im engeren Sinne nicht zum Team gehören, übernehmen Teile der Verwaltung und Außendarstellung (z.B.

Sekretariat) und Nachwuchsforscher werden nur zur Durchführung, Transkription und Kodierung der Interviews eingestellt. In wieder anderen Projekten besteht die Hauptaufgabe der Projektleiter in der Entwicklung des Forschungsdesigns und der Projektakquise. In Großprojekten andererseits ist die Übernahme der Verwaltung häufig Aufgabe von Teammitgliedern und nicht die des Leiters (Platt 1976, 70 f.). Neben der Projektgröße spielt vor allem eine Rolle, nach welchen ‚Prinzipien' die *Allokation der Aufgaben* erfolgt: nach Fähigkeiten (1), nach inhaltlichen Forschungsschwerpunkten (2), nach Räumlichkeiten (z.B. regionale Aspekte, die bei der Feldforschung eine Rolle spielen) (3), nach disziplinären Verschiedenheiten und Paradigmen (4). Diese Prinzipien sind untereinander verbunden, häufig in den Kombinationen „skill and topic" (1 und 2) sowie „skill and area" (1 und 3).

Platt konstatiert, dass die Aufgabenverteilung innerhalb von Teams von zwei unhinterfragten Annahmen getragen wird:

> „The most general idea underlying these criteria is that there are some types and phases of research that require skill, theoretical understanding and the exercise of discretion, while others are relatively standardised and mechanical; the first can only be done properly by trained sociologists with some involvement in the project, while the second can be done by any reasonably competent person with some ad hoc training, and where possible should be. These assumptions are absolutely routine (…). The other general idea has to do with rank; there are high and low-status tasks as well as high and low-status people" (Platt 1976, 74 f.).

Dass die üblicherweise angewandte Form der Arbeitsteilung auch gleichzeitig die sinnvollste ist, hält Platt nicht für unumstößlich:

> „It could be argued, for instance, that it would not be surprising if directors who have no direct contact with their own data interpreted them without much sensitivity to their nuances or departures from a pre-established theoretical framework, and if research assistants not fully involved in the design of the project collected the data in ways not sufficiently informed by the theoretical understanding" (Platt 1976, 100).

Generell bedingt Arbeitsteilung Probleme bezüglich der Kommunikation und Koordination in Projekten. Wie in wissenschaftlichen Teams kommuniziert und koordiniert wird, ist in Zusammenhang mit ihrem Aufbau zu sehen. Platt unterscheidet zwei Teamarten: solche mit einem ‚demokratischen' Ethos und andere mit einem ‚autoritären' Ethos (Platt 1976, 78 ff.). Beide Formen gehen mit jeweils eigenen Problemen einher: Beispielsweise ist der autoritäre Ethos zwar effektiv, wird aber als illegitim wahrgenommen; der demokratische Ethos wird als legitim aufgefasst, erweist sich jedoch in der Entscheidungsfindung häufig als dysfunktional. Unabhängig vom Selbstverständnis hat Arbeitsteilung jedoch immer Konsequenzen: „Division of labour implies division of knowledge, and eventually, in a team that was initially undifferentiated, becomes division of competence" (Platt 1976, 90). Die unterschiedlichen Rollen und Aufgaben der Teammitglieder bereiten nicht nur subjektive Probleme, sondern auch strukturelle. Was einerseits nützlich und erfolgreich ist, kann gleichzeitig nachteilig sein, so kann z.B. davon ausgegangen werden, dass „(...) specialisation improves expertise but increases the scope for intellectual divergences, 'democracy' improves morale and commitment, but makes lenghty discussions necessary and can prevent decisions getting made at all" (ebd., 101). Wie sich dies auf den ‚Erfolg' der Projekte auswirkt, kann Platt mit ihrer Erhebung nicht kausal bestimmen. Was Platt jedoch als Fazit festhält ist, dass „(...) team organisation, and in particular the nature of the division of labour, has consequences for the outcome of social research" (Platt 1976, 102).

Aus dieser Studie Platts lassen sich wesentliche Merkmale wissenschaftlicher Teamarbeit erkennen, welche nun vertieft werden sollen.

Wissenschaftliche Teams – zwischen Egalität und Autorität, zwischen Stabilität und Dynamik, zwischen Zweckverband und Gemeinschaft

Platts Unterscheidung von ‚demokratischen' und ‚autoritären' Teams findet sich in ähnlicher Form auch in anderen älteren Publikationen, beispielsweise bei Eaton (1951), der ‚demokratische' und ‚hierarchische' Teams unterscheidet. Die Zusammensetzung und Struktur wissenschaftlicher Teams – und in der Konsequenz, die Art der Kooperation innerhalb der Gruppe – wird immer wieder zum Bestimmungsfaktor von Klassifikationen (z.B. bei Cohen et al. 1982, siehe unten).

Dabei wird solchen Teams, häufig in Abgrenzung zu teamförmigen Gruppen in anderen Bereichen, insgesamt ein ‚egalitäres Pathos' zugesprochen (z.B. Bahrdt 1971). Die prinzipiell demokratische Struktur derartiger Teams hat eine hohe interne Dynamik zur Folge, wie beispielsweise Barry und andere hervorheben, wenn sie schreiben, dass diese ein „evolving and changing system" seien (Barry et al. 1999, 32; vgl. Tripp-Reimer et al. 1994). Auch für Bahrdt kann ein wissenschaftliches Team strukturell nicht durch ‚geruhsame Harmonie' gekennzeichnet sein:

> „Charakteristisch für sein Innenleben ist eine starke Dynamik, rascher Wandel der Rollen und Kompetenzen, die nur teilweise institutionalisierbar sind, und ein ständiges Auf und Ab von Prestige- und Autoritätspositionen, soweit man bei dieser ständigen Bewegung überhaupt von Positionen reden kann; denn dieser Begriff impli-

> ziert ja eine gewisse Dauerhaftigkeit. Innere Konflikte in der Gruppe sind unvermeidlich" (Bahrdt 1971, 164).

Daher kommt er zu dem Schluss, dass die Betrachtung von Teamarbeit in der Wissenschaft eine nuancenreiche Mischung egalitärer und autoritärer Elemente zu Tage bringt.

Neben dem für die Wissenschaft üblichen ‚egalitären Pathos' konstatiert Bahrdt auch einen ‚ideologischen Individualismus' (Bahrdt 1971, 169), d.h. Individualismus als Verhaltensnorm. Dies sei nötig um wissenschaftliche Erkenntnisse voranzutreiben aber auch für die individuelle Forscherkarriere. Letztlich ist es für Bahrdt die eigentümliche Mittelstellung zwischen einem ‚Zweckverband' und einer ‚Gemeinschaft', die den Charakter und die Problematik eines Forscherteams ausmachen. Einerseits besteht ein starkes, integrierendes Gemeinschaftsinteresse (z.B. ein Projekt erfolgreich abzuschließen), andererseits bleibt die Gruppe ein Zweckverband, da sie nur temporär gilt und auch häufig individuelle Einzelinteressen und Konkurrenzkämpfe aushalten muss.

Neidhardts Verständnis von Forschungsgruppen als ‚hybride Sozialform' geht in eine ähnliche Richtung. Er sieht solche Teams als gekennzeichnet durch variable Mischungsverhältnisse unterschiedlicher Vergesellschaftungsprinzipien, die zwischen den ‚reinen' Typen von Gruppe und Organisation entstehen (Neidhardt 1983, 552). Das Verhältnis zwischen Gruppierung und Organisation ist dabei ambivalent, diese werden vom organisatorischen Kontext sowohl „angereizt und gefördert", wie auch „überformt und gehemmt" (Neidhardt 1983, 552). Der soziale Zwittercharakter ist bei (wissenschaftlichen) Teams besonders prägnant, denn

> „(...) [E]inerseits liegt im Hinblick auf Mitgliederrekrutierung und Aufgabenbindung eine organisierte Einheit vor, die ein Minimum mehr oder weniger formalisierter Zwänge auslöst und deren Anerkennung zur Mitgliedschaftsfrage macht. Unterorganisiert ist dieses Gebilde andererseits durch den Verzicht auf strukturelle Vorgaben hinsichtlich der Gestaltung interner Sozialbeziehungen und Arbeitsprozesse, u.a. durch ausdrückliche Vermeidung von Hierarchie" (Neidhardt 1983, 552).

Dadurch entsteht die für Teams als „sich selbst organisierende Organisation" typische interne Gestaltung über Gruppendynamik (ebd.). Zwischen verschiedenen Forschungsteams lassen sich gleichwohl, so Neidhardt, kaum typische Strukturen identifizieren. Vielmehr lassen sich dahingehend zwei Charakteristika ausmachen: derartige Formationen sind geprägt durch ihre „hohe Variabilität" und „ihre geringe Kapazität zur Vorstrukturierung des Forschungshandelns" (Neidhardt 1983, 553). Beides ist untrennbar mit dem für wissenschaftliche Teams üblichen Kontext verknüpft.

Auch Bahrdt, Rauch und Krittel (1960) formulieren Abgrenzungskriterien wissenschaftlicher Zusammenarbeit im Kontrast zu anderen Formen von Gruppenarbeit. Zentral erscheint ihnen dabei: „Was ist neu an der wissenschaftlichen Team-Arbeit? Die einzelnen Arbeitsvollzüge sind bereits in ihrem Vollzug aufeinander bezogen, nicht erst in ihren Ergebnissen, die ausgetauscht werden" (Bahrdt et al. 1960, 9). Ob diese „unmittelbare Zusammenarbeit" (ebd.) innerhalb der Gruppe im konkreten Arbeitsvollzug tatsächlich als Ausschlusskriterium für wissenschaftliche Teamarbeit dienen kann, scheint fraglich. Dennoch wird auf ein wichtiges Merkmal von Forschungsgruppen hingewiesen: diese sind gekennzeichnet durch mannigfaltige kreuz- und querlaufende Kommunikationsströme und sich wandelnde Phasen der Kooperation.

Platt (1976) setzt sich, wie schon dargestellt, mit den typischen Charakteristika von *sozialwissenschaftlichen Forschungsteams* auseinander. Als Charakteristikum sieht sie eine spezifische Verknüpfung von ‚Flexibilität und Standardisierung', von ‚Offenheit und Struktur' sowie von ‚Kreativität und Routine':

> „The nature of the task in most sociological research is a mixture of creative imagination and highly-routinisized and repetitive work, so it is evitable that research as a work situation should have elements both of flexibility and of standardisation. The degree of open-endedness and lack of structure is probably greater than in most other tasks, and this is increased by the fact that it is normal for key participants to spend only an unspecified part of their time on it" (Platt 1976, 176).

Gerade weil der Forschungsprozess in den Sozialwissenschaften durch diese spezifischen Verknüpfungen gekennzeichnet ist, schlägt Platt vor, in besonderer Weise den jeweiligen sozialen Kontext des Teams und der einzelnen Mitglieder und die daraus entstehenden Konsequenzen zu betrachten (ebd., 178 f.).

Zusammenfassend kann festgehalten werden: es sind Anzeichen vorhanden, dass sich Teamarbeit in der Wissenschaft von Teamarbeit in anderen Bereichen unterscheidet. Es scheint als seien solche Teams durch einen hohen Grad an Interaktion und Kooperation im alltäglichen Forschungsprozess gekennzeichnet sowie durch spezifische Muster der Arbeitsteilung zwischen Flexibilität und Standardisierung, zwischen Hierarchie und Demokratie. Hinzu kommt, dass Forschung immer nur zu einem gewissen Grad ‚vorstrukturiert' werden kann, d.h. ein gewisser Unsicherheitsgrad bestehen bleibt.

Vor- und Nachteile wissenschaftlicher Teamarbeit

Forschungsprozesse in Gruppen haben Vor- und Nachteile. Obgleich Kosten und Nutzen von wissenschaftlicher Teamarbeit bisher die ausführlichsten publizierten Überlegungen auf sich gezogen haben, ist dennoch nur in Ansätzen bekannt, worin diese im Gegensatz zu wissenschaftlicher Einzelarbeit liegen. Dazu möchte die Arbeit einen Beitrag leisten, wenn sie nach der Bedeutung von wissenschaftlichen Teams vor allem im Rahmen von methodischen Verfahren fragt.

Häufig gilt teamförmige Forschung als ambivalent. Dies verdeutlichen beispielsweise Bush und Hattery in einer frühen konzeptionellen Arbeit schon in den 1950er Jahren:

> „The dilemma is the question of control versus freedom of the activities of the individual researcher and of his group. Without control, assurance of pertinent and related activities is lessened, coordination is sacrificed, and essential information for administrative decisions is unavailable. On the other hand, without freedom of individual planning, consultation, and choice, the creative contribution of the scientist may be sacrificed“ (Bush/Hattery 1956).

Erkenntnisse dazu bestehen auch auf der Basis verschiedener empirischer Studien, welche meist ‚nebenbei‘ den gruppenförmigen Forschungsprozess betrachten und reflektieren. So werden *positive Aspekte* von wissenschaftlicher Teamarbeit auf verschiedenen Ebenen angesiedelt. Douglas (1976) hebt beispielsweise soziale Funktionen hervor: „Providing support, cross-checking and balancing eachother“. Teamarbeit wird zudem als geeignete Möglichkeit formuliert, um der akademischen Isolation zu entfliehen. Als weiterer Vorteil wird genannt, dass Teamarbeit (aufgrund der wechselseitigen Abhängigkeit und Verantwortung) die Motivation des Einzelnen aufrechterhalten kann (Fox/Faver 1984). Barry und andere weisen auf intellektuellen Entwicklungsmöglichkeiten, die ein Teamzusammenhang für den einzelnen Forscher bieten kann (Barry et al. 1999). Teamarbeit wird somit als Möglichkeit für kreative Austausch- und Entwicklungsprozesse gesehen (vgl. Pelz/Andrews 1966).

Ein weiterer Vorteil der Arbeit in der Gruppe ist die Möglichkeit der Arbeitsteilung, die unter anderem zu einer Erweiterung der Forschungsmöglichkeiten beitragen kann. Unterschieden werden kann hier, einerseits, zwischen formal bedingter Arbeitsteilung, d.h. zwischen Projektleitern und anderen Mitgliedern, und, andererseits, statusunabhängige, inhaltliche oder methodische Arbeitsteilung:

> „Typically, different ‚types‘ of researchers (e.g. contract researchers vs. grant holders) are responsible for different types of academic labour (e.g. politicial, administrative, managerial, intellectual, physical and emotional) and carry out different research tasks (e.g. research design, literature review, data collection, data analysis and writing)“ (Mauthner/Doucet 2008, 975).

Da Arbeitsteilung, wie auch schon von Platt (1976) hervorgehoben, ‚divisions of knowledge' produziert, kann sie sich schlussendlich auch negativ auswirken. Meist wird jedoch von einer gesteigerten Effektivität durch die Nutzung gemeinsamer Ressourcen und damit einer Verbesserung der Qualität der Ergebnisse ausgegangen (z.B. Fox/Faver 1984).[12]

Aber die Arbeit in der Gruppe kann auch *Nachteile* mit sich bringen, denn interpersonale Prozesse bedeuten grundsätzlich Herausforderungen:

> „Teamwork itself increases the opportunities for uncomfortable conscious and unconscious feelings. Being in a group causes insecurity to emerge and can also entrench positions, with communication being more complex" (Barry et al. 1999, 28).

Aufgrund der offenen Struktur von Teamarbeit können persönliche und emotionale Belastungen entstehen. Auch für Eaton (1951) liegt die Krux wissenschaftlicher Zusammenarbeit in zwischenmenschlichen Beziehungen.[13] Ähnlich konstatiert Del Monte (2000), dass ethisches Verhalten innerhalb eines Teams häufig (und zu Unrecht) als unhinterfragtes Datum angenommen wird.

Außerdem können die Interessen der einzelnen Teammitglieder unterschiedlich gelagert sein bzw. deren individuelle Interessen strukturell mit dem gemeinsamen Ziel konfligieren, was wiederum besondere Anforderungen an den Einzelnen stellt (Bradley 1982, 87). Diese Anforderungen haben in wissenschaftlichen Teams einen speziellen Charakter, da sie institutionell tendenziell ungefiltert bleiben, d.h. kaum formal reguliert werden (Claessens 1962, 497). Wissenschaftsspezifisch wird zudem immer wieder genannt, dass der „cult of individualism in academic life" (Barry et al. 1999, 28) mit Teamarbeit kollidiert. Gerade in wissenschaftlichen Teams können Spannungen aufgrund von Konkurrenzkämpfen entstehen (vgl. Bahrdt 1971, 164).

Pragmatisch betrachtet kann der Nutzen von wissenschaftlicher Teamarbeit eingeschränkt erscheinen, da sie in der Regel zeitaufwendiger ist als Einzelforschung (z.B. da gemeinsame Verständigung und Koordination nötig ist) (Barry et al. 1999, 29). Kosten können im Forschungsalltag auch durch Telefonate, Briefe oder Reisen entstehen, durch Projektpartner können sich Verzögerungen ergeben. Auch ‚sehen vier Augen nicht immer mehr als zwei', im Gegenteil, eine

---

12 Wie Teamarbeit ‚optimiert' werden kann, ist dementsprechend ebenfalls Gegenstand von Überlegungen: Hall und andere gehen etwa davon aus, dass Teamarbeit effektiver ist, wenn Einigung weniger über zentralistische Organisation erfolgt als vielmehr über ‚mutual adjustment' (Hall et al. 2005, 39).

13 Dazu formulieren sie Leitlinien und Strategien, die auf Teamentwicklung abzielen. Um Probleme zu umgehen schlägt er vor, dass alle Mitglieder Grundkenntnis in Gruppendynamik und Gruppenreflexion haben sollten (Eaton 1951, 709).

Zusammenarbeit kann individuelle Freiräume und Fähigkeiten auch einschränken (Backett-Milburn et al. 1999).

Als weiteren potenziellen Nachteil von Teamarbeit formulieren Fox und Faver (1984), dass Gruppen sich inhaltlich isolieren und nur mehr reproduzieren. Hinzu kommt, dass insbesondere bei einer ‚nominalen' Kollaboration die Gefahr besteht, dass kein gemeinsamer Prozess der Auseinandersetzung über Ergebnisse besteht und somit Resultate verfälscht werden.[14] Sie sehen die potenziellen negativen Folgen von wissenschaftlicher Zusammenarbeit insgesamt durchaus kritisch:

> „On the positive side, collaboration makes large research projects possible, generates ‚collective creativity', and increases research efficiency. On the other hand, collaboration may inhibit individual creativity, obstruct independent verification of research findings jeopardize the peer-monitoring system of research, and increase opportunities for fraud" (Fox/Faver 1984, 357).

2.2.2 Methodische Bedeutung wissenschaftlicher Teams

Die bisher dargestellten Vor- und Nachteile haben sich vor allem auf soziale und organisatorische Gesichtspunkte oder die Produktivität, Kreativität und Effizienz von wissenschaftlichen Teams konzentriert. Nicht behandelt wurde die Frage nach der methodischen Bedeutung des Teamzusammenhangs. Dabei ist davon auszugehen, dass Scientific Teamwork auch durch methodologische Charakteristika geprägt ist, die von Einzelforschung abweichen (vgl. z.B. Garland et al. 2006). Dieser Missstand wird seit einigen Jahren erkannt:

> „We often assume that we know of the ways that individuals conduct qualitative research can be transferred to what groups do, but we have not truly considered the differences between these two situations and the fit or lack of fit between them" (Wasser/Bresler 1996, 8).

Die vorliegende Arbeit möchte sich dieser ‚Black Box' von wissenschaftlicher Teamarbeit widmen, indem sie deren Bedeutung vor allem mit Blick auf empirische Forschungsprozesse thematisiert.

Von verschiedenen Seiten wird dafür plädiert, dies systematischer zu reflektieren (z.B. Gottlieb 1995, Mountz et al. 2003). Dies gilt insbesondere für die

---

[14] Beispielhaft verweisen sie hier auf den Fall eines Nachwuchswissenschaftlers in Yale, der in Ko-Autorschaft mit einem prominenten Forscher zwölf Fachartikel veröffentlicht hatte – alle mit gefälschten Daten (Fox/Faver 1984, 356).

teamförmige Durchführung von qualitativ orientierten Forschungsprozessen (vgl. Richards 1999). Neben interdisziplinären Teams erhalten solche Teams in letzter Zeit zunehmend Aufmerksamkeit. In der Regel werden dabei im Rahmen von publizierten Erfahrungsberichten konkreter Forschungsprojekte Einzelaspekte der wissenschaftlichen Zusammenarbeit aufbereitet. Obgleich diese Überlegungen häufig deskriptiv bleiben, können daraus erste Hinweise auf den methodischen Charakter von Forschungsteams gezogen werden. Grundsätzlich wird davon ausgegangen, dass Teamarbeit im Zuge von qualitativer Forschung eine prägende Rolle zukommt und zwar weil diese Art der Forschung inhärent durch Kommunikation geprägt ist bzw. solche Forschungsprozesse durch eine „(...) interpersonal and interpretive nature" gekennzeichnet sind (Liggett et al. 1994, 79). Auch Richards beschreibt dies: *„(...) both the difficulty and the necessity of teamwork are built into the qualitative method"* (Richards 1999, 7). Hier treffen wir demnach auf ein typisches Merkmal (qualitativer) Sozialforschung, deren ‚Kommunikativität' (wie schon in Kapitel 2.1. skizziert).

Diese Kommunikationsgebundenheit von sozialwissenschaftlichen Methoden hat Folgen, unter anderem auch für die Relevanz wissenschaftlicher Zusammenarbeit. Bisherige Auseinandersetzungen deuten, darauf hin, dass speziell der *Prozess der Interpretation* in seiner Beschaffenheit durch teaminterne Kommunikation geprägt ist. Für Wasser und Bresler bildet das wissenschaftliche Team den Rahmen für die Generierung von Interpretationen; das Team gilt als „(…) the place where the viewpoints are held in dynamic tension as a group seeks to make sense of fieldwork issues and meanings" (Wasser/Bresler 1996, 6). Ähnlich sehen dies eine Reihe von anderen Autoren, die auf der Basis ihrer praktischen Erfahrungen den teamförmigen Forschungsprozess reflektieren (z.B. Finch/Mason 1990, Vaughan 1992, Barry et al. 1999).

Unterschiedliche Meinungen finden sich allerdings bezüglich der Einschätzung, inwiefern wissenschaftliche Teamarbeit die Qualität der Forschungsresultate beeinflusst. Finch und Mason (1990, 29) vermuten etwa, dass die Validität einer Studie maßgeblich auf der Qualität von Entscheidungen beruht, die im Forschungsprozess getroffen werden. Und dies würden durch ein in der Regel Team ‚solider' ausfallen als im Rahmen von Einzelforschung. Dass durch einen Teamzusammenhang die Chance zu glaubwürdigen Ergebnissen wächst, das meinen auch Barry und andere:

> „Teamwork can be a very fruitful method for conducting qualitative research, with the dual benefits of enhanced creative thinking and intellectual rigor as well as higher morale and job satisfaction for the individual members. In turn, it leads to improved productivity and effectiveness and higher quality – more robust research" (Barry et al. 1999, 26).

Vaughan (1992) wiederum sieht Teamarbeit als Teil einer systematischen Generalisierung an, als Möglichkeit um Verzerrungen zu vermeiden. Sie unterstreicht den kollegialen Austausch: „For the sociologist working alone, the regular integration of collegial exchange throughout the entire research process is a key mechanism for sensitizing the researcher to unknown bias in interpretation.“ (Vaughan 1992, 198).

Liggett und andere (1994) stellen die Frage nach Kosten und Nutzen wissenschaftlicher Teamarbeit. Aus ihren eigenen Erfahrungen ziehen sie den Schluss, dass Teamarbeit ineffizient sei. Sie begründen diese Zweifel an der Wirtschaftlichkeit vor allem mit dem finanziellen und zeitlichen Mehraufwand, aber auch mit den emotionalen Belastungen. Während sie die Effizienz von wissenschaftlichen Projektteams bezweifeln, so gilt das jedoch nicht für deren Effektivität:

> „If, however, we consider efficiency in relationship to effectiveness, then our conclusion is more positive. The lessons we have learned about teaming in qualitative research enhanced the quality at each stage of the research. From formulation of the interview protocol to data analysis, from questions of access to writing the present paper, every stage of our research was different and, we think, better than what any one person could have done“ (Liggett et al. 1994, 87).

Zwar sind die Kosten bei Teamarbeit demnach höher als bei Forschung von Einzelpersonen, aber, so ihre Einordnung, auch die Qualität der Ergebnisse.

Ähnlich wird dies in den wenigen bestehenden Reflexionen seitens der empirischen Sozialforschung gesehen. So gehören beispielsweise Froschauer und Lueger zu jenen Ausnahmen, die die Bedeutung von Teamarbeit für den Prozess interpretativer Sozialforschung dezidiert hervorheben (Froschauer/Lueger 2009, 84ff). Sie bezeichnen diese als einen der „(…) wichtigsten Aspekte zur Hebung der Qualität und Verlässlichkeit interpretativer Feldforschung“ (2009, 85). Deren Vorteile lägen auf der Hand: „Ein (heterogenes) Team erweitert individuelle Kompetenzen, was insbesondere in hochdifferenzierten Felder oder im Fall restriktiver Zugänge wichtig ist“ (2009, 85 f.). Außerdem schaffe die Gruppe die Möglichkeit, um „interne Komplexität zu steigern“, z.B. bezüglich inhaltlich-fachlicher Voraussetzungen oder spezifischer Methodenkompetenzen. Dies wiederum „(…) fördert einerseits die Sensibilität und Wahrnehmungsbreite, andererseits erhöht sich das interne kritische Potenzial, weil heterogene Sichtweisen den internen Legitimationsbedarf von Auslegungen verstärken“ (ebd.). Dabei sehen Froschauer und Lueger jedoch auch, dass Teamarbeit hohen Aufwand mit sich bringt und gruppendynamische Prozesse zu einer Herausforderung werden können. Dennoch, falls die qualitative Forschungsarbeit nicht im Team erfolgen kann, plädieren sie zumindest für die aktive Einbeziehung von ‚externer Reflexionsunterstützung'.

Oevermann und andere (1979) reflektieren die Funktion der Forschergruppe im Zuge von Verfahren der ‚Objektiven Hermeneutik'. Deren Ziel, die Analyse latenter Sinnstrukturen, macht den differenten Einsatz einer Vielzahl von möglichst expliziten theoretischen Ansätzen, die als Heuristiken fungieren, nötig. Die Besonderheit der Forschungsgruppe verorten sie dabei ebenfalls hauptsächlich im Rahmen von Auswertungsprozessen. Das Team als ‚Interpretationsgemeinschaft' wird als wichtiges methodisches Instrument verstanden, das subjektive Limitierungen überwindet. Die Forschungsgruppe dient dazu, „(...) die einzelnen, individualspezifischen Beschränkungen der Interpreten dadurch auszugleichen, daß die Interpretation in einer Gruppe ständig kontrolliert werden" (Oevermann et al. 1979, 393), d.h. zur ‚Interpretationskontrolle'.

Auf der Basis dieser Zusammenführung empirischer Ergebnisse und theoretischer Überlegungen zur methodischen Bedeutung von Forschungsgruppen kann festgehalten werden, dass insbesondere die *Auswertungsphase* in ihrer Teamförmigkeit unterstrichen wird. Dies scheint durchaus erstaunlich, wird doch der ‚kommunikativer Charakter' von Sozialforschung sonst häufig auf den Prozess der Datengewinnung fokussiert (siehe Kap. 2.1). Wir kommen im Verlauf der Arbeit darauf zurück (siehe u.a. Kap. 7.1).

Wie deutlich wurde, hat die Auseinandersetzung mit ‚Scientific Teamwork' vor allem im Zuge der Durchführung qualitativer Sozialforschung einen recht prominenten Status. Vor dem Hintergrund der insgesamt marginalen Behandlung der Thematik, kann dies als Ausdruck für deren Stellenwert des wissenschaftlichen Teams in diesem Zusammenhang interpretiert werden. Teamförmige Forschung ist insbesondere in der (qualitativ orientierten) Fallstudienforschung von großer Bedeutung, was im Folgenden ausgeführt wird.

2.3 Arbeits- und industriesoziologische Fallstudienforschung und ihre Teamförmigkeit[15]

Seit den wohlbekannten Studien der Chicago School vor knapp einhundert Jahren (z.B. Thomas/Znaniecki 1918, Hughes 1943, Whyte 1943; für eine Geschichte der Chicago School siehe Bulmer 1984), haben sich Fallstudien als prominentes Forschungsdesign in der Soziologie etabliert.[16] Vor dem Hintergrund ihrer forschungspraktischen Bedeutung bestand lange Zeit erstaunlich wenig methodologische Literatur zur Fallstudienstrategie. Seit Yins Standardwerk zu Beginn der 1990er Jahre (Yin 1994; 2009 inzwischen in vierter Auflage), hat sich dies zu verändern begonnen, so dass es inzwischen eine ansehnliche internationale Debatte zur Case Study Method gibt. Neben grundlegenden Einführungswerken und Lehrbüchern (neben Yin z.B. Stake 1995 oder Gillham 2000) finden sich vertiefende Spezialanalysen (etwa zur Frage der Generalisierung, Gomm et al. 2000, zum Theoriebezug von Fallstudien, Eisenhardt 1989, oder zu Qualitätskriterien, Lincoln/Guba 2002) sowie breit angelegte Überblickswerke, beispielsweise die drei Sammelbände von David (2006) und Handbücher (Byrne/Ragin 2009, Mills et al. 2010). Allein 2010 sind im englischsprachigen Raum eine Reihe von Büchern zur Fallstudienmethodik bei renommierten Verlagen erschienen (z.B. Simons 2010, Swanborn 2010, Woodside 2010). Meist handelt es sich dabei um praktisch orientierte Einführungsbücher, in denen selektiv einzelne methodologische Fragen behandelt werden.

In Anlehnung an Yin wird unter Fallstudien heutzutage im Allgemeinen eine *Forschungsstrategie* verstanden, die durch die Kombination verschiedener sozialwissenschaftlicher Erhebungs- und Auswertungsverfahren gekennzeichnet ist und deren Ziel die umfassende Analyse eines sozialen Prozesses in ihrem Kontext ist (Yin 2003, 13 f.; vgl. Hamel et al. 1993, Stake 2005). Dabei sind

---

15 Dieses Unterkapitel greift teilweise auf Ergebnisse des DFG-Projekts ‚*Industriesoziologische Fallstudien – Entwicklungspotenziale einer Forschungsstrategie*' zurück. Dieses Projekt wurde im Zeitraum von April 2007 bis September 2009 von der Autorin zusammen mit Hans Pongratz und Rainer Trinczek an der TU München durchgeführt (in Kooperation mit den Forschungsinstituten ISF München und SOFI Göttingen). Es diente der kritischen Bestandsaufnahme der in der deutschen Arbeits- und Industriesoziologie vorherrschenden Praxis von empirischen Fallstudien und deren Weiterentwicklung. Siehe dazu auch die folgenden Veröffentlichungen: den Sammelband von Pongratz und Trinczek (2010) der breit Befunde zusammenträgt, die Zuspitzung auf methodische Herausforderungen von Pflüger et al. (2010b) sowie die Datenbank arbeits- und industriesoziologischer Fallstudien unter *www.fallstudien.phil.uni-erlangen.de*. Das Projekt bildet die Grundlage für die vorliegende Arbeit – unter anderem entstand dort die Idee, wissenschaftliche Teamarbeit im Zuge von qualitativer Forschung näher zu beleuchten.

16 Neben der Soziologie finden Fallstudien fachübergreifend Verwendung, z.B. in der Betriebswirtschaftslehre oder in den Politikwissenschaften; dort jedoch häufig als Lehrfallstudien.

Fallstudien durch ihren ‚verstehenden' Anspruch gekennzeichnet, sie eignen sich besonders für Fragen nach dem ‚Wie?' und ‚Warum?' sozialer Dynamiken. Falldefinitionen können von Individuen über Organisationen bis hinzu Gesellschaften variieren; Fallstudien ermöglichen nicht nur die Durchdringung eines Untersuchungsgegenstands in seiner Breite und Tiefe, zentraler Vorteil ist auch deren *Anpassungsfähigkeit und Flexibilität*. Ihr Forschungsdesign, d.h. ob Einzelfallstudie oder Multiple Case Study, die Auswahl der Methoden, etc., kann in Bezug auf die jeweilige Zielsetzung (von Deskription bis hinzu Explanation) variabel gestaltet werden. Und auch der iterative Forschungsprozess, der für Fallstudien kennzeichnend ist, trägt wesentlich zu deren Flexibilität bei. So konstatiert Hakim denn auch: *„If surveys are the most multi-purpose, case studies are probably the most flexible of all research designs"* (Hakim 2000, 59; siehe dazu Hammersley/Gomm 2000; für die Flexibilität der Anwendung von Fallstudien siehe auch Burawoy 2009). Eine sehr frühe Definition von Goode und Hatt aus den 1950er Jahren formuliert implizit *den offenen Charakter von Fallstudien* im Zuge der Erhebung, Auswertung und Darstellung der Resultate: „(...) eine bestimmte Art das Forschungsmaterial so zu ordnen, daß der einheitliche Charakter des untersuchten sozialen Gegenstandes erhalten bleibt" (Goode/Hatt 1956, 300). In dieser Beschreibung wird deutlich, dass kaum standardisierte Vorgaben gemacht werden können (detaillierter siehe unten). Als methodologisches Kennzeichen der Fallstudie gilt neben der *‚Offenheit'* auch *‚Kommunikativität'*. Lamnek (1989) beispielsweise verortet die Fallstudie als Methode innerhalb einer qualitativen Methodologie, da sie deren zentralen Merkmalen „in besonderer Weise gerecht" werde: Offenheit, Kommunikativität, Naturalistizität und Interpretativität (Lamnek 1989, 17).

Insbesondere in der Arbeits- und Industriesoziologie konnte sich Fallstudienforschung zum dominierenden empirischen Verfahren entwickeln, unter anderem aufgrund der skizzierten Variabilität des Verfahrens (vgl. Pongratz/Trinczek 2010). So wird die auf den Einzelbetrieb als Untersuchungsgegenstand konzentrierte Fallstudie seit den Gründungsstudien der 1950er Jahre (z.B. Pirker et al. 1955, Popitz et al. 1957b) dort nicht selten als ‚Königsweg' methodischer Erhebungen beschrieben (z.B. Kudera 1992). In kaum einem anderen soziologischen Feld konnte sich die Fallstudie derart durchsetzen (siehe auch Kap. 3). Diese Tatsache lässt den Fokus der vorliegenden Arbeit auf arbeits- und industriesoziologische Fallstudienforschung angemessen erscheinen.

Trotz ihres prominenten Status in der Forschungspraxis, werden die spezifischen Charakteristika und Herausforderungen von (Betriebs)-Fallstudien in der Arbeits- und Organisationsforschung bis dato kaum beachtet, auch in der internationalen Case Study Methodology. Ausnahmen finden sich beispielsweise bei Eisenhardt (1989), Hartley (2004) oder Ellinger et al. (2005), bleiben jedoch auf

Einzelaspekte beschränkt. Einen Anstoß zu liefern diesen Mangel (mit Blick auf die deutsche Arbeits- und Industriesoziologie) zu beheben, das war Ziel eines, schon vorgestellten (siehe Fußnote 15), DFG-Projekts mit dem Titel *‚Industriesoziologische Fallstudien – Entwicklungspotenziale einer Forschungsstrategie‘*, auf dessen Ergebnisse im Folgenden zurückgegriffen wird.

Unter Bezugnahme auf die Internationale Case Study Methodology werden dort Analogien zwischen allgemeiner und industriesoziologischer Fallstudienforschung bezüglich grundlegender Merkmale festgestellt, beispielsweise in der Betonung der Analyse des Fallkontexts, in der Verwendung eines Methodenmix oder in tentativen Interpretationsverfahren (vgl. Pflüger et al. 2010a). Andererseits wird ein ‚Merkmal-Set‘ ausgemacht, das insbesondere arbeits- und industriesoziologische Fallstudien kennzeichnet – nämlich *‚Kontextbezug‘*, *‚Multiperspektivität‘*, *‚Methodenkombination‘* und *‚Offenheit‘* (ebd., 31). Das Spezifikum dieser vier Kennzeichen liegt in ihrer Verbindung: Über den wechselseitigen Bezug der vier Kriterien wird die Möglichkeit geschaffen, den Untersuchungsfall (i.d.R. einen sozialen Prozess) in seinem Zusammenhang mit, durch die Fragestellung eingegrenzten, relevanten Kontextfaktoren zu untersuchen. Da soziale Prozesse aus dem Zusammenwirken mehrerer Akteure (oder Akteursgruppen) resultieren, schließt dieser Anspruch einer kontextsensiblen Analyse die konsequente Einbeziehung unterschiedlicher Erfahrungs- und Handlungsperspektiven mit ein. Welche Kontextaspekte und welche Akteursgruppen für die Analyse des Falles von wesentlicher Bedeutung sind, ist eine für das Forschungsdesign von Fallstudien entscheidende Frage. Da die möglichen kontextuellen Relevanzen höchst vielfältig (z.B. sozial, ökonomisch, politisch, kulturell) ausfallen und normalerweise nicht alle beteiligten Akteure berücksichtigt werden können, sind diesbezüglich forschungsstrategische Entscheidungen des Forschungsteams – auf der Grundlage von Forschungsinteresse, Forschungsstand und Theoriebezug – unabdingbar. Der Abgleich verschiedener Kontextbezüge und Handlungsperspektiven wird innerhalb der Forschungsstrategie methodisch gelöst durch die Kombination mehrerer geeigneter Erhebungs- und Auswertungsverfahren. Gleichzeitig bleibt das Forschungsdesign offen für Variationen und Ergänzungen der Erhebungs- und Auswertungsverfahren, um Kontextfaktoren, deren Bedeutung erst der empirische Forschungsprozess erweist, noch systematisch in die Analyse einbeziehen zu können. Daher bezeichnen Pflüger, Pongratz und Trinczek den von Yin eingeführten Begriff der *‚Forschungsstrategie‘* auch für die arbeits- und industriesoziologische Forschung als treffend (ebd., 30).

Für die vorliegende Arbeit besonders interessant ist das Prinzip der ‚Offenheit‘. Denn dadurch ergeben sich im Laufe eines Forschungsprozesses besondere Implikationen. ‚Offenheit‘ meint (in qualitativer Sozialforschung allgemein), dass der Einsatz der verschiedenen Herangehensweisen in Erhebung und Auswertung iterativ gestaltet wird (vgl. Lamnek 1989). Andererseits wird damit hervorgehoben, dass auf Hypothesenbildung ex ante verzichtet wird. Stattdessen besagt dieses Prinzip, „(...) daß die theoretische Stukturierung des Forschungsgegenstandes zurückgestellt wird, bis sich die Strukturierung des Forschungsgegenstandes durch die Forschungssubjekte herausgebildet hat“ (Hoffmann-Riem 1980, 343). So wird auch in der arbeitssoziologischen Fallstudienforschung *explorativ* vorgegangen: Zu Forschungsbeginn werden häufig nur die Richtung der Untersuchung (inhaltlicher Fokus, Fragestellung) und ihr analytischer Rahmen (Bezugstheorie, Falldefinition, Methodenkombination) festgelegt. Methodische Detailentscheidungen, etwa die Auswahl der Fälle, die Abwickelung der Erhebung, die Schwerpunkte der Auswertung, werden oft erst im Verlauf des Forschungsprozesses – und zwar in Abstimmung mit neu auftauchenden Erkenntnissen – getroffen. Diese Flexibilität von Erhebungs- und Auswertungsschritten ermöglicht eine besondere Ergebnisqualität, lässt jedoch gleichzeitig nur wenig formalisierte Verfahrensregeln zu (vgl. auch Lutz/Schmidt 1969). Zwar gilt die Offenheit des Vorgehens nicht für alle Projektphasen gleichermaßen, insbesondere die Forschungsfrage und die Fallkonstruktion erfüllen ihre forschungsleitende Funktion nur bei einer gewissen Konstanz. Dennoch sind Anpassungen bei der Auswahl der Untersuchungspersonen, der Gestaltung der Erhebungsinstrumente oder der inhaltlichen Schwerpunktsetzung von Erhebung und Auswertung möglich – mehr noch, üblich und methodologisches Kennzeichen solcher Forschung (vgl. Pflüger et al. 2010a, 31 ff.).

Dies bildet wiederum die ‚Schattenseite‘ von Flexibilität und Offenheit ab. Dass wesentliche Verfahren kaum fallübergreifend standardisiert werden können, verlangt dem Forschenden hohe Kompetenz ab, etwa zum richtigen Zeitpunkt die richtigen Entscheidungen zu treffen, das Forschungsinteresse nicht aus den Augen zu verlieren und freilich trotzdem neue, ausgewählte Aspekte zu integrieren. Zudem muss das Verhältnis von Fall und Kontext kontinuierlich überprüft werden, damit schlussendlich eine adäquate Fallanalyse gelingt. Dazu sind fortwährend Entscheidungen zu treffen und deren Alternativen abzuwägen. ‚Offenheit‘ heißt auch, dass der Fall nicht durch vorab festgelegte Kriterien ‚vermessen‘ wird, sondern im Verlauf des Forschungsprozesses erst endgültig Gestalt annimmt. Eine solche fehlende Standardisierung bedeutet in der Folge häufig Unsicherheit bezüglich des methodischen Vorgehens. Und Unsicherheit generiert Raum für soziale Prozesse (im Forschungsteam) (vgl. Leahey 2008, 37 f.).

Obgleich Fallstudienforschung prinzipiell von Einzelforschern durchgeführt werden kann, zeigt bereits ein oberflächlicher bibliometrischer Blick auf Autorschaften, dass arbeits- und industriesoziologische Forschung im Team gegenüber der Einzelforschung überwiegt. Die Vermutung liegt nahe, dass hier (aufgrund der methodologischen Kennzeichen) mannigfaltige Abstimmungs- und Koordinierungsprozesse nötig sind. Eben weil im Zuge von Fallstudienforschung kaum standardisierte Verfahren angewendet werden (können), ergeben sich für die Forschenden hohe Anforderungen, sowohl bezüglich der individuellen Qualifikation (z.B. hinsichtlich mehreren methodischen Verfahren und deren Kombination) als auch bezüglich der gemeinsamen Arbeit als wissenschaftliches Team. Der hohe Grad an Offenheit und Iterativität im Forschungsprozess bedeuten für die Gruppe, dass wechselseitige Abstimmung in verschiedenen Phasen des Projekts verstärkt nötig wird. D.h. die wenig formalisierten (und wenig formalisierbaren) Verfahrensregeln haben einen erhöhten Abstimmungsbedarf zur Folge: Wer übernimmt welche Aufgaben? Wie wird das weitere methodische Vorgehen aussehen? Wie werden die Resultate verschiedener Erhebungsinstrumente verbunden? Wie werden empirische Befunde interpretiert? Das sind anspruchsvolle Fragen, die im Forschungsprozess innerhalb der Forschergruppe geklärt werden müssen. ‚Offenheit' muss in solchen Forschungsprojekten immer auch eingegrenzt werden (und zwar ohne einen Verlust an Erkenntnis zu riskieren), damit letztlich zugespitzte Falldarstellungen möglich sind. Dazu spielt das Projektteam eine Rolle, gleichsam als *‚soziales Korrektiv'*, das den tentativen Prozess von Erhebung und Auswertung im Rahmen von Fallstudien strukturiert (vgl. Pflüger et al. 2010b).

Dieses Thema wird in der Internationalen Case Study Methodology kaum aufgegriffen. In vielen einschlägigen Büchern findet sich gar kein Hinweis auf (die in der Praxis übliche) teamförmige Durchführung von Fallstudien (z.B. Hamel et al. 1993, Gomm et al. 2000, Gerring 2006, Burawoy 2009, Simons 2010, Woodside 2010). Die Durchsicht der Literatur vermittelt zugleich den Eindruck, dass die forschungspraktische Bedeutung von Teamarbeit vielen Autoren durchaus bewusst ist, eingehende Reflexionen dagegen noch ausstehen. So wird nicht selten implizit von teamförmiger Durchführung von Fallstudien ausgegangen, dies aber nicht ausgeführt (z.B. Stake 1995). Wo die Thematik aufgenommen wird, geschieht dies häufig nur in vereinzelten Erwähnungen. Burgess beispielsweise berichtet im Zuge eines interdisziplinär durchgeführten Fallstudienprojekts über die Probleme aufgrund unterschiedlicher Verständnisse des Konzepts ‚Fallstudie' (Burgess 2000, 47). Huws und Dahlmann (2006) geben Hinweise, wie forschungspraktisch in Fallstudien-Teams zu verfahren ist (z.B. klare Definitionen, Zielsetzungen, Rollenverteilungen, partizipatives Vorgehen in allen Projektphasen). Und Yin weist darauf hin, dass Teamarbeit im Zuge des Erhebungsprozesses von Daten unter Aspekten der Arbeitsteilung nötig werden kann (Yin 2003, 82). Ellinger und andere (2005, 331) sehen arbeitsteilige Teamarbeit als besonders notwendig (aber nicht ungefährlich) an, wenn qualitative und quantitative Methoden innerhalb einer Fallstudie trianguliert werden sollen – eben aufgrund der benötigten Kompetenzen (so auch Swanborn 2010).

Dies spiegelt sich in der arbeits- und industriesoziologischen Forschungspraxis. Zwar wird immer wieder auf die Rolle des Forschungsteams bei der Durchführung von Fallstudien verwiesen, allerdings üblicherweise nur ‚am Rande', systematische Ausführungen gibt es kaum. Dies ist erstaunlich, wurde doch in dem schon erwähnten Projekt zur industriesoziologischen Fallstudie deutlich, dass der Forschungsgruppe eine wichtige Funktion bei der Verdichtung und Kontrolle der Interpretation zukommt (vgl. Pflüger et al. 2010a, 56). In diese Richtung gehen auch Eisenhardts (1989) Überlegungen, die sich der Thematik etwas ausführlicher widmet. Sie hebt zwei wesentliche Vorteile von teamförmiger Fallstudienforschung hervor. Sie konstatiert erstens (und im Einklang mit der Literatur zur Scientific Teamwork, siehe Kap. 2.2) einen möglichen Zuwachs an Kreativität durch unterschiedliche Sichtweisen der Teammitglieder. Zweitens, verbessere der Teamzusammenhang die eigenen Ergebnisse aus verschiedenen Gründen:

> „Convergent perceptions add to the empirical grounding of the hypotheses, while conflicting perceptions keep the ground from premature closure. Thus, the use of more investigators builds confidence in the findings and increases the likelihood of surprising findings" (Eisenhardt 1989, 538).

Einen Vorteil von wissenschaftlicher Teamarbeit im Rahmen von Fallstudienforschung sehen auch Orum und andere: „A complement of several observers, as these studies used, makes possible the intersubjective evaluation and confirmation of brute data and thereby satisfies a crucial dictum of social science research" (Orum et al. 1991, 18). Für Swanborn dient Fallstudienforschung im Team ebenfalls als Strategie zur Anreicherung von Interpretationen (durch Generierung und Abgleich unterschiedlicher Perspektiven durch Forschende) (Swanborn 2010, 109). Über diese einzelnen Anmerkungen hinweg gibt es jedoch kaum Versuche, sich systematisch mit der Bedeutung wissenschaftlicher Teams im Zuge von Fallstudienforschung auseinanderzusetzen.

2.4 Fazit

Obwohl Forschung häufig und zunehmend durch wissenschaftliche Teams erfolgt, wird die Bedeutung der Forschungsgruppe bis dato nur wenig systematisch thematisiert. Zwar finden sich immer wieder einzelne Überlegungen dazu, diese werden aber kaum in Zusammenhang zueinander gestellt und bleiben häufig atheoretisch. Dies steht der (steigenden) Relevanz von wissenschaftlicher Teamarbeit in der Forschungspraxis diametral gegenüber.

In neuerer Zeit finden vor allem zwei Formen solcher Teams Beachtung. Einmal sind dies inter-, multi- oder transdisziplinär zusammengesetzte Teams und – mit deutlichem Abstand – Forschungsteams, die mit qualitativen Methoden empirisch arbeiten. Letztere scheinen aufgrund wesentlicher Kennzeichen qualitativer Sozialforschung besonders interessant: Qualitative Sozialforschung bedingt einen relativ hohen Grad an Offenheit im Forschungsprozess. Dies hat zur Folge, dass wesentliche Verfahren kaum standardisiert werden können. Fehlende Routinen wiederum bedeuten einerseits einen erhöhten Klärungs- und Koordinierungsbedarf für die Forschungsgruppe. Erhebungs- und Auswertungsmethoden müssen je nach Forschungsgegenstand angepasst und umgesetzt werden. Diese Ausgestaltung wird durch den Forschenden bzw. das Forschungsteam vorgenommen, und zwar im Rahmen von kommunikativen Prozessen. Dass Sozialforschung durch Kommunikation geprägt ist, wird heutzutage über verschiedene Methodologien hinweg anerkannt; unterschiedlich sind jedoch die Auffassungen, wie damit umzugehen ist. Kommunikativität gilt vor allem als Strukturelement qualitativer Sozialforschung. Die methodische Durchführung einer solchen Studie ist untrennbar mit sozialen Prozessen verknüpft, insbesondere im Zuge der Datengewinnung – so die Annahme der Methodologie.

Immer noch weniger eingehend reflektiert wird die Kommunikationsgebundenheit qualitativer Forschung mit Blick auf Dateninterpretation. Um dies zu betrachten, liegt es nahe, Forschungsgruppen in den Mittelpunkt zu rücken, als Ort, an welchem Kommunikation im Rahmen von Auswertungsprozessen maßgeblich stattfindet. Reflektiert wird die Bedeutung des Forschungsteams im Forschungsprozess bisher recht unsystematisch. Auf der Basis der Literaturanalyse deuten sich spezifische Vorteile wissenschaftlicher Teamarbeit gegenüber der Einzelarbeit an (z.B. Kreativität, Validität). Eine nähere Betrachtung erfolgt im Verlauf der Arbeit. Als Beispiel wird die arbeits- und industriesoziologische Fallstudienforschung gewählt – sie ist in der Forschungspraxis häufig teamförmig organisiert, die Charakteristika qualitativer Sozialforschung, wie ‚Offenheit' und ‚Kommunikativität', finden sich hier in zugespitzter Form. Eine Einführung in das Forschungsfeld, die arbeits- und industriesoziologische Fallstudienforschung (in Großbritannien und Deutschland) findet nun statt.

3 Das Forschungsfeld

Arbeits- und industriesoziologische Fallstudienforschung in Großbritannien und Deutschland

Die Einführung in das Forschungsfeld arbeits- und industriesoziologischer Fallstudienforschung im länderspezifischen Kontext Großbritannien und Deutschland soll in diesem Kapitel erfolgen. Insbesondere wird erläutert, warum der Vergleich der beiden akademischen Felder in eben diesen Ländern interessant erscheint und angemessen ist.

Dazu wird zunächst das akademische Feld der *Arbeits- und Industriesoziologie* in Deutschland, bzw. das der *Industrial Relations Forschung* in Großbritannien, in seiner Entwicklung und wesentlichen Merkmalen vorgestellt. Obwohl maßgebliche Unterschiede bestehen, beispielsweise in der institutionellen Verortung, erlauben strukturelle Ähnlichkeiten einen Vergleich der beiden Felder; mehr noch, ihre Gegenüberstellung erscheint aufgrund der länderspezifischen Gegebenheiten letztlich ‚alternativlos' (Kap. 3.1). In die Fallstudienforschungstradition und -praxis der beiden Länder wird im nächsten Abschnitt herangeführt (Kap. 3.2). Hier wird deutlich, dass sich aufgrund des gleichartigen Untersuchungsgegenstands zwar Analogien erkennen lassen, jedoch – und zwar trotz insgesamt verwandter Ausgangsbedingungen – auch deutliche Divergenzen abzeichnen. Dies gilt es im Verlauf der Arbeit zu klären. In die Voraussetzungen und Probleme internationaler Vergleiche im Allgemeinen führt der nächste Abschnitt (Kap. 3.3) ein. Ein Fazit soll abschließend Entscheidendes zusammenfassen (Kap. 3.4).

Diese Ausführungen bilden die Grundlage der Arbeit: Der zu untersuchende Gegenstand wird in seinen verschiedenen Facetten präsentiert. Auf dieser Basis erfolgen Vergleiche, Abgrenzungen und Weiterentwicklungen von theoretischen und methodologischen Grundgedanken. Zudem wird gezeigt, warum ein Vergleich der beiden Felder Erkenntnisinteresse verspricht.

3.1 Arbeitsforschung in Großbritannien und Deutschland[17]

In diesem Unterkapitel soll argumentiert werden, dass das Feld der soziologisch geprägten Arbeitsforschung in Großbritannien und Deutschland trotz einiger Unterschiede grundsätzlich vergleichbar ist, beispielsweise im Hinblick auf ihren Untersuchungsgegenstand, die historische Entwicklung oder auf das Selbstverständnis der Forschenden (Stichwort ,politische Orientierung'). Dazu werden im Folgenden die wesentlichen Entwicklungslinien und Kennzeichen sowohl deutscher als auch britischer Arbeits-und Industriesoziologie bzw. Industrial Relations Forschung vorgestellt (Kap. 3.2.1 bzw. Kap. 3.2.2). Der Vergleich von Arbeits- und Industriesoziologie und Industrial Relations Forschung ist vertretbar, da die beiden Felder als jeweiliges Pendant in Deutschland und Großbritannien gelten können. So hat sich in Deutschland eine eigenständige Industrial Relations Forschung nur vergleichsweise begrenzt durchsetzen können, in Großbritannien dominiert demgegenüber eben jene die Arbeitsforschung (siehe unten).

3.1.1 Entwicklung und Merkmale der Arbeits- und Industriesoziologie in Deutschland

Die Arbeits- und Industriesoziologie[18] wird in Deutschland als eine Subdisziplin der Soziologie verstanden, deren Beginn trotz einiger Vorreiter[19] nach dem Zweiten Weltkrieg verortet wird (Lutz/Schmidt 1969). Zu dieser Zeit entstehen einschlägige Lehrstühle an verschiedenen Universitäten (z.B. Frankfurt oder Köln). Auch erste außeruniversitäre Forschungsinstitute werden gegründet, beispielsweise die Sozialforschungsstelle Dortmund. An letzterer werden in den 1950er Jahren breitangelegte Studien durchgeführt, die auch heute noch als wesentliche Bezugspunkte der Disziplin gelten (z.B. Popitz et al. 1957a und 1957b). Im Mittelpunkt des Interesses dieser meist politisch engagierten Gründergeneration steht die Frage nach der Herausbildung und Beschaffenheit industrialisierter

[17] Der Begriff der ,Arbeitsforschung' wird im Weiteren der besseren Lesbarkeit halber teilweise als Überbegriff für die britische Industrial Relations Forschung sowie die deutsche Arbeits- und Industriesoziologie verwendet. Unterschiede und Gemeinsamkeiten werden nun ausgeführt.

[18] Mit dem Begriff ,Arbeits- und Industriesoziologie' orientiere ich mich an der aktuellen Bezeichnung des Felds durch die Deutsche Gesellschaft für Soziologie War historisch zunächst der Begriff ,Industriesoziologie' vorherrschend, so wird inzwischen üblicherweise von der ,Arbeits- und Industriesoziologie' bzw. zunehmend nur noch von der ,Arbeitssoziologie' gesprochen.

[19] Dazu gehören insbesondere Götz Briefs Vorüberlegungen zu einer ,Betriebssoziologie' in den 1920er Jahren, für eine Skizze der Entwicklung seit Marx und Weber siehe Müller-Jentsch (2002).

kapitalistischer Gesellschaften (z.B. dem Zusammenhang von technischem Fortschritt und Entfremdung), geprägt durch eine marxistische Perspektive (Bahrdt 1982, 14 ff.). Im Selbstverständnis dieser Forschergeneration ging es dabei weniger um praxisnahe Anwendungsorientierung (wie in Großbritannien zu jener Zeit), stattdessen immer auch darum, „(...) beizutragen zu einem allgemein sozialwissenschaftlichen Verständnis von Situation und Wandel gegenwärtiger Industriegesellschaften“ (Braczyk et al. 1982, 16). Diesen Fokus auf gesellschaftstheoretische Analyse bestätigt auch Kaufman als Kennzeichen deutscher Arbeitsforschung im internationalen Vergleich; Ziel dieser sei es „(...) to examine work and employment issues in a larger political and societal context and interpret industrial relations phenomena as a part of socio-political processes“ (Kaufman 2004, 486).[20]

Industriesoziologie war in Deutschland damit von Beginn an breiter angelegt als in anglophonen Ländern, sie schließt im üblichen Verständnis auch die Betriebssoziologie, Arbeitssoziologie und soziologische Arbeitsmarktforschung mit ein und war eng an die allgemeine Soziologie gebunden (vgl. Braczyk et al. 1982). Mehr noch, sie wurde als eine ihrer Haupt-Subdisziplinen gesehen und zwar basierend auf der Annahme, dass Industrialisierung eine treibende Kraft gesellschaftlicher Veränderung sei – und Forschung über Industrialisierungsprozesse damit ein Grundpfeiler allgemeinsoziologischer Analyse (vgl. Müller-Jentsch 2002).

Aufgrund der ökonomischen und sozialen Entwicklung in der Nachkriegszeit entwickelt sich die industriesoziologische Forschung innerhalb empirischer Sozialforschung in Deutschland zum dominanten Interessenfeld (vgl. Schmidt 1982). Wie auch die Soziologie generell, kann die Industriesoziologie in den 1960er Jahren ihre Position stabilisieren und in den 1970ern erheblich ausbauen. Daher fällt die Gründung weiterer großer, einschlägiger Forschungsinstitute in diesen Zeitraum, die in der Folge die empirische Forschung in diesem Bereich bis heute maßgeblich vorantreiben (z.B. SOFI Göttingen und ISF München). Inhaltlich und theoretisch beginnt eine Ausweitung der Forschungsgebiete (Stichworte Arbeiterbewusstsein, Rationalisierung und Herrschaft, Gewerkschaften, Arbeits- und Betriebsorganisation). In den 1980ern und 1990ern findet eine weitere Differenzierung statt (Stichworte Strukturwandel der Gesellschaft,

[20] In seinem siebenhundert Seiten starken Werk beschreibt Kaufman (2004) in global vergleichender Perspektive die Entwicklung von Industrial Relations Research. Eine besondere Rolle spricht er Amerika zu, nämlich als ‚Geburtsland‘ derartiger Forschung (ebd., 161 ff). Dort entwickelt sich IR schnell als eigenständige Disziplin, ähnlich auch in Britannien. Sonst bleibt IR Forschung nahezu überall ein Teil der Sozialwissenschaften (wenn auch mit interdisziplinärem Fokus) (vgl. Frege 2008, 35).

Dienstleistungsarbeit, KMUs, Entgrenzung und Subjektivierung, Reorganisation, Managementsoziologie, etc.; siehe Müller-Jentsch 2002 für eine ausführliche Darstellung der Veränderung inhaltlicher Schwerpunkte).[21] Auch wenn, unter anderem aufgrund dieser Pluralisierungstendenz, seit den 1980er Jahren in regelmäßigen Abständen von der ‚Krise der Arbeits- und Industriesoziologie' zu hören ist (für einen Überblick siehe Huchler 2008), so ist dies doch nach wie vor ein ertragreicher Forschungsbereich, der heute (und seit 60 Jahren) zum Kanon der Soziologie gehört. Allerdings scheint die einst enge Verbindung von Subdisziplin und übergeordneter Disziplin graduell abgenommen zu haben: Pongratz (2005) konstatiert eine Abkoppelung der Arbeits- und Industriesoziologie von der allgemeinen soziologischen Theorie- und Methodendiskussion, die als ‚Sonderweg' gelten kann und kritisch zu betrachten ist.

‚Industrielle Beziehungen' können sich hierzulande demgegenüber als eigenständiges Forschungsfeld kaum institutionalisieren (vgl. Keller 1996). Beispielsweise entstand die GIRA, die German Industrial Relations Association, eine wissenschaftliche Vereinigung zur Förderung von Forschung und Lehre auf dem Gebiet der Arbeitsbeziehungen (unter dem Dachverband der ILERA, ehemals IIRA), im europäischen Vergleich spät und hat bis heute proportional gesehen wenige Mitglieder (aktuell ca. 150 zu über 500 in Großbritannien; eigene Auszählung, siehe Homepages). Auch ein erstes Einführungsbuch in Industrielle Beziehungen entsteht erst Mitte der 1980er Jahre, die *‚Industriellen Beziehungen – Zeitschrift für Arbeit, Organisation und Management'*, ein wesentliches Publikationsorgan dieses Forschungsfelds, erst in den 1990er Jahren. Obwohl es folglich Versuche gibt, Industrielle Beziehungen als eigenständiges Feld zu etablieren, ist dies nur begrenzt erfolgreich. So gibt es bisher an keiner deutschen Universität einen eigenständigen Fachbereich. Selbiges gilt für alle anderen kontinentaleuropäischen Universitäten, steht jedoch im Gegensatz zu den Vereinigten Staaten und Großbritannien (Frege 2007, 17 ff.).

Als Grund für diese späte und mäßige Entwicklung wird üblicherweise die große Aktivität von Arbeits- und Industriesoziologen genannt (z.B. bei Kaufman 2004). Zwar wird Forschung zu Industriellen Beziehungen in Deutschland ‚multi-disziplinär' verfolgt, aber neben rechtlichen und politikwissenschaftlichen Perspektiven sind vor allem soziologische Ansätze prominent. Allerdings findet zwischen den Disziplinen kaum Kommunikation (im Sinne gemeinsamer Forschungsprojekte) statt, vielmehr scheint hier ein Feld arbeitsteilig bearbeitet zu

[21] Bezüglich schwerpunktmäßigen Inhalten und prominenten Theorieansätzen siehe z.B. die Einführungswerke von Littek et al. (1983) sowie Deutschmann (2002) oder Minssen (2006), aktuell auch Böhle et al. (2010).

werden (im Gegensatz zu Großbritannien, wo interdisziplinär zusammengesetzte Forschungsteams die Regel sind) (Frege 2008, 41).

Insbesondere im Vergleich zur Tradition anglo-amerikanischer Arbeitsforschung zeigen sich laut Frege distinkte Unterschiede deutscher Arbeits- und Industriesoziologie in Theoriebezug, methodologischer Verortung sowie den zentralen Erkenntnisinteressen.[22] Für Deutschland gilt nach ihrer Analyse:

- „heavy reliance on qualitative and descriptive data and infrequent use of statistical techniques;
- less emphasis on positivist analysis and more emphasis on interpretative analysis;
- more frequent statement by authors of value and policy judgements and expressed effort to develop practice and policy in specific directions;
- and more reliance on broad socio-political theoretical frameworks and 'grand theorizing'" (Frege 2008, 254)

Sie beschreibt diese Unterschiede als *‚national styles of scientific knowledge production‘* und interpretiert sie als überraschend stabil. Frege sieht insbesondere drei Gründe für derartige *‚national research patterns‘*: länderspezifische Strukturen, Institutionen und politische Spezifika (2008, 43, siehe auch Frege 2002; dazu an späterer Stelle mehr).

3.1.2 Entwicklung und Merkmale der Industrial Relations Research in Großbritannien

Ähnlich der deutschen Entwicklung werden auch in Großbritannien schon im 19. Jahrhundert die Grundsteine für das Forschungsfeld gelegt (dort v.a. von Beatrice und Sidney Webb). Institutionell verankern kann sich die britische Arbeitsforschung vor allem ab den 1950er Jahren (u.a. mit Lehrstühlen an der London School of Economics, in Oxford, Manchester und Liverpool; außeruniversitär mit dem Tavistock Institute of Human Relations). Anders als in Deutschland, etabliert sich die britische Arbeitsforschung unter dem Label *‚Industrial Relations Research‘* (im Folgenden IRR oder IR Forschung) als eigenständige Fragestellung und Forschungsrichtung, vor allem unter ihrem ‚founding father‘ Hugh Clegg (siehe Ackers 2011).[23] Dabei umfasst dieses Forschungsfeld (sowohl im

[22] Die Basis für Freges Aussagen sind bibliometrische Analysen einschlägiger Zeitschriften.

[23] Für eine detaillierte Auseinandersetzung mit inhaltlichen Entwicklungen und Schwerpunkten, theoretischen und normativen Orientierungen sowie der ‚Natur‘ von wissenschaftlicher Industrial

traditionellen als auch im aktuellen Selbstverständnis) deutlich mehr als der Begriff ‚Industrielle Beziehungen' möglicherweise vermuten lässt: nicht nur Gewerkschaften, Management und Collective Bargaining sind hier zentrales Feld der Analyse, sondern grundsätzlich *alle* Aspekte von Arbeit und Beschäftigung (vgl. Heery et al. 2008). Populär ist beispielsweise Kaufmans Definition von IRR als *„(...) the study of the employment relationship and all the behaviours, outcomes, practices, and institutions that emanate from or impinge on the relationship"* (Kaufman 2004, 45).

In der Folge dieser autonomen Institutionalisierung wird Industrial Relations bis heute als distinkter Lehr- und Forschungszweig angesehen, der neben Soziologie oder Ökonomie steht, eigenständige Erklärungs- und Theoriemodelle hat und sich über den geteilten Gegenstand integriert (vgl. Kelly 1999). Wesentliches Kennzeichen ist dabei die Interdisziplinarität dieses Felds, welches unter anderem sozialwissenschaftliche, ökonomische, psychologische oder rechtliche Perspektiven kombiniert. Obwohl sich im Laufe der Zeit auch eine spezifische Identität als ‚industrial relationist' entwickelt hat, also als Forschender, der seine ‚Heimdisziplin' lange hinter sich gelassen hat, wird der Begriff ‚Disziplin' für Industrial Relations Research in der Regel nicht verwendet (Heery et al. 2008, 9 ff.). Stattdessen wird IRR üblicherweise als ‚akademisches Feld' begriffen (z.B. Müller-Jentsch 2002).

Wie in Deutschland wurden in den 1950er Jahren wesentliche, breitangelegte Studien durchgeführt (z.B. Scott et al. 1956). Die Arbeitsforschung entwickelt sich in Britannien ebenfalls zum dominanten Interessenfeld empirischer Sozialforschung (vgl. Schmidt 1982). Außerdem übereinstimmend ist die empirische und deskriptive Ausrichtung der Gründergenerationen (Kaufman 2004, 276). Ziel der ersten Generation von Industrial Relations Forschenden war laut Heery und anderen:

> „Many of its founding scholars were exercised by the 'labour problem' and the need for a practically oriented field of study to support the creation of new institutions that would regulate industrial conflict and integrate the working population into liberal democratic societies" (2008, 1).

Demnach war hier zwar auch eine politische Orientierung prägend, die Anwendungsorientierung gilt jedoch als Haupterkenntnissinteresse. Dass die deutsche Industriesoziologie zu Beginn als stärker politisch-normativ orientiert, die britische IR Forschung hingegen stärker anwendungsorientiert gelten kann, dies

Relations Forschung in Großbritannien siehe ‚The SAGE Handbook of Industrial Relations' von Blyton et al. (2008).

bestätigt auch Frege (Frege 2008). Diese ausgewiesene Praxisorientierung weicht in der Folge innerdisziplinärer Kritik einer heute überwiegenden, stärker akademisch ausgerichteten Position innerhalb IR Forschung (siehe unten).

Die Forschungsthemen dieser frühen Studien lesen sich im Vergleich zu Deutschland ähnlich, wird doch ein Schwerpunkt auf das Verständnis von Arbeiterverhalten und Arbeiterbewusstsein sowie deren Veränderung durch technischen Fortschritt gelegt (eben beispielsweise bei Scott et al. 1956 oder Popitz et al. 1957).[24] Sowohl inhaltlich als auch methodisch ist diese Gründungszeit in Großbritannien stark von der amerikanischen Industrieforschung um Mayo und Lewin beeinflusst. Als sich IRR in Amerika zu einer umfassenderen Soziologie der Organisationen entwickelt, führt dies im Vereinigten Königreich zu intensiver empirischer Forschung und zu einer kritischen Revision der Human-Relations Schule (Lutz/Schmidt 1969, 146). Deutlich wird dies unter anderem an der Entwicklung eigenständiger theoretischer Ansätze, wie beispielsweise des ‚Technology-Approach' von Woodward (z.B. 1965) oder des sog. ‚Orientations-Approach' von Goldthorpe und anderen (1968). Hier wird der Zusammenhang objektiver Bedingungen einer Arbeitssituation und individueller Arbeitsorientierungen kontrovers diskutiert. Eine ähnliche Debatte wird in Deutschland Ende der 1960er Jahre geführt. Lutz und Schmidt (1969) stellen jedoch auch fest, dass, trotz der eigenen Orientierungen, in der britischen Industrial Relations Forschung auch über die 1960er und 1970er Jahre hinweg eine deutliche Nähe zu amerikanischer Forschung festzustellen ist; erst danach zeichnet sich ein inhaltlicher Richtungswechsel ab, welcher sich wiederum auch methodisch zu bemerken macht (siehe unten). Im Gegensatz dazu koppelt sich, laut den Autoren, die Industriesoziologie in Deutschland spätestens seit Beginn der 1960er Jahre von den amerikanischen Entwicklungen ab.

Für den Zeitraum von 1965 bis Ende der 1970er Jahre spricht Kaufman vom ‚Goldenen Zeitalter' der englischen Industrial Relations Forschung:

> „During the golden age, the industrial relations field enjoyed rising academic visibility and prestige, an expanding base of faculty and students, establishment of new industrial relations centres and journals, an aura of relevance and importance to events in industry, and strong links to an influence on national labour policy" (Kaufman 2004, 382).

[24] In beiden Ländern meint ‚Arbeiter' dabei die männliche Industriearbeiterschaft in Großbetrieben. Kritik hieran wird erst im Zuge feministischer Debatten und Studien laut (in UK z.B. Pollert 1981; Becker-Schmidt 1984), für eine kritische Rezension siehe Holgate et al. (2006) bzw. Jürgens (2006).

Dass industriesoziologische Forschung zu dieser Zeit ihre Position an Universitäten stabilisieren und ausbauen kann und ihre Forschungsmittel steigern, kommt in einer Reihe zentraler empirischer Untersuchungen zum Ausdruck, neben Woodward (1965) und Goldthorpe et al. (1968) zum Beispiel auch Lupton (1963), Cunnison (1966) oder Pugh und Hickson (1976).

Zur wohl bedeutendsten Entwicklung dieser Zeit gehört die Entstehung der so genannten ‚Oxford School of Industrial Relations' um Alan Flanders und Hugh Clegg, deren inhaltlicher Fokus auf der institutionellen Analyse Industrieller Beziehungen liegt, vor allem unter Gesichtspunkten möglicher Regulation von Arbeit und Beschäftigung durch Gewerkschaften. Erhebliche Auswirkungen für das gesamte Forschungsfeld hat im Speziellen die empirische Orientierung dieser Schule: ‚A pound of facts, an ounce of theory' – das ist der Leitspruch in Oxford (Strauss/Whitfield 1998, 11). Damit wird einerseits eine Vorliebe für detaillierte, historisch konzise Deskriptionen von Institutionen und Fallstudien solcher, und, andererseits, die relative Nachrangigkeit von Theorie beschrieben. Theorie gilt als bloßes Mittel zum Zweck; oder wie Bugler dies ausdrückt: „The Oxford man is a fact grubber" (Bugler 1968, zitiert nach Kaufman 2004, 276). Beim ‚Oxford man' bleibt es aber nicht. Denn Clegg geht nach Warwick, wo (u.a. deshalb) 1970 ein Landmark der Institutionalisierung stattfindet: Die Gründung der Industrial Relations Research Unit (IRRU), gefördert durch das Social Science Research Council (SSRC) (Kaufman 2004, 385 f.). In Warwick wird der induktiv geprägte Ansatz der Oxford School weiterverfolgt und kann sich in diesem heute noch renommierten Forschungsinstitut bis dato fortschreiben (siehe Kapitel 6).

War die britische Arbeitsforschung von Beginn an durch eine empirische Ausrichtung gekennzeichnet, so wird dies mit Einfluss der Oxford School und der IRRU in Warwick endgültig zum länderspezifischen Charakteristikum dieses Forschungsfelds. Zwar ist diese Orientierung zu keiner Zeit unumstritten und nimmt im Laufe der Zeit ab, bleibt aber tendenziell gleichwohl bestehen. In der Folge dieser häufig als ‚vernachlässigt' bezeichneten Theorieorientierung ist Industrial Relations Theorie bis heute durch ihren Pluralismus gekennzeichnet (Frege 2008, 40). Im Verlauf der Dekaden lassen sich folgende vorrangige Theorieinteressen in England identifizieren: In den 1950ern ist eine Orientierung an amerikanische Forschung und Theorien vorherrschend. In den 1960ern scheint es eine Art von theoretischem Konsens zu geben, „(...) if only in the form of distrust of Parsonian functionalism and an emphasis on the importance of conflict" (Brown 1981, 219). Eingehende Marx-Rezeption und die Weiterentwicklung durch Braverman in der Labour Process Theory sind ab den frühen Siebziger Jahren charakteristisch; eine solche Perspektive wird auch insbesondere mit Hyman (z.B. 1975) recht prominent, kann sich im Vergleich zu Deutschland jedoch nur begrenzt durchsetzen (Frege 2007, 16; siehe auch Frege et al. 2011). Dort hingegen können sich soziologische Theorieansätze, auch makrosoziologische, etablieren.

Im Zuge einer Radikalisierung des Faches parallel zur Soziologie[25], bricht in der IRR in den 1970er Jahren die professionelle Identität auseinander; es kommt zu einer Ausdifferenzierung des Felds, die bis heute anhält. Diese Aufsplitterung wird durch massive Kürzungen während der Thatcher-Ära negativ verstärkt (vgl. Ackers/Wilkinson 2008). Unter diesem Druck wird die Forschung zu IR in Britannien einerseits theorieorientierter und andererseits setzt sie sich in Human Resources Management Departments fest. Mit dieser ‚Spaghetti-Strategie' sichert sich das Forschungsfeld, so die gängige Meinung heutzutage, das ‚Überleben'. Daher findet ein Großteil von Arbeitsforschung (insbesondere natürlich von IR Forschung) derzeit in den Business Schools statt (und nicht wie in Deutschland in den sozialwissenschaftlichen oder philosophischen Fakultäten).[26] Dies hat unterschiedliche Folgen: Es kommt zu Veränderungen in Forschungs- und, nach dem Prinzip von Angebot und Nachfrage, vor allem von Lehrschwerpunkten. Ausdruck dieses Wandels ist auch der immer häufiger anzutreffende Begriff der ‚Employment Relations'. Die Nähe zu HRM bedeutet außerdem eine besondere Konkurrenzsituation für Industrial Relations Forschung. Kaufman sieht hier sogar eine *„HRM invasion into British industrial relations"* (Kaufman 2004, 405). Diese allgemeine Entwicklung der IRR in Großbritannien wird nicht selten als problematisch wahrgenommen und, im Zuge von Debatten zur ‚Krise und Zukunft' von Industrial Relations Research, seit einigen Jahren intensiv und kontrovers diskutiert (siehe den Herausgeberband von Darlington 2009, der unterschiedliche Perspektiven innerhalb der BUIRA, der British Universities Industrial Relation Association, sammelt; für hoffnungsvolle bzw. kritische, Einschätzungen z.B. Edwards 2003 bzw. Ackers/Wilkinson 2003). Gleichzeitig verschwindet eine bis dato existierende ‚Sociology of Work' nahezu völlig:

25 Die Soziologie im Vereinigten Königreich ist dabei im Gegensatz zu den USA, Frankreich oder Deutschland nie durch eine dominierende Denkschule gekennzeichnet (d.h. keine ‚Chicago School', keine ‚Durkheimsche Schule', kein ‚Weber Circle'). Vielmehr lassen sich zwei Bewegungen erkennen: Schon früh kann sich eine starke sozialanthropologische Tradition durchsetzen (z.B. Malinowski), daneben entwickelt sich eigenständig der Strang ‚Social Policy und Social Administration'. Prozesse der Abgrenzung und Annäherung zwischen diesen Fachrichtungen prägen bis heute das Selbstverständnis dieser. Diese fehlende frühe ‚Schulenbildung' wird auch heute noch zur Erklärung für eine starke interne Differenzierung herangezogen (vgl. Halsey 2004, 65 f.).

26 Wie Kaufman feststellt, ist Großbritannien dabei keine Ausnahme, sondern die Regel (Kaufman 2004, 60).

„At the same time work, economic analysis and empirical research has become deeply unfashionable in British sociology, broadly defined. On the one hand, this means IR/HRM in Business Schools have become the center for empirical sociology of work. On the other, IR and the sociology of work has virtually vanished from many Sociology departments (…)“ (Ackers/Wilkinson 2008, 57).

Das Verhältnis von IRR und Soziologie, insbesondere Arbeits- und Industriesoziologie, ist somit keineswegs einfach: In den theoretischen Ansätzen britischer IRR können sich soziologische Konzepte erst vergleichsweise spät etablieren (d.h. ab den 1970ern), dank prominenter Namen wie Alan Fox, Richard Hyman oder Eric Batestone. Gleichzeitig kann IRR als ein gewichtiger Teil – um nicht zu sagen, als dominierender Teil – britischer ‚Sociology of Work‘ gelten, die als eigenständige Subdisziplin kaum eine Rolle spielt.[27]

Die Aufsplitterung des Fachs hat auch inhaltliche Folgen: die Themen verbreitern sich (z.B. in Richtung Qualifikation, Restrukturierung, Macht und Kontrolle oder Dienstleistungsarbeit).[28] Heute finden sich (aus deutscher Sicht) oft unkonventionelle Theoriezugänge, wie etwa der Techniksoziologie oder postmoderne und poststrukturalistische Fokusse. Auch die so genannten Critical Management Studies wären hier zu nennen. Deutlich stärker als in Deutschland ist die Forschung zur Verbindung von Gender und Arbeit ausgebaut sowie über Diskriminierung aufgrund von Rasse, Ethnie oder Geschlecht. Lange Zeit konstant blieb dabei die methodische Ausrichtung, dazu nun ausführlicher.

3.2 Fallstudien in der britischen und deutschen Arbeitsforschung

Analog zum vorhergehenden Unterkapitel dient dieser Abschnitt dazu, die Grundlagen arbeitssoziologischer Fallstudienforschung in Großbritannien und Deutschland zu klären und deutlich zu machen, warum ein Vergleich Erkenntnisinteresse verspricht. Während im eben dargestellten Kapitel die Entstehung und Merkmale der akademischen Felder in den beiden Ländern skizziert wurden, wird im Folgenden die methodische Praxis, insbesondere die Fallstudienpraxis, fokussiert. Dies erfolgt in einem Doppelschritt, beginnend mit einer Skizze der Entwicklung von Fallstudienforschung, der ‚Fallstudientradition‘, in beiden

[27] Siehe dazu das Sonderheft der Sociology 2009; darin insbesondere den Aufsatz von Halford/Strangleman 2009, die für eine Re-Vitalisierung originär soziologischer Arbeitsforschung plädieren.

[28] Für eine ausführliche Darstellung aktueller inhaltlicher Schwerpunkte, theoretischer Ansätze und Entwicklungen siehe z.B. die Einführungswerke von Fox (1971) und Grint (1993), Noon/Blyton (2007) oder Blyton et al. (2008).

Ländern, darauffolgend werden die länderspezifischen Eckpfeiler der methodischen Forschungspraxis aufbereitet. Letzteres basiert zunächst auf der Analyse von Literatur zum Gegenstand und von veröffentlichen Forschungsberichten, sie wird im Zuge eigener Erhebungen an späterer Stelle vertieft (siehe Kap. 6).

Deutlich wird, dass, neben Ähnlichkeiten, wie einer insgesamt häufigen Verwendung von Fallstudien, auch ausgeprägte Unterschiede in Forschungstradition und -praxis (z.B. methodischen Verfahren und Positionen oder Ausmaß und Richtung der Theorieorientierung) bestehen. Dies ist erstaunlich: Einerseits, da Methoden ein universeller Status zugesprochen wird – Unterschiede in diesem Maße sind gar nicht ‚vorgesehen' (siehe Kap. 2); andererseits, da oftmals die Auffassung vertreten wird, dass sich nationale Muster, auch in der Forschung, in Zeiten fortschreitender Internationalisierung auflösen bzw. angleichen würden – dies aber im vorliegenden Feld erst einmal nicht ersichtlich ist.

3.2.1 Fallstudienforschungstraditionen

Wie schon skizziert, sind die frühen industriesoziologischen Studien in Deutschland vorwiegend an (gesellschaftlichen) Veränderungen im Zuge von Industrialisierungsprozessen interessiert. Untersucht werden industrielle Produktion und Arbeitsweisen in diesem Zusammenhang am Ort ihrer Entstehung – daher wird der Betrieb zur relevanten Analyseeinheit von eben genannten und ähnlichen Studien. Während sich in diesem Zuge qualitative Erhebungsmethoden, insbesondere auch die Fallstudie, bewähren können, werden quantitative Verfahren (auch in der Folge) in der deutschen Arbeits- und Industriesoziologie nie heimisch. So können sich, ganz im Gegensatz zur Entwicklung in Großbritannien (dazu gleich), quantitative Zugänge bis dato nur begrenzt etablieren; in der industriesoziologischen Forschung herrscht seit ihrem Beginn ein qualitatives Methodenverständnis vor (vgl. Pflüger et al. 2010a). Frege führt diese Vorliebe für qualitative Sozialforschung auch auf die Webersche Tradition des ‚Verstehens' hierzulande zurück, und damit verbunden auch heute noch, eine Präferenz für Idealtypen und Typologien gegenüber standardisierten Methoden (Frege 2002, 874).

Durchweg als das dominante empirische Verfahren kann dabei die Fallstudie gelten. Fallstudienforschung kann sich mit den so genannten ‚Pionierfallstudien' der 1950er Jahre (Popitz et al. 1957a und 1957b; Pirker et al. 1955, Neuloh 1960) verankern und trotz zahlreicher Veränderungen in ihrer Ausgestaltung bis heute als vorrangige Verfahrensweise durchsetzen (siehe zu Verfahrensweisen und Einsatzfeldern ausführlicher Pflüger et al. 2010a, 23 ff.). Zwar ist seit den ‚Pionierfallstudien' eine Entwicklung über ‚Intensivfallstudien' zu

'Kurzfallstudien' zu beobachten und beide Fallstudienarten müssen Abstriche in der Detailliertheit der Einzelfälle zu Gunsten größerer Vergleichbarkeit machen. Eine Abkehr von Fallstudienforschung lässt sich aber – zumal im Vergleich mit Großbritannien – kaum erkennen.[29] Zwar finden sich verschiedentlich Fallstudien, die mit quantitativen Fragebogenerhebungen kombiniert werden (z.B. Abendroth et al. 1979), oder Fallstudien, die einen quantitativen Erhebungsteil haben (früh beispielsweise Institut für Sozialforschung 1955, oder auch bei Schumann et al. 1994), dies bleibt bis heute gleichwohl eher die Ausnahme. Auch scheinen sich keine gravierenden Veränderungen im Selbstverständnis erkennen zu lassen: wenn sich die 'Form' von Fallstudien geändert hat, so ist dies im Wesentlichen knapperer Ressourcenausstattung – und weniger einer erkennbaren Veränderung in grundlegenden Einstellungen – geschuldet. Allerdings scheint es innerhalb der Disziplin, neben einem (impliziten) Konsens, dass Fallstudien in der Arbeitsforschung grundsätzlich ein adäquates Verfahren darstellen, jüngst auch Einigkeit zu geben, dass eine intensivere Reflexion der Fallstudienstrategie angemessen wäre bzw. vertiefte Methodendebatten und eine Öffnung zu anderen Verfahren sinnvoll. In der Folge nehmen Bestrebungen zur Verknüpfung qualitativer und quantitativer Verfahren zu (z.B. bei Blutner et al. 2002, Bahnmüller/Fischbach 2006, Funder et al. 2006 oder Minssen/Riese 2007).

Ähnlich wie in Deutschland besteht seit Beginn der Industrial Relations Forschung in Großbritannien eine traditionelle Verbindung zu qualitativ orientierter Forschung, insbesondere zu Fallstudienforschung. Ursprünglich durch die Orientierung am amerikanischen Vorbild (und deren Fallstudienforschungstradition) eingeführt, wird diese Dominanz gewöhnlich mit den vorherrschenden Erkenntnisinteressen erklärt: Als Hauptziel gilt es, spezifische Institutionen in ihren Kennzeichen und ihrer Dynamik zu beschreiben und in ihrem Kontext zu verstehen, anschauliche und anwendungsorientierte Ergebnisse zu produzieren und, laut Strauss und Whitfield, maximal mit Theorien mittlerer Reichweite in Verbindung zu bringen (Strauss/Whitfield 1998, 9). Da der Mainstream britischer Arbeitsforschung, wie auch am Beispiel der Oxford School schon gezeigt, zunächst induktiv orientiert war und 'grand theorizing' distanziert betrachtet wurde, wurden Fallstudien als besonders geeignetes Forschungsdesign empfunden (vgl. auch Edwards/Wolkowitz 2002). Überdeutlich wird dies beispielsweise in Warwick, wo noch stärker als in Oxford eine soziologische Orientierung prägend war und daher Fallstudien, Feldforschung und ethnographischen Studien traditionell eine große Bedeutung zugesprochen wird (siehe die Studien von

[29] Ein Grund hierfür mag wiederum sein, dass quantitative Studien bisher nur begrenzt Einzug halten konnten – und damit keine starke Konkurrenz zum Fallstudiendesign im Mainstream arbeitssoziologischer Forschung prominent werden konnte.

Brown 1973, Batestone et al. 1977 oder Edwards/Scullion 1982; für einen Überblick Ackers 2011). Dementsprechend gilt Fallstudienforschung lange Zeit als dominantes Forschungsdesign innerhalb der britischen IRR (vgl. Kitay/Callus 1998).

Gleichwohl kann sich seit Ende der 1960er Jahre – d.h. früher, aber auch in stärkerem Ausmaß als in Deutschland – quantitative Forschung in diesem Feld beweisen. Dies ist wohl unter anderem der Interdisziplinarität des Felds geschuldet, denn sie bringt nicht nur verschiedene Perspektiven auf einen Gegenstand mit sich, sondern auch verschiedene Methodenpräferenzen (vgl. Strauss/Whitfield 2008, 174). Während die beiden Paradigmen für einige Zeit co-existieren können, scheint die soziologische, qualitative Tradition in den letzten Jahren zunehmend durch ein, wiederum aus Amerika importiertes, ökonometrisches Modell ersetzt zu werden (Kaufman 2004, 412). Obschon Fallstudienforschung auch heute noch häufig zum Einsatz kommt, wird doch festgestellt, dass sie ihre Vormachtstellung aufgeben musste:

> „An analysis of leading industrial relations journals suggests that there have been substantial changes in IR research, particularly a shift from inductive, qualitative and policy-oriented research to deductive, quantitative and discipline-oriented research" (Whitfield/Strauss 2000, 141; siehe auch Whitfield 1994).

Ob nun schon von einer Dominanz standardisierter Methoden gesprochen werden kann, und damit, wie Cappelli (1985) dies bezeichnet, einer *‚transformation of methodology'*, ist strittig. Während McCarthy beispielsweise skizziert bereits in den frühen 1990er Jahren eine Verdrängung *(‚crowding out')* von qualitativer durch quantitative Forschung erkennen kann (McCarthy 1994), halten andere auch heute noch die Fallstudienmethodik für überproportional im Einsatz.

Noch umstrittener ist die Bewertung dieser Veränderung. Über das Verhältnis von Forschungsfeld und genereller Methodenverwendung findet eine ausgedehnte Debatte statt. So konstatieren Bain und Clegg schon 1974: „The case study method (...) has been driven too hard" (Bain/Clegg 1974, 102). Sie leiten damit eine Diskussion um den Stellenwert von qualitativer und quantitativer Forschung in Industrial Relations ein, die in den 1990ern ihren Höhepunkt erreicht. Eine Reihe von Beiträgen sieht die Zunahme quantitativer Surveyanalysen kritisch, sie heben deren Limitationen hervor und bringen diese methodische Veränderung sogar mit einer Abnahme der Bedeutung der Disziplin in Zusammenhang (z.B. Cappelli 1985, Brown/Wright 1994, McCarthy 1994). Andererseits wird dieser Shift als überfällig erachtet, als logische Konsequenz neuer technischer Möglichkeiten und Zugangschancen auf große Datensets, die in der Folge des Donovan Reports Ende der 1960er Jahre geschaffen wurden. Teilweise wird dies sogar als Erfolg eines Übergangs von politischer geprägter, anwendungsorientierter Forschung hin zu theorieprüfender und theoriegenerierender Wissenschaft verbucht (Whitfield/Strauss 2000, 147). Aber nicht nur neue Forschungsschwerpunkte, technischer Fortschritt und veränderte wissenschaftspolitische Rahmenbedingungen haben zu diesem Wandel beigetragen. Auch veränderte Orientierungen seitens Forschender scheinen sich hier zu spiegeln: Die Zunahme positivistischer Forschung wird auch als Ausdruck des Wunschs nach Akzeptanz und Anerkennung in breiteren wissenschaftlichen Kreisen und rational erscheinende Karrierestrategie verstanden. So wird als wichtige Ursache zunehmender quantitativer Herangehensweisen häufig erwähnt, dass namhafte Zeitschriften solche Analysen zwischenzeitlich bevorzugen:

> „The editorial system encourages safe, narrow articles that can pass the scrunity of often-hostile reviewers. Most journals today seem to prefer highly empirical studies, heavily buttressed with statistics, to think-pieces with unorthodox ideas. Particularly in the US, few articles without numerical data get published. (…) The effect is to discourage inductive research“ (Strauss/Whitfield 2008, 175 f.).

Letzteres wird sich laut Strauss und Whitfield – in Kombination mit sinkenden Geld- und Zeitressourcen und wachsender Konkurrenz zwischen Forschenden – in Zukunft eher noch verstärken und zu einem weiteren Abschwung qualitativer, induktiver Fallstudien führen. Dass hier möglicherweise ein ‚Verdrängungseffekt' einsetzt, wird auch von quantitativ orientierten Forschern wie Whitfield und Strauss als bedenklich gesehen. Neben den Vor- und Nachteilen der jeweiligen methodischen Zugänge werden auch die Möglichkeiten der Verbindung von qualitativen und quantitativen Analysen breit diskutiert, sowie speziell die Verbindung von Fallanalysen und standardisierten Verfahren (siehe z.B. Marginson 1998).

Zusammenfassend kann festgehalten werden, dass Fallstudien in beiden Ländern seit Beginn der Disziplin überproportional verwendet werden bzw. Fallstudienforschung über längere Zeit hinweg als das dominierende empirische Verfahren gelten konnte. Auch wenn sich dies in Großbritannien seit einigen Jahren zu verändern zu scheint, liegt eine wesentliche Gemeinsamkeit der Forschungsfelder in beiden Ländern doch (und im Gegensatz zu anderen Ländern) in eben dieser starken Tradition der Fallstudienforschung.

3.2.2 Fallstudienforschungspraxis

Demgegenüber lassen sich in der konkreten Umsetzung von Fallstudien länderspezifische Herangehensweisen und Orientierungen ausmachen. Weil, wie schon skizziert, Fallstudien grundsätzlich vielfältig einsetzbar und flexibel handhabbar sind, können unterschiedliche Ausformungen von Fallstudienverfahren entstehen. Mit den allgemein üblichen methodischen Leitlinien der Praxis industriesoziologischer Fallstudien, d.h. der Frage, welche Verfahren generell eingesetzt werden und wie diese begründet werden, haben sich Pflüger, Pongratz und Trinczek mit Blick auf Deutschland detailliert auseinandergesetzt (Pflüger et al. 2010a, 35 ff.). An dieser Stelle soll eine kurze Zusammenfassung der Forschungspraxis genügen, stattdessen soll immer auch die britische Situation gegenübergestellt werden. Vertieft wird dies an späterer Stelle durch die empirischen Ergebnisse der vorliegenden Arbeit (Kap. 6).

Pflüger, Pongratz und Trinczek stellen fest, dass insgesamt vergleichsweise wenig öffentliche Diskussion innerhalb der fallstudienforschenden Industriesoziologie stattfindet. Häufig fehlen in Fallstudienberichten Begründungen für die Wahl der Forschungsstrategie Fallstudie. In der Regel wird „(...) unausgesprochen vorausgesetzt, dass die methodischen Grundlagen der Fallstudie bekannt sind und sie in ihrer Eignung für typische industriesoziologische Forschungsfragen allgemein anerkannt ist" (Pflüger et al. 2010a, 36). Ausführliche Begründungen für die Durchführung von Fallstudien sind auch in Großbritannien in Publikationen nicht an der Tagesordnung – was Fallstudien leisten können und wo deren Grenzen (insbesondere im Vergleich mit quantitativ orientierten Verfahren) liegen, wird hingegen seit Jahrzehnten immer wieder debattiert. Zudem lässt sich in Großbritannien ein stärkerer Bezug auf Schriften der Case Study Methodology feststellen, insbesondere auf das Standardwerk von Yin (2003). Dieses wird auch in Deutschland als Bezugspunkt verwendet, jedoch ist die Rezeption bisher weniger ausgedehnt.[30]

Das konkrete methodische Vorgehen, d.h. die Auswahl der Erhebungsinstrumente, deren Verbindung, die Datenerhebung und deren Auswertung werden in Deutschland in den publizierten Forschungsberichten unterschiedlich intensiv abgehandelt, häufig fällt die Darstellung spärlich aus (siehe Pflüger et al. 2010a, 36 ff.). Insbesondere in neueren Studien in Großbritannien werden solche Aspekte des Forschungsverfahrens Fallstudie transparenter beschrieben. Mehr noch, die Aufbereitung erfolgt fast schon standardisiert. Dies ist wiederum maßgeblich durch die Publikationsorgane geprägt – bestimmte empirische Angaben müssen für die Veröffentlichung in Zeitschriften schlicht getätigt werden. Im Gegensatz zu Deutschland ist die Publikation von Fallstudienergebnissen in einschlägigen Journalen inzwischen ein gängiger Weg und hierfür müssen formale Angaben über Art und Ausmaß des methodischen Vorgehens erfüllt werden. Pflüger, Pongratz und Trinczek führen die mangelnde öffentliche Methodenreflexion in

30 Dass britische Forscher mit amerikanischer (Methoden-)Literatur vertrauter sind, liegt vermutlich nicht zuletzt an der generell stärkeren US-Orientierung und einem sprachlichen Vorteil.

Deutschland neben dem bis dato spärlichen methodologischen Orientierungsrahmen hauptsächlich auf einen *,Basiskonsens'* bezüglich der prinzipiellen Eignung und praktischen Bewährung der Fallstudienforschung innerhalb der Fachdisziplin zurück (2010a, 38). Dieser implizite Konsens scheint in Großbritannien abhandengekommen zu sein. Es ist zu vermuten, dass die transparentere Darstellung von Forschungsdesigns und -prozess unter anderem auf den Druck von Seiten quantitativer Industrial Relations Forschung zurückzuführen ist, wie sie sich seit den 1970er Jahren verstärkt durchsetzen kann.

Aber nicht nur in der *methodologischen Reflexion* lassen sich Unterschiede erkennen, sondern auch in der Einzelaspekten des Forschungsdesigns, beispielweise bei bevorzugten *Forschungsdesigns* oder *Ausmaß und Art der Theorieorientierung*. In Deutschland dominiert das Experteninterview als Erhebungsinstrument im Zuge von Fallstudienforschung, kombiniert wird dieses häufig mit Dokumentenanalysen und/oder Beschäftigteninterviews; seltener kommen Beobachtungen, Befragungen oder Gruppendiskussionen zum Einsatz (siehe Pflüger et al. 2010a, 39). Ohne dass an dieser Stelle eine quantitative Analyse der verwendeten Erhebungsinstrumente in der britischen IR Forschung stattfinden kann, scheinen folgende Abweichungen offenkundig: zwar gehören auch dort qualitative Interviews zum Standardrepertoire, gleichwohl besitzen ethnographische Vorgehensweisen (historisch bedingt) größere Prominenz. Zudem scheint neuere Fallstudienforschung keine Berührungsängste mit quantitativer Methodologie zu kennen, im Gegenteil. Das methodologische Selbstverständnis deutscher Forscherinnen und Forscher in diesem Feld kann demgegenüber trotz erwähnter Ausnahmen noch immer als weitgehend von der qualitativen Sozialforschung geprägt gelten (Pflüger et al. 2010a, 42).

Nicht nur die Auswahl der theoretischen Konzepte, die in Fallstudien als Analyserahmen dienen, unterscheidet sich länderspezifisch aufgrund schon skizzierter historisch entwickelter Präferenzen, auch in Art und Umsetzung des Theoriebezugs lassen sich Differenzen erkennen. Während IRR in Großbritannien lange Zeit ein Theoriedefizit nachgesagt werden konnten, wird heute – in markantem Gegensatz dazu – ein Fokus auf Deskription innerhalb großer Teile der Disziplin als nicht vertretbar. Immer noch scheint es eine Skepsis gegenüber der Einbindung von Makrotheorien in Fallstudienforschung zu geben, mikro- und mesotheoretische Ansätze werden demgegenüber heutzutage sehr systematisch verwendet und gegebenenfalls weiterentwickelt. Deutsche Fallstudienforschung ist demgegenüber aktuell in Teilen immer noch in einer zeitdiagnostischen Perspektive verhaftet, makrosoziologische Theorien spielen eine größere Rolle. So kommt Frege auf der Basis ihrer bibliometrischen Analysen von Zeitschriften mit Blick auf Deutschland zu dem Fazit: *„Research focuses on IR rather than HR issues, is more theoretical or essayistic than empirical and if empirical fa-*

vors qualitative, inductive research" (Frege 2007, 42). Als weiterer Unterschied fällt ins Auge, dass Großbritannien im Gegensatz zu Deutschland auf eine lange Tradition international vergleichender Forschungsprojekte zurückblicken kann z.B. von Betrieben, Sektoren oder Berufsgruppen in verschiedenen Ländern (Edwards/Wolkowitz 2002, 263f; zu cross-national IRR siehe auch Hyman 2001).

Gemeinsam ist der Fallstudienforschung in beiden Ländern, dass sich innerhalb des jeweiligen Landes verschiedene Fallstudienforschungsstile etablieren konnten, d.h. das Forschungsgruppen ein spezifisches Vorgehen entwickeln und diesen ‚Stil' auch an wissenschaftlichen Nachwuchs weitergeben.

Ein internationaler Vergleich von (fallstudienforschenden) Teams in Großbritannien und Deutschland scheint aufgrund der skizzierten Merkmale vielversprechend: denn einerseits zeigen sich strukturelle Ähnlichkeiten und andererseits sind (zunächst unerklärbare) Differenzen ersichtlich. In der einschlägigen Literatur zu ‚komparativer Forschung' wird hervorgehoben, dass die Analyse strukturell ‚ähnlicher' Länder häufig besonders sinnvoll ist (z.B. Strauss 1998). Dies begrenzt die hohe Komplexität die ein internationaler Vergleich in den Sozialwissenschaften mit sich bringt, weil dadurch zumindest einige Kontextfaktoren konstant gehalten werden können. Dazu nun ausführlicher.

3.3 International vergleichen

Wie immer wieder hervorgehoben wird, wurden seit jeher beachtenswerte soziologische Aussagen im Zuge von internationalen Vergleichen generiert – schon Comte, Durkheim, Marx oder Weber haben für ihre Analysen auf Daten aus unterschiedlichen Ländern zurückgegriffen. Da komparative Forschung[31] mit spezifischen Herausforderungen einhergeht, wird dies in der Literatur eingehend diskutiert. Spätestens seit Anfang der 1990er Jahre ist Interesse an der Methodik internationaler Vergleiche auf seinem bisherigen Höhepunkt angekommen. Seither wird regelmäßig in renommierten sozialwissenschaftlichen Zeitschriften dazu publiziert (für eine Meta-Analyse international vergleichender Studien und deren Methodik siehe z.B. Bollen et al. 1993). Grundsätzlich zentral behandelt wird dabei die Frage nach der prinzipiellen Vergleichbarkeit unterschiedlicher

[31] Der Begriff ‚komparative Sozialforschung' wird häufig deckungsgleich mit ‚international vergleichender' Forschung benutzt, obwohl sich genaugenommen Differenzen erkennen lassen. So ist der internationale Vergleich vor allem aufgrund seiner Komplexität eine besondere Form des Vergleichs (vgl. Kohn 1987).

nationaler Strukturen, Institutionen, Kulturen oder Praxen bzw. nach der Komparabilität nationalspezifischer Einheiten und Samples.[32]

Schon in den 1970er Jahren wurden bis heute einflussreiche Konzeptualisierungen vorgenommen. So definiert Elder ‚comparative cross-national methodology' als

> „(…) an approach to knowing social reality through the examination for similarities and differences between data gathered from more than one nation (i.e. a people organized under a common government, that government having a monopoly of legitimate physical coercive force within a given territory)" (Elder 1976, 210).

Mit einer solchen, an politisch-nationalstaatlichen Grenzen orientierten Definition wird auch heute noch gearbeitet. Sie impliziert häufig generalisierende Vorgehensweisen und zielt auf quantitative Vergleichbarkeit. Daneben finden sich vermehrt, ‚cross-cultural approaches', so genannte ‚verstehende Ansätze', die den nationalen Rahmen als ‚kulturellen Kontext' ansehen (Kohn 1987, 714, vgl. auch Scheuch 1989).

Während ‚cross-nationale' Untersuchungsdesigns schon in den 1950er und 1960er entwickelt wurden und im Kern darauf abzielen, länderspezifisch generierte Resultate über Ländergrenzen hinweg zu generalisieren, setzen Formen des ‚cross-cultural' Vergleichs stärker auf die (kontextsensible) Analyse des Zusammenhangs von Mikro- und Makroebene. Letzteres wird unter anderem unter dem Stichwort des *‚gesellschaftlichen Effekts'* (oder *‚effet societal'*), diskutiert. Aus dieser Perspektive ist das Paradox der ‚Unvergleichbarkeit' zentral, es geht wesentlich um die „(…) Notwendigkeit, Unvergleichbares vergleichen zu müssen" (Maurice 1991, 85, vgl. auch Hyman 2001). Die Frage der Vergleichbarkeit stellt nicht nur eine rein technische Schwierigkeit dar, sondern ein theoretisches Problem: „Der Forscher muß somit das Verallgemeinerbare herausarbeiten, das im ‚Besonderen' selber angelegt ist, weil es sich auf die Wechselwirkung zwischen analytischer Mikro- und Makroebene gründet" (Maurice 1991, 86).

Artus (2007) schließt sich grundsätzlich den Überlegungen zum ‚effet societal' an, hebt aber hervor, dass es dabei weniger um komparative Institutionenanalyse, sondern mehr um die Analyse von (segmentspezifischer) Institutionenpraxis gehen muss, d.h. um das Zusammenspiel von verschiedenen Institutionen, historisch etablierten Akteurslogiken und strukturellen Varianzen. Denn diejenige Forschung, die national weitgehend holistisch gedachte Institutionen-

[32] Besondere Aufmerksamkeit hat sich dabei traditionell auf ‚survey resarch' gerichtet und damit Fragen der Reliabilität und Validität der Daten solcher Forschungsdesigns diskutiert (siehe für einen Überblick z.B. Hoffmeier-Zlotnik/Harkness 2006).

systeme und -praktiken gegenüberstellt, ist unterkomplex. Sie fordert, insbesondere mit Blick auf Industrial Relations Forschung aber auch darüber hinaus:

> „Komparative Forschung sollte sich also (zumindest auch) auf den internationalen Vergleich von institutionellen Praktiken unter definierten Kontextbedingungen, etwa innerhalb wirtschaftlicher Segmente oder auch ‚institutional fields' konzentrieren. Ein solches Vorgehen hätte neben einer größeren empirischen Erklärungskraft sowie Differenzierungsfähigkeit auch für sich, dass es offen ist für die Eruierung von Handlungslogiken, die jenseits national differenter Institutionenregeln existieren und die Bedeutung institutioneller Regelungen möglicherweise relativieren" (Artus 2007, 26).

Diese Perspektive wird auch in der vorliegenden Arbeit verfolgt. So interessieren ‚Deutschland' und ‚Großbritannien' nicht vornehmlich als eigenständige institutionelle Analyseeinheiten, sondern in ihrem Zusammenhang und ihrer Wechselwirkung mit (methodischer) Forschungspraxis innerhalb einer bestimmten wissenschaftlichen Disziplin. Obgleich komparative Forschung grundsätzlich ein schwieriges Unterfangen darstellt, ist sie doch wertvoll und nötig. Nicht nur ermöglicht sie es, die eigene, kulturgeprägte Wahrnehmung zu hinterfragen, sie trägt auch wesentlich zum wissenschaftlichen Fortschritt (insbesondere in den Sozialwissenschaften) bei – denn erst durch internationalen Vergleich können nationalbasierte Ergebnisse als ‚typisch' oder ‚untypisch', als sozialstrukturelle Regelmäßigkeiten oder historisch kulturelle Spezifika, verortet werden.

3.4 Fazit

Wie gezeigt werden konnte, ähnelt sich der Prozess der historischen Institutionalisierung industriesoziologischer Forschung bzw. von Industrial Relations Research in Großbritannien und Deutschland strukturell.[33] Trotz einzelner Vordenker beginnt sich das Feld erst Anfang des 20. Jahrhunderts institutionell zu entwickeln, eine Verankerung auf breiter Basis findet nach dem Zweiten Weltkrieg statt. Es folgen erfolgreiche Jahre: Ab den 1950er Jahren und bis Ende der 1960er Jahre kann die universitäre Landschaft in Europa (u.a. aufgrund der ökonomischen und sozialen Umstände) eine stattliche Expansion verbuchen. Davon können auch die Sozialwissenschaften und deren Disziplinen profitieren, weshalb diese Zeitspanne als das ‚golden age' von arbeitssoziologischer Forschung

[33] Dies soll nicht darüber hinweg täuschen, dass weder die deutsche Arbeits- und Industriesoziologie noch die britische Industrial Relations Forschung in sich konsistente Felder sind.

bekannt ist. An diese ‚fetten‘ Jahre schließen scheinbar weniger gute Jahre an; eine Tatsache, die seither in beiden Ländern in intensiven Krisendiskursen Beachtung findet.

Trotz nationaler inhaltlicher Spezifika, deckt sich der Untersuchungsgegenstand von deutscher Industriesoziologie und britischer Industrial Relations Forschung grundsätzlich. Eine strukturelle Ähnlichkeit ist auch mit Blick auf die methodische Ausrichtung der beiden Felder zu erkennen: über längere Zeit gilt die Fallstudienforschung als dominantes Forschungsdesign. Vergleichbar scheint außerdem das Selbstverständnis vieler Industriesoziologen bzw. Industrial Relations Forscher. Nicht nur Forschung für den Elfenbeinturm soll realisiert werden, sondern auch praxisnahe und in der Regel arbeitnehmerorientierte Forschung. All diese Aspekte erlauben den Vergleich der beiden Disziplinen. Gleichwohl bestehen auch Differenzen. Während die Arbeitssoziologie in Deutschland als Subdisziplin der Soziologie gilt und hiesige Forschung zu Industriellen Beziehungen maßgeblich davon beeinflusst wird, gilt das Feld der Industrial Relations Forschung in Großbritannien als eigenständig und interdisziplinär. Erkenntnisgewinn verspricht der Vergleich unter anderem, da Divergenzen in den methodischen Forschungspraktiken zu erkennen sind, beispielsweise in einer in Großbritannien starken ‚mixed-methods‘ Forschungsorientierung.

Zu erklären, warum sich trotz der (strukturellen) Ähnlichkeiten zwischen der arbeits- und industriesoziologischen Fallstudienforschung in Großbritannien und Deutschland derartige Unterschiede in der Forschungspraxis zeigen, wird eine Aufgabe der vorliegenden Arbeit sein. Welche Unterschiede sich en detail ergeben und worauf diese zurückzuführen sind, wird im weiteren Verlauf ausführlich behandelt.

4 Der konzeptionelle Rahmen

Wissenschaftssoziologie meets Neo-Institutionalismus

In der vorliegenden Arbeit ist der Forschungsgegenstand die Soziologie selbst, genauer gesagt, eine methodische Vorgehensweise einer Teildisziplin der Soziologie – die Fallstudienforschung innerhalb der Arbeits- und Industriesoziologie. Damit ist dies ein sehr spezieller Forschungsgegenstand, der dementsprechend eine ungewöhnliche Untersuchung nötig macht. Meta-Analysen von ‚Wissenschaft' mit Blick auf Forschungspraxis scheinen bisher weitgehend ‚Niemandsland' zu sein (Ausnahme bei Leahey 2008). In der empirischen Sozialforschung werden konkrete methodische Praktiken in der Regel nicht zum Gegenstand gemacht, stattdessen reflektiert und diskutiert Methodologie die epistemologischen Grundlagen und Auswirkungen spezifischer methodischer Zugänge. Demgegenüber werden wissenschaftliche Praktiken innerhalb der (neueren) Wissenschaftssoziologie zwar thematisiert, hier geht es jedoch selten um das methodische Vorgehen. Wenn dieses systematisch betrachtet wird, dann im Rahmen mikroanalytischer Studien, die sich meist ausschließlich auf wissenschaftssoziologische Konzeptionen stützen und kaum externe Einflussfaktoren einbeziehen. Daher sei die Aussagekraft solcher Studien begrenzt, wird häufig als Kritik geäußert.

In dieser Arbeit dienen wissenschaftssoziologische Kernprämissen als Analyserahmen. ‚Analyserahmen' meint, dass zentrale Erkenntnisse und Konzeptionen als Hintergrundfolie behilflich sein sollen, um das spezifische Forschungsfeld zu verstehen. Zudem werden aus dem wissenschaftssoziologischen Kanon solche Ansätze ausgewählt, die für die eigene Forschung leistungsfähig anmuten. Dies scheint erforderlich, da ein ‚rundes' Bild des Felds geliefert werden soll – und deshalb breit auf verschiedene Ergebnisse zurückgegriffen werden muss. Dennoch, innerhalb der Wissenschaftssoziologie werden nationale Rahmenbedingungen kaum systematisch betrachtet. Um eine Untersuchung der Verfahrensweisen innerhalb und zwischen Forschungsteams sowie deren länderspezifische Färbung zu ermöglichen, wird eine weitere theoretische Perspektive hinzugezogen: die des soziologischen Neo-Institutionalismus, eines organisationssoziologischen Ansatzes, der die ‚interne' wissenschaftssoziologische Perspektive um eine strukturelle Einordnung ergänzen soll.

Bisher sind organisationssoziologische Untersuchungen die ‚Wissenschaft' betrachten, eine Seltenheit.[34] Dennoch finden sich einige wenige neo-institutionalistisch orientierte Betrachtungen dieses Felds, beispielsweise bei Hasse und Krücken (1996) oder Pongratz (2005). Eine derartige Erweiterung des wissenschaftssoziologischen Blickwinkels scheint im Hinblick auf das Forschungsinteresse ertragreich: So können die Vorgehensweisen innerhalb eines Forscherteams im Zusammenhang mit den spezifischen strukturellen (wissenschaftsspezifischen und national geprägten) Umweltbedingungen analysiert werden, gleichsam der Kontext von Fallstudienforschung systematisch miteinbezogen werden. Dies scheint umso wichtiger und interessanter in einem Feld wie der Wissenschaft, wo jüngst gravierende Veränderungen sichtbar werden.

Nach einer Einführung in die Grundlagen der Wissenschaftssoziologie (Kap. 4.1), werden die Hauptcharakteristika des (soziologischen) Neo-Institutionalismus skizziert (Kap. 4.2). Im Anschluss daran wird gezeigt, wo der Wert einer Verbindung der beiden Paradigmen für die Analyse teamförmiger Fallstudienpraktiken im Ländervergleich liegt und welche Implikationen der theoretische Rahmen für den weiteren Fortgang der Arbeit enthält (Kap. 4.3).

4.1 Eine wissenschaftssoziologische Annäherung an das Forschungsfeld

4.1.1 Grundlagen der Wissenschaftssoziologie

Wissenschaftssoziologie gilt gemeinhin als vergleichsweise neues Teilgebiet der Soziologie, dessen Entwicklung ist einschneidend durch Robert K. Merton beeinflusst (vgl. Zuckerman 1988). Dieser begann im Amerika der 1930er Jahre die Spezifika von ‚Science' funktionalistisch zu analysieren. Wissenschaft wird von Merton grundsätzlich als soziales System mit uniquen Werten und Normen verstanden, das sich von anderen gesellschaftlichen Teilbereichen exklusiv unterscheidet. Wissenschaft ist gekennzeichnet durch einen *‚wissenschaftlichen Ethos'*: „The ethos of science is that affectively toned complex of values and norms which is held to be binding on the man of science" (Merton 1973, im Original 1942, 268 f.). Dieser Ethos wird über vier Normen definiert: ‚Universa-

[34] Dies gilt in weiten Bereichen auch für arbeitssoziologische Analysen. Ausnahmen finden sich z.B. bei Moldaschl und Holtgrewe (2003), die für eine systematische arbeitssoziologische Analyse der Wissenschaft plädieren oder auch Aulenbacher und Riegraf (2011), die Wissenschaft aus einer arbeits- und geschlechtersoziologischen Perspektive betrachten.

lismus' (Wahrheitsansprüche sind unabhängig von persönlichen Attributen von Wissenschaftlern, wie Rasse, Nationalität, Geschlecht oder Klasse, zu prüfen), ‚Kommun(al)ismus' (wissenschaftliche Ergebnisse sind grundsätzlich Produkt sozialer Zusammenarbeit, werden öffentlich zugänglich gemacht und geteilt), ‚Uneigennützigkeit' (wissenschaftliche Arbeit dient nicht dem persönlichen Vorteil, sondern wissenschaftlicher Erkenntnis) und ‚organisierter Skeptizismus' (wissenschaftliche Ergebnisse sind stets kritisch zu überprüfen) (Merton 1973/1942, 270 ff.; vgl. auch Storer 1966). Diese vier Leitlinien werden durch das Hauptziel von Wissenschaft – der Generierung von Wissen – begründet, durch ‚prescriptions, proscriptions, preferences and permissions' verfestigt, durch institutionelle Werte legitimiert und durch Sozialisation von Wissenschaftlern internalisiert (Merton 1973/1942, 269). Neben der erfolgreichen Verinnerlichung des wissenschaftlichen Wertekanons, sorgt ein komplexes Kontroll- und Sanktionssystem, das Normverletzungen ahndet, für die Einhaltung dieser. Deshalb ist der ‚wissenschaftliche Ethos' laut Merton auch besonders im impliziten Verhalten von Wissenschaftlern zu suchen.[35]

Damit stellt Merton die Frage nach institutionellen Bedingungen, die gegeben sein müssen, damit eine Erweiterung gesicherten Wissens möglich wird. Fortschritt wird nach Mertons Auffassung vorangetrieben durch „(...) universalistische, unvoreingenommene, umfassende und fortwährende Kritik durch Peers" (Weingart 2003, 41). Dies entspricht einem rationalistischen Verständnis von Wissenschaft wie es sich auch in klassischen wissenschaftstheoretischen Konzeptionen findet (z.B. Popper 1935). Allerdings hebt Merton auch (nicht immer rationale) ‚technische' und ‚moralische' Normen hervor, die wissenschaftliches Arbeiten leiten (Merton 1973/1942, 270). Dennoch, Mertons Fokus liegt nicht auf der Untersuchung sozialer Prozesse, sondern der formalen Analyse sozialer Strukturen in der Wissenschaft. Das theoretische Problem, das Merton leitet, ist es, die Bedingungen zu identifizieren, unter welchen das Verhalten von Wissenschaftlern diesen Normen entspricht bzw. davon abweicht.[36] Neben diesem Fokus auf die ‚soziale Organisation' und interne Struktur von Wissenschaft widmet sich Merton dem Verhältnis von Wissenschaft und anderen gesellschaftlichen Teilbereichen (vgl. Heintz 1998).

[35] Mertons Konzeption des ‚wissenschaftlichen Ethos', wird seit seiner Veröffentlichung intensiv und kritisch diskutiert (z.B. von Barnes/Dolby 1970). Kritisiert wird dabei insgesamt weniger, ob diese vier Normen grundsätzlich treffend sind, sondern inwiefern sie tatsächlich handlungsleitend, spezifisch für das Feld Wissenschaft und universell sind (vgl. Weingart 2003).

[36] Große Bekanntheit erlangt Merton unter anderem für seine Überlegungen zum ‚Matthäus Effekt' (siehe Merton 1973/1968).

Merton kann mit seiner Perspektive auf Wissenschaft zeigen, dass wissenschaftliche Fragestellungen und Resultate nicht zufällig zustande kommen, sondern intern (wissenschaftlich legitimiert) oder extern (z.B. über den Anreiz von Problemlösung in der Praxis) getrieben werden. In den 1950er und 1960er Jahren werden die Annahmen des mertonianischen Strukturfunktionalismus empirisch hinterlegt, erweitert und teilweise korrigiert (Zuckerman 1988, 514).[37] Die von Merton geprägte ‚institutionalistische Wissenschaftssoziologie' kann sich bis in die 1960er Jahre als dominanter Ansatz behaupten. Ein Hauptgrund hierfür liegt in seiner Konzentration auf die vergleichsweise harten Strukturdimensionen des Sozialen in der Wissenschaft, sein Programm besticht durch innere Kohärenz (Hasse et al. 1994, 226).

Ihre Ablösung wird mit Thomas Kuhns *‚The Structure of Scientific Revolution'* (1973, im Original 1962) eingeleitet. Denn im Gegensatz zu den strukturfunktionalistischen Analysen Mertons unterstreicht Kuhn, dass auch soziale Strukturmuster und -dynamiken die Gewinnung von wissenschaftlichem Wissen prägen; die Fokussierung der früheren wissenschaftssoziologischen Studien auf die Sozialstruktur der Wissenschaft gibt er auf. Kuhn, ein Physiker, der zum Wissenschaftshistoriker wurde, konstatiert, ganz im Gegensatz zu Poppers Falsifikationismus oder Mertons Überlegungen zum Ethos von Wissenschaft, dass wissenschaftlicher Fortschritt nicht kumulativ oder linear verläuft, sondern über eine Abfolge von inkommensurablen Revolutionen, d.h. über einen Umbruch oder ‚Generationswechsel' zwischen alten und neuen Paradigmen (siehe dazu ausführlich Kuhn 1973, 119 ff.). Wenn bei Merton der ‚Ethos' das handlungsleitende Element der Wissenschaft ist, so ist es bei Kuhn das ‚Paradigma' mit seinen anerkannten Annahmen und Werten, welches das Verhalten des einzelnen Wissenschaftlers und der ‚Scientific Community' determiniert. Während jedoch Mertons Konzeption oftmals als rationalistisch wahrgenommen wird, versteht Kuhn wissenschaftliches Wissen als „(…) tested and shared possessions of the members of a successful group" (Kuhn 1973, 191) – wissenschaftliches Wissen ist demnach das Ergebnis sozialer Prozesse.

Dass die Dominanz der Mertonschen Annahmen innerhalb der Wissenschaftssoziologie gebrochen wurde, ist auch im Zusammenhang mit einer allgemein erstarkenden interpretativen Soziologie zu Beginn der 1970er Jahre zu sehen. Denn in diesem Zuge erlangen konstruktivistische Positionen an Popularität und begründen eine sog. ‚Neue Wissenschaftssoziologie'.[38] Insbesondere in

---

[37] Für nähere Informationen zu Mertons Lebenswerk siehe u.a. die Aufsatzreihe im Berliner Journal für Soziologie 2010, Jahrgang 20.

[38] Dabei fallen verschiedenste Ansätze unter das Label ‚Konstruktivismus', siehe Hasse et al. (1994) oder Sismondo (1993).

England können sich unterschiedliche Strömungen entwickeln, in radikaler Form beispielsweise das ‚Strong Programme' der ‚Edinburgh School' um Bloor (z.B. Bloor 1976), oder, etwas abgeschwächt, das ‚Empirical Programme' (z.B. Collins 1985). Beide Ansätze legen ihren Schwerpunkt auf die (soziale) Konstruktion von wissenschaftlichem Wissen.

In der Folge wird häufig von einem ‚Practice Turn' der Wissenschaftssoziologie gesprochen – *‚From science as knowledge to science as practice'* (Heintz 1993, 541). Grundsätzlich beibehalten wird ein relativistisches Verständnis von Wissenschaft, der Augenmerk liegt nun aber dezidiert auf der Frage, mittels welcher sozialen Praktiken wissenschaftliches Wissen *konstruiert* wird – wissenschaftliches ‚Handeln' wird in den Blickpunkt gerückt (siehe dazu Pickering 1994). Besonders durch die mikrosoziologischen ‚Laborstudien' (z.B. Knorr-Cetina 1981, Latour/Woolgar 1979; für einen Überblick siehe Knorr-Cetina/Mulkay 1983 oder Knorr-Cetina 1995) kann glaubhaft gezeigt werden, dass wissenschaftliche Erkenntnisse untrennbar mit lokal bedingtem praktischen Forschungshandeln zusammenhängen. Felt, Nowotny und Taschwer beschreiben die Auswirkungen der Laborstudien wie folgt:

> „Wissenschaftliche Praktiken haben sich in diesen Untersuchungen [den Laborstudien, J.P.] als hochgradig lokal und sozial bedingt herausgestellt: Sie entstehen stets in konkreten Kontexten und sind daher auch nicht als transhistorische Wahrheiten zu verstehen. Der frühere Glaube an die Universalität der wissenschaftlichen Methode hat sich verflüchtigt: Wissenschaftliche Tatsachen, Beweise und Beurteilungsnormen haben sich als Ergebnisse sozialer Gruppenprozesse entpuppt" (Felt et al. 1995, 115 f.).

Die Innovativität der erfolgreichen Labor-Studien wird heute kaum mehr bezweifelt. Unklar sind jedoch die Entwicklungsmöglichkeiten, denn die „(...) anfangs schockierende These, dass auch dem wissenschaftlichen Wissen soziale Konstruktionsleistungen unterliegen, mag heutzutage kaum mehr verblüffen" (Hasse et al. 1994, 222). Zwar wurde die Suche nach Anschlussoptionen an die basalen Annahmen des Laborkonstruktivismus verstärkt, der Versuch der Weiterentwicklung führte jedoch zu Pluralisierungstendenzen. Insbesondere seit den 1980er Jahren hat sich die konstruktivistisch orientierte Wissenschaftssoziologie aufgefächert, neue Strömungen integriert und teilweise radikalisiert (Heintz 1993, 80).[39] Die zeitgenössische Wissenschaftsforschung kann daher durch ihre

[39] Erwähnenswert sind hier beispielsweise Mulkays Diskursanalyse (z.B. Mulkay et al. 1983), Woolgars Beschäftigung mit der Reflexivitätsproblematik der Wissenssoziologie (z.B. Woolgar 1988), der Labor-Studien-Ansatz (Latour/Woolgar 1979, Knorr-Cetina 1981), Studien zum Ex-

„theoretische und methodologische Diversität und Fragmentiertheit" charakterisiert werden (Felt et al. 1995, 114). Verschiedene Ansätze existieren nebeneinander, sie konkurrieren in ihren Erklärungsansprüchen und Interpretationen, jedoch ohne sich gegenseitig eindeutig widerlegen zu können.

Mit Blick auf die Forschungsfrage der vorliegenden Arbeit werden Engführungen bisheriger Forschung offenkundig: Erstens, setzen viele wissenschaftssoziologische Studien ‚Wissenschaft' mit den Naturwissenschaften gleich. Dies ist beispielswiese schon bei Merton oder Kuhn der Fall, aber auch in aktuelleren Publikationen schreibt sich dies fort (z.B. bei Heintz 1993). Wenn wissenschaftliche Teamarbeit untersucht wurde, fokussierten die Studien dementsprechend üblicherweise auf naturwissenschaftliche Bereiche, vor allem die (experimentelle) Physik (z.B. Shrum et al. 2007; Ausnahmen bei Platt 1976 oder, in Deutschland, Neidhardt 1983). Insbesondere vor dem Hintergrund der sich zunehmend durchsetzenden Annahme, dass Wissenschaft kein homogenes System ist, sondern durchaus signifikante Unterschiede zwischen Disziplinen bestehen, bedingt diese (häufig nicht explizierte) Konzentration auf Naturwissenschaften die Gefahr der Übergeneralisierung.

Dringend zu beachten ist außerdem, dass die Wissenschaftssoziologie traditionell kaum international vergleichend arbeitet: Weder wird in der institutionellen Wissenschaftssoziologie darauf hingewiesen, dass die Sozialstruktur von Wissenschaft oder deren Wechselverhältnis zur ‚Gesellschaft' auch durch nationale Spezifika geprägt wird. Es wird von einer Universalität von Wissenschaft ausgegangen. (National) divergierende Institutionen und Praktiken interessiert nicht und können auch nicht erklärt werden. Noch werden in der (mikrosoziologisch orientierten) Neueren Wissenschaftssoziologie nationale Rahmenbedingungen oder Einflüsse systematisch thematisiert, obwohl (implizit) davon ausgegangen wird, dass kontextuelle Relevanzen die Konstitution lokaler Praktiken strukturieren. Diese Ignoranz gegenüber nationalstaatlich geprägten wissenschaftlichen Praktiken ist verwunderlich, widerspricht sie doch den alltagsempirischen Erfahrungen vieler Wissenschaftlerinnen und Wissenschaftler.

4.1.2 Wie ‚Wissenschaft' für diese Arbeit konzipiert wird

Trotz der Pluralisierung von Ansätzen können immer noch zwei Hauptorientierungen innerhalb wissenschaftssoziologischer Forschung identifiziert werden: eine Orientierung nach ‚innen', für die die meist konstruktivistische oder interak-

periment und zur technischen Kultur in der Wissenschaft (Gooding et al. 1989), die ethnomethologischen Arbeiten von Lynch (Lynch 1985) oder Akteur-Netzwerk-Ansätze (Latour 1987).

tionistische Analyse der internen Beschaffenheit der Wissenschaft zentral ist, und, andererseits, ein institutionalistischer, funktionalistischer Fokus auf die ‚äußeren' Bezüge und Strukturen der Wissenschaft. Bis weit in die 1990er Jahre schienen die beiden Forschungsstränge unabhängig und teilweise unvereinbar (u.a. aufgrund gegensätzlicher theoretischer und methodischer Zugänge, mikrosoziologisch vs. makrosoziologisch, vgl. Weingart 2003, 127). Ernsthafte Verbindungsversuche wurden, und werden immer noch, selten unternommen. So warnt Schimank:

> „Die Wissenschaftssoziologie sollte nicht zum zweiten Mal den Fehler begehen, diese beiden Paradigmen gegeneinander auszuspielen. Sie sind komplementär, weil sie jeweils etwas anderes erklären wollen und ganz andere Erklärungsfaktoren heranziehen." (Schimank 1995, 49).

Folglich plädiert er auch für eine „paradigmenpluralistische Sicht der Wissenschaftssoziologie" (ebd.).

An diesem Aufruf zu einer *paradigmenpluralistischen Perspektive* möchte ich mich orientieren. In diesem Sinne stelle ich im Folgenden (weitere) wesentliche wissenschaftssoziologische Erkenntnisse vor, beschränke mich dabei jedoch nicht auf einen theoretischen Zugang, sondern wähle paradigmenübergreifend diejenigen Aspekte, die zur Beantwortung meiner Forschungsfrage sinnvoll und hilfreich erscheinen. Damit wird ein ganzheitliches Verständnis von Wissenschaft bzw. von methodischen Verfahrensweisen bei der Durchführung von Fallstudien geschaffen. Wie für soziologische Analysen typisch, spielt auch in der vorliegenden Arbeit die ‚Innenwelt' der Wissenschaft eine zentrale Rolle. Gleichzeitig wird der Kontext von Wissenschaft miteinbezogen, und zwar in Form des Ländervergleichs. Über den internationalen Vergleich wissenschaftlicher Praktiken werden ‚Innenwelt' und ‚Außenwelt' in Beziehung gesetzt, ihre Beziehung beleuchtet.

Wissenschaft wird in dieser Arbeit– in Anlehnung an Zuckerman (1988, 513) – wie folgt konzipiert: Wissenschaft wird verstanden als *soziale Institution, die durch spezifische Normen, Werte und Traditionen geprägt ist und über (soziale) Praktiken in einem jeweiligen Kontext konstruiert und rekonstruiert wird.* Die Arbeit beschäftigt sich demnach mit dem Wechselspiel von ‚Institution', ‚Praktiken' und ‚Kontext'. Die Begriffe sollen an dieser Stelle bestimmt werden:

Wissenschaft als soziale Institution

Wissenschaft kann aus mehreren Gründen als ‚soziale' Institution gelten bzw. Sozialität wird in unterschiedlichen Phasen der Konstruktion von Wissen bedeutungsvoll: der Entwicklung von Forschungsinteressen, der Auswahl von Forschungsgegenständen, der Gewinnung und Auswertung von Daten, der Anerkennung von Resultaten oder von Wissenschaftlern – all dies sind sozial strukturierte Prozesse, weswegen davon auszugehen ist, dass Wissenschaft ein inhärent soziales Unterfangen ist.

Schon die Gründungsväter der Wissenschaftssoziologie, wie Merton und Kuhn, haben dies erkannt. So hat etwa Kuhn ausgeführt, dass der Scientific Community bei der Festlegung und Entstehung von Forschungsgebieten und -fragen eine zentrale Bedeutung zukommt. Wissenschaftliche Gruppenstrukturen und inhaltliche Entwicklungen bedingen sich wechselseitig. Wichtige Innovationen und Erkenntnisse müssen auch als solche erkannt und rezipiert werden – was als ‚relevantes' Ergebnis gilt, wird innerhalb der Scientific Community bestimmt, das wiederum hat Merton deutlich gemacht. So spielen bei der Auswahl des Untersuchungsgegenstandes auch strategische Entscheidungen eine Rolle, beispielsweise der Wunsch nach Profilierung und Abgrenzung von einer anderen Gruppe (vgl. Weingart 2003, 46 ff.). Die Entwicklung von Forschungsinteressen und Forschungsergebnissen geht außerdem häufig mit sozialen Machtkämpfen einher, wie schon Bourdieu beschrieben hat (vgl. Bourdieu 1992). Funktionsfähig wird Wissenschaft, wie schon in klassischen Konzeptionen hervorgehoben wird, über ihr spezifisches internes Belohnungs- und Bestrafungssystem (Merton 1973, im Original1968; Latour/Woolgar 1979).

Interessanterweise offenbaren viele wissenschaftssoziologische Studien (z.B. die von Kuhn inspirierte Studien zur Entstehung von Spezialgebieten, z.B. Mullins 1972), dass die soziale Organisation wissenschaftlicher Gemeinschaften und wissenschaftliche Kommunikationsstrukturen erstaunlich isomorph sind (Weingart 2003, 47). Dies kann nur teilweise über strukturelle Ähnlichkeiten erklärt werden. Stattdessen ist dies als Hinweis darauf zu verstehen, dass die Auswahl von Forschungsgegenständen (und methodischen Vorgehensweisen) auch durch die Frage strukturiert wird, was innerhalb der jeweiligen Community als legitim gilt. Legitimität wird dabei hauptsächlich über zwei Mechanismen gesichert: Sozialisation und Institutionalisierung.[40] Beides beruht wiederum auf sozialen Prozessen, weshalb laut Weingart die

[40] Aufgrund solcher Kennzeichen beschreibt Campbell das Sozialsystem der Wissenschaft als ‚Stammesorganisation', da sie einige „(…) grundlegende Ähnlichkeiten mit anderen sich selbst erhaltenden Systemen sozialen Glaubens und Aberglaubens" aufweist (Cambpell 1985, 260), z.B. wird ‚Stammeskontinuität' wird durch Rekrutierung neuer Mitglieder gesichert, deren Loyalität wird durch Gruppenzusammenhang, Belohnungsanreize und Abgrenzung von Fremdgruppen gesichert, es existieren spezifische Werte, Mythen, Rituale, etc. (Cambpell 1985, 260 ff).

> „(...) vorherrschende Legende der Wissenschaft, die von ihr selbst befördert und von ihrem Publikum für die Realität gehalten wird, (...) die verbreitete Auffassung, dass die Fortschritte in der Wissenschaft das Werk einzelner genialer Wissenschaftler sind (...) erheblich relativiert werden [muss, J.P.]" (Weingart 2003, 49 f.).

Wissenschaft als Praxis

Was als ‚angemessen', ‚normal' oder ‚legitim' gilt, wird durch die Scientific Community bestimmt, jedoch gleichzeitig situativ umgesetzt. So definiert Knorr-Cetina wissenschaftliche Forschung als „(…) eine Praxis von Akteuren (...), die gemeinsam ihre (wissenschaftlichen) Handlungsfelder gestalten, die dann ihrerseits wiederum dieses praktische Geschäft beeinflussen" (Knorr-Cetina 1985, 152). Da die Produktion und Legitimation wissenschaftlicher Ergebnisse oftmals mehr an ‚Erfolg' denn an ‚Wahrheit' orientiert erfolgt, ist Wissenschaft ein ‚konstruktiver' Prozess, „(…) eingebettet in eine höchst künstliche und im wesentlichen selbstgeschaffene Wirklichkeit ist diese Praxis darauf ausgerichtet, ihre Vorhaben zum Erfolg zu führen" (Knorr-Cetina 1985, 152). Dabei ist die *‚Power of Shared Cultural Models'* zentral. Forschungsarbeit findet in einem Kontext eines geteilten Wissenskanons statt. Damit ist jedoch nicht nur wissenschaftliches Wissen gemeint, sondern nach Knorr-Cetina auch „(…) distributed cognition, which then functions as a management mechanism: through this discourse, work becomes coordinated and self-organization is made possible" (Knorr-Cetina 1999, 242). Dementsprechend strukturieren gemeinsame Einschätzungen und Glaubensvorstellungen die gemeinsame wissenschaftliche Arbeit (im Sinne von Handlungsmustern) – und zwar in Abhängigkeit von jeweils verschiedenen kulturellen Vorstellungen. Legitimität wissenschaftlicher Erkenntnisse basiert für Knorr-Cetina auf Kongruenz zwischen Theorie und Praxis lokaler Laboratorien und der weiteren Scientific Community derer sie Teil sind.

Wissenschaft und Kontext

Diese Praxis ist erfolgt nicht unabhängig von äußeren Rahmenbedingungen, sondern ist immer auch in einen spezifischen Kontext eingebettet. So stellte die Wissenschaftssoziologie schon in den 1960er und 1970er Jahren explizit die Frage nach der Autonomie bzw. Heteronomie der Wissenschaft (vgl. Weingart 2003, 55 f.). Einen entscheidenden Beitrag bezüglich der Kontextualität wissenschaftlichen Wissens lieferte bekanntermaßen Kuhn, indem er anhand des Übergangs vom ptolemäischen zum kopernikanischen Weltbild herausarbeitete, dass wissenschaftlicher Fortschritt unter anderem auch auf kulturellen und sozialen

Einflüssen beruht. In dieser Tradition argumentiert die ,Soziologie wissenschaftlichen Wissens' auch heute noch und fordert eine ,Entzauberung der Wissenschaft', da – wenn wissenschaftliches Wissen als soziales Konstrukt interpretiert wird – Wissenschaft kann jeweils nur vor dem Hintergrund ihrer lokalen und historischen Entstehung begriffen werden. Die Frage, wie ,Kontext' angemessen zu definieren ist, ist allerdings umstritten; auch eine ausgearbeitete ,Kontexttheorie' steht noch aus (vgl. Bonß et al. 1993).[41]

Mit einer wissenschaftssoziologischen Perspektive dieser Art, die Wissenschaft durch Institutionen, Praktiken und Kontext geprägt sieht, rücken folgende Fragen in den Mittelpunkt:

- Welchen impliziten oder expliziten Normen folgen Wissenschaftler in ihrer Praxis? Was schafft ,Legitimität'?
- Wann und wie verschieben sich Normensysteme? Was sind die Folgen?
- Welche Formen von Arbeitsteilung (oder Hierarchie) werden in welchen Situationen oder Kontexten relevant?
- Welche Rolle spielt ,Kontext' (z.B. die Forschungsdisziplin, das Land)?

Nicht systematisch betrachtet werden können aus dieser internen Perspektive ,äußere' Einflussfaktoren, welche jedoch für ein umfassendes Verständnis unerlässlich ist. Dies soll mittels einer neo-institutionalistischen Perspektive gewährleistet werden, welche nun vorgestellt wird.

4.2 Der neo-institutionalistische Ansatz

4.2.1 Kennzeichen des soziologischen Neo-Institutionalismus[42]

Institutionalistische Ansätze verkörpern derzeit keine in sich geschlossene Theorie und sind gleichwohl nicht mehr aus der amerikanischen Organisationstheorie

---

41 Bonß und andere (1993) formulieren Minimalvoraussetzungen für eine solche. Ihre Ausgangsthese ist, dass sich Kontextuierungsprozesse auf unterschiedlichen Ebenen abspielen. Sie unterscheiden einen sozial-interaktiven Kontext der Diskursgemeinschaft, einen situativ-praktischen Kontext der konkreten Forschungshandlung und einen semantisch-kognitiven Kontext der Erklärung, Interpretation und Sinnstiftung (Bonß et al. 1993, 182). Zu diskutieren wäre hier allerdings, inwieweit diese drei Ebenen trennscharf sind.

42 Neben dem soziologischen Neo-Institutionalismus können auch andere institutionalistische Theorieansätze unterschieden werden, etwa in der Ökonomie oder den Politikwissenschaften. Diese variieren insbesondere in der Definition ihres zentralen Begriffes ,Institution' (dazu später mehr). Im Folgenden wird unter ,Neo-Institutionalismus' die soziologische Variante gefasst.

wegzudenken. Der Neo-Institutionalismus zählt inzwischen zu den bedeutendsten Ansätzen in den Sozialwissenschaften. Seine Wurzeln liegen in den Arbeiten von Gouldner, Stinchcombe, Blau und Selznik, die heutzutage als ‚old institutionalists' bezeichnet werden.[43] Deren Ausgangsannahme ist es, dass Organisationen wichtige soziale Einheiten sind, deren Strukturen und Aktivitäten jedoch nicht ohne Rückbezug auf gesellschaftliche Bedingungen angemessen erklärt werden können. Als gesellschaftlich relevante Umwelt von Organisationen, die das organisationale Handeln prägen, werden dabei unter anderem ökonomische Voraussetzungen, aber auch der politische oder kulturelle Rahmen verstanden (vgl. Senge 2011).

Als Geburtsstunde des ‚Neuen Institutionalismus' kann 1977 gelten, als John Meyer zwei Aufsätze publiziert, die in der Organisationssoziologie zu einer radikalen Abkehr von konventionellen Konzeptionen führen.[44] Zentrale These dieser Publikationen ist es, dass formale Strukturen neben objektiven Funktionen immer auch symbolische Bedeutung haben: „Institutionalized products, services, techniques, policies, and programs function as powerful myths, and many organizations adapt them ceremonially" (Meyer/Rowan 1977, 340).

Diese symbolische Bedeutung ist vor allem durch kulturelle Elemente geprägt, durch *‚taken-for-granted beliefs'* (DiMaggio/Powell 1991a, 27 f.), und korreliert damit nicht immer mit tatsächlichen Effizienzkriterien. Ein weiterer wichtiger Standpunkt, der konträr zu vielen bis dato gängigen Theorienansätzen liegt, wird deutlich: Neo-Institutionalisten folgen der Annahme, dass Institutionen bezüglich individuellem Handeln ein Doppelcharakter zukommt – einerseits koordinieren und begrenzen sie Handlung, andererseits sind Institutionen als Produkt sozialen Handelns zu verstehen. Tolbert und Zucker beschreiben dies wie folgt:

> „(...) formal structures have symbolic as well as action-generating properties. In other words, structures can become invested with socially shared meanings, and thus, in addition to their 'objective' functions, can serve to communicate information about the organization to both internal and external audiences" (Tolbert/Zucker 1996, 177).

[43] Diese erste Generation von institutionalistischen Organisationssoziologen bezieht sich wiederum vornehmlich auf Max Webers Ausführungen zur bürokratischen Organisation (Senge/Hellmann 2006, 8 f.).

[44] Zur Entstehung und Institutionalisierung des soziologischen Neo-Institutionalismus in Amerika im wissenschaftshistorischen Kontext siehe auch Scott (2006).

DiMaggio und Powell (1991a, 8 f.) identifizieren vier allgemeine *konstitutive Annahmen* der neo-institutionalistischen Theorie in der Soziologie:

1. „a rejection of rational-actors models“,
2. „an interest in institutions as independent variables“,
3. „a turn toward cognitive and cultural explanations“,
4. „an interest in properties of supraindividual units of analysis that cannot be reduced to aggregations or direct consequences of individuals' attributes or motives.“

Aus dieser theoretischen Perspektive interessieren demnach weniger die (vermeintlich) rationalen Handlungsmuster individueller Akteure, sondern die Entstehungs- und Wirkungsweisen institutionalisierter (überindividueller) Einheiten und Regeln, die schlussendlich als unabhängige, äußerliche Variablen wahrgenommen werden – und zwar, obgleich sie immer auch durch individuelle Handlungen konstituiert werden. Die Konstruktion von Institutionen ist jedoch nicht als direkte Folge einer Aggregation individueller, bewusster und zweckrationaler Motive zu verstehen. Vielmehr wird dies als Anpassung an ‚erwartete Erwartungen‘ der Umwelt verstanden; dies geschieht im Zuge von Prozessen, die Eigenlogiken und -dynamiken entwickeln und nur unzureichend mit Rational Choice Ansätzen erklärt werden können. Als ‚Ergebnis‘ dieses Prozesses werden institutionelle Arrangements zu unhinterfragten Gegebenheiten, die häufig als alternativlos wahrgenommen werden. Mit dem Neo-Institutionalismus findet somit in der Organisationssoziologie ein Perspektivwechsel hin zu kognitiven und kulturellen Faktoren institutioneller und organisationaler Strukturen statt.

Diese Grundannahmen teilen ‚old‘ und ‚new‘ institutionalists. Unterschiede lassen sich hingegen im analytischen Fokus (Individuum versus Entitäten), in der Einschätzung der Bedeutung von Konflikten sowie in der Auffassung über Homogenität und Stabilität von Organisationen ausmachen (DiMaggio/Powell 1991a, 12 ff.). Der klassische Institutionalismus tendiert zu einer Überbetonung von Stabilität und unterschätzt Dynamik und Wandelungstendenzen. Dies ist einer der Hauptgründe, warum heutzutage die ‚neueren‘ Konzeptionen bevorzugt werden. Auch in dieser Arbeit findet eine Orientierung an der ‚modernen‘ Version in Form des soziologischen Neo-Institutionalismus statt. Dessen Kennzeichen ist (im Gegensatz zu ökonomischen Strömungen) seine weite, gesellschaftlich orientierte Perspektive, die die ‚überraschende‘ Homogenität von Praktiken und Arrangements in verschiedenen Organisationen (z.B. Schulen, Staaten, Unternehmen, Märkten) zum Ausgangspunkt macht (vgl. DiMaggio/Powell 1991a bzw. DiMaggio/Powell 1991b).

Der Institutionenbegriff

Zentraler Begriff dieses Theorieansatzes ist der der ‚Institution', ein in der Soziologie seit Durkheim prominenter Begriff, dessen Bedeutung und Definitionsmöglichkeiten schon ausgiebig diskutiert wurden. Für das Verständnis des Institutionenbegriffes im Neo-Institutionalismus sieht Senge (2011) zwei Theorietraditionen als entscheidend: Erstens, den Funktionalismus, welcher Institutionen im (funktionalen) Zusammenhang zu anderen Gesellschaftsprozessen verortet und analysiert. Und, zweitens, eine handlungstheoretische Konzeption, die den sozialen und prozessualen Charakter von Strukturmomenten hervorhebt (Senge 2011, 81 ff.). Prägend für die Auffassung von Institutionen ist demnach die Dualität dieser – sie beschränken und ermöglichen das Handeln von Individuen und Organisationen (siehe auch Meyer/Hammerschmid 2006). Pragmatisch definieren Meyer, Boli und Thomas den zentralen Begriff des Neo-Institutionalismus:

> „We see *institutions* as cultural rules giving collective meaning and value to particular entities and activities, integrating them into larger schemes. We see both patterns of activity and the units involved in them (individuals and other social entities) as constructed by such wider rules. *Institutionalization*, in this usage, is the process by which a given set of units and a pattern of activities come to be normatively and cognitively held in place, and practically taken for granted as lawful (whether as a matter of formal law, custom, or knowledge)" (Meyer et al. 1987, 13; Hervorhebungen im Original).

Empirisch werden mit dieser Perspektive verschiedenste ‚Institutionen' untersucht: von Rollen (Meyer/Rowan 1991) über Normen und Werte (DiMaggio 1988, Zucker 1979), Handlungsmuster (Barley/Tolbert 1997) und alltägliche Routinen (Scott 2008b) bis hin zu Organisationen (Zucker 1983), Staaten (DiMaggio/Powell 1991) und ‚Weltgesellschaft' (Meyer 2010). Der Institutionenbegriff ist demnach sehr weit gefasst. Verbindliche Kriterien dafür, welche Entitäten mit neo-institutionalistischen Perspektiven bevorzugt zu untersuchen sind, bestehen nicht. Eine inhaltliche Bestimmung des Begriffes scheint bei dieser Vielfalt auch kaum möglich. In der Praxis erfolgt daher oftmals eine Orientierung an dem von Scott (1985 bzw. in neuerer Auflage 2008a) entwickelten Institutionenmodell.

Für Scott (2008a), einem wichtigen Vertreter des Neuen Institutionalismus, gilt all das als Institution, was *verbindlich regelhafte Handlungsmuster* hervorbringt. Institutionen dienen einer Hauptfunktion: Sie generieren Handlung. Als weiteres Kriterium kommt hinzu, dass Institutionen relativ resistent gegenüber Wandel, also stabil, sind. Diese Handlungsgenerierung kann nach Scott über drei Mechanismen erfolgen, die er auch als *‚pillars of institutions'* bezeichnet:

> „Institutions are comprised of regulative, normative and cultural-cognitive elements that, together with associated activities and resources, provide stability and meaning to life“ (Scott 2008a, 48).

‚*Regulative*‘ Institutionen koordinieren Handeln durch formalisierte Regeln. Da eine Nichtbefolgung dieser mit Sanktionen geahndet wird bzw. deren Befolgung mit Gratifikationen, entspricht eine Orientierung an hier generierten Handlungsmustern der rationalen Wahl. Scott nennt als Beispielinstitution für diesen Typus den Gesetze erlassenden Staat. Dagegen generieren ‚*normative*‘ Institutionen Handlungsmuster über, wie die Bezeichnung schon sagt, Normen und Werte, d.h. über eine (implizite oder explizite) Überzeugung wie die Dinge sein sollen bzw. welches Verhalten wünschenswert ist. Nicht legale Autorität ist hier die zentrale Instanz, sondern moralische Autorität, die, abhängig vom Grad der Internalisierung, starken oder weniger starken Einfluss haben kann. Für die vorliegende Untersuchung am interessantesten ist Scotts dritte Form der Institution, die ‚*kognitive*‘ Dimension. Hier geht es um geteilte Auslegungen von der Beschaffenheit der Wirklichkeit und gemeinsame Bedeutungszuschreibungen und Handlungsroutinen (‚common scripts‘, ‚common beliefs‘, etc.) (Scott 2008a, 58). Dieser ‚Rahmen‘ prägt Wahrnehmungen und Handlungen, er wird als selbstverständlich wahrgenommen. Dies hat zur Folge, dass alltägliches Handeln innerhalb dieses Frameworks vergleichsweise ähnlich verläuft, weil sie als ‚normal‘ oder ‚üblich‘ gelten – *„as the way we do things“* (Scott 2008a, 57). Andere Wege des Denkens und Handelns liegen damit außerhalb des gängigen Horizonts, was dazu führt, dass selten ‚Ausreißer‘ aus diesen Routinen passieren. Wenn also im Zuge von regulativen Institutionen Zwang als wesentlicher Durchsetzungsmechanismus gelten kann und für normative Institutionen der moralische Druck als ausschlaggebend gilt, so ist für die kognitive Dimension die nicht-hinterfragte Selbstverständlichkeit strukturierend.

Die Einbeziehung kognitiver (kultureller) Aspekte in die Analyse formaler Strukturen formt den Kern des neo-institutionalistischen Gerüsts, wie auch schon Meyer und andere 1987 deutlich machen:

> „In this book, we develop the view that social action in modern society is highly structured by institutionalized rules. These rules take the form of cultural theories, ideologies, and prescriptions about how society works or should work to attain collective purposes, especially the comprehensive and evolving goals of justice and progress“ (Meyer et al. 1987, 12).

So überrascht es, dass Scott diese Dimension nur als einen von mehreren Mechanismen versteht. Dass Scott zwischen diesen regulativen, normativen und kognitiven Institutionen (indirekt) Ebenengleichheit postuliert, kritisiert auch

Senge. Sie schlägt stattdessen schlägt vor, die kognitive Dimension als Oberkategorie zu sehen, da auch Gesetze, Regeln, Werte und Normen durch Glaubensvorstellungen und Skripten vermittelt wahrgenommen werden – dementsprechend alle Institutionen kognitiv verankert sind (Senge 2011, 86 ff.).

Für ihre eigene Konzeption von ‚Institutionen' übernimmt sie den funktionalistischen Bezug, verwirft jedoch die Vorstellungen von regulativen, normativen und kognitiven Mechanismen. Institutionen können mit Senge und Hellmann aufgefasst werden als

> „(...) soziale Regeln, die das organisationale Geschehen in zeitlicher Perspektive dauerhaft (sie gelten lange), in sozialer Hinsicht verbindlich (Akteure halten sich daran) und in sachlicher Hinsicht maßgeblich (die Institution ist für ein Phänomen bedeutsam) beeinflussen" (Senge/Hellmann 2006, 17 f.; ausführlich dazu Senge 2011, 91 ff.).

Mit dem Begriff der *‚sozialen Regeln'*, heben sie damit stärker auf die handlungsgenerierende Kraft von Institutionen ab, wie sie schon ausführlich von Berger und Luckmann (1967) beschrieben wurde. Im symbolischen Interaktionismus wird davon ausgegangen, dass Institutionen von Menschen in Interaktionen erzeugt werden, die ihnen jedoch anschließend als objektive, externalisierte Welt gegenüber treten. Auch die scheinbar objektivierte institutionelle Realität wird nicht nur passiv aufgenommen, sondern in individueller Auseinandersetzung angeeignet. Diese Verhandlung mit der institutionellen Wirklichkeit determiniert nicht das Handeln der Objekte, sie geben ein Spektrum von Handlungsmöglichkeiten vor und eröffnen damit auch Spielraum. Oder, wie Müller-Jentsch dies ausdrückt, Institutionen schreiben nur in seltenen Fällen einen Handlungsverlauf vor, vielmehr definieren sie ein Repertoire ‚akzeptabler' Handlungsverläufe, das den Akteuren mehr oder weniger weite Handlungs- und Entscheidungsspielräume lässt (Müller-Jentsch 2006, 245 f.). Dass Institutionen *‚dauerhafte'* Gebilde sind, darüber besteht in der einschlägigen Literatur seit jeher Einigkeit. Zwar existiert kein Konsens, ab wann Dauerhaftigkeit gegeben ist. Senge (2011, 89) bestimmt solche Beständigkeit als *„(...) wenn die Anwendung einer sozialen Regel über einen längeren Zeitraum beobachtbar ist"*. Dabei sind die wenigsten Institutionalisierungen geplant, sondern häufig ‚organisch' und prozessual gewachsen. Hier kann auch der ‚Grad von Institutionalisierung' unterschieden werden; je dauerhafter Institutionen sind, umso höher werden deren Verbindlichkeit und strukturierende Kraft wahrgenommen. Begünstigt wird deren Legitimität, im Wesentlichen durch drei Aspekte: Weil sie im Wissenshorizont der involvierten Akteure selbstverständlich verankert sind, weil sie für das Handlungsproblem der involvierten Akteure als relevant wahrgenommen werden, oder, weil sie durch ‚äußere' Faktoren unterstützt wird (z.B. durch

Wertvorstellungen oder deren Durchsetzung erzwungen werden kann). Ein weiterer Aspekt der Senge und Hellmannschen Definition von Institution beinhaltet (in Anlehnung an Jepperson 1991), dass soziale Regeln erst dann zu Institutionen werden, wenn sie für einen Akteur oder mehrere Akteure verbindlich sind. *‚Verbindlich'* heißt, dass deren Umsetzung nicht beliebig ist. Dies drückt sich darin aus, dass sich die Akteure der Institution ‚verpflichtet' fühlen:

> „Verbindlichkeit ist immer dann gegeben, wenn ein Regelbruch zum einen unwahrscheinlich ist und zum anderen, im Falle des Auftretens eines Regelbruches, nicht zur Korrektur einer Regel führt, sondern zu Korrektur des Fehlers" (Senge 2011, 97).

Obwohl von Akteuren ins Leben gerufen, üben Institutionen so Druck aus, sie werden zu einer *‚Realität sui generis'* (Senge 2011, 95). Institutionen sind bei Senge und Hellmann auch darüber charakterisiert, dass sie *‚maßgeblich'* im Sinne von sachlich bedeutend (für spezifische Akteursgruppen in verschiedenen Situationen) sind. Maßgeblichkeit besteht nach Senge dann, wenn „(...) das Vorhandensein einer Regel mit dem Verhalten eines Akteurs korreliert" (2011, 96). Dazu muss der Einfluss einer Institution nicht bewusst wahrgenommen oder rational durchdrungen sein, kann also von den Individuen unerkannt bleiben. Gerade internalisierte Wertmuster und Alltagsregeln machen stabile Institutionen. Senge unterstreicht in diesem Sinne insbesondere die spezifischen Besonderheiten einer Nation – diese sind den darin involvierten Akteuren oftmals nicht bewusst, aber dennoch wirksam (Senge 2011, 96).

In dieser Arbeit wird dem Senge und Hellmannschen Konzept von ‚Institution' gefolgt. Gewählt wird dieser Entwurf vor allem, weil es damit möglich wird, die Rolle von Akteuren im (prozessualen) Entstehungsprozess von Institutionen in den Blick zu nehmen und deren aktive Gestaltungsleistung herauszustellen. Es geht um ‚institutional work', im Sinne von Teilnahme an Entstehung, Aufrechterhaltung und Veränderung von Institutionen (vgl. Lawrence/Suddaby 2006, Lawrence et al. 2009, siehe unten). Unterdessen soll jedoch insbesondere auch die Bedeutung der ‚kognitiven Dimension', wie sie von DiMaggio und Powell (1991a) und Scott (2006) unterstrichen wird, Beachtung finden. Zwar sind Institutionen durch Normen und Leitlinien (oder, anders formuliert, ‚soziale Regeln') der Umwelt geprägt, aber eben auch durch ‚taken-for-granted scripts, rules and classifications', also durch unhinterfragte Routinen.

Was als (dauerhafte, verbindliche und maßgebliche) Institution definiert werden kann, darüber gibt es keine allgemeingültigen Konzeptionen – hängt demnach vom Analysekontext ab und muss empirisch bestimmt werden. In der vorliegenden Arbeit stehen die institutionalisierten (d.h. wiederkehrende und unhinterfragte) methodischen Vorgehensweisen der verschiedenen wissenschaftlichen Teams im Mittelpunkt. Gefragt wird, was diese kennzeichnet, wie sie entstehen und aufrechterhalten werden bzw. wann sich diese verändern – und zwar vor dem Hintergrund der kontextuellen Dimensionen (Team, Universität, Disziplin, Wissenschaft, Land).

Die vorgestellten Ausführungen machen deutlich, dass methodische Praktiken als Institutionen im Sinne von *‚routinisierter Praxis'* verstanden werden können. Denn sie sind dauerhaft, verbindlich und maßgeblich für das Wahrnehmen und Handeln der Akteure, der Fallstudienforscherinnen und -forscher. ‚Dauerhaft' meint in diesem Zusammenhang, dass die Vorgehensweisen (zumindest in zentralen Aspekten) über mehrere Untersuchungen und (damit Jahre) hinweg angewandt werden – und so auch in gewisser Weise typisch für die Forschungsgruppe sind. Gleichzeitig entstehen diese institutionalisierten Regeln prozessual und werden kontinuierlich weiterentwickelt. Wie Senge (2011, 92) (im Anschluss an Berger und Luckmann) unterstreicht, verhärtet sich eine Institution in dem Moment, in dem sie an eine zweite Generation weitergegeben wird. Eben dies ist im Forschungsteam der Fall. Neu hinzukommende Forschende müssen dem Forschungsstil des Teams angenähert werden bzw. sich den Forschungsstil aneignen. So wird der Forschungsstil weiter verfestigt und transportiert. Die institutionale Welt eines Teams verhärtet sich, oder wird in Frage gestellt, wenn neue Forschende hinzukommen. Denn sobald sich die Zusammensetzung der Gruppe verändert, wandelt sich auch die Beteiligung am Prozess der Aufrechterhaltung und Verfestigung von Institutionen, oder aber an deren De-Institutionalisierung. ‚Verbindlich' sind die methodischen Vorgehensweisen weil sie als ‚normal' erscheinen; eine Abweichung kann sanktioniert werden. Als ‚maßgeblich' können die Praktiken innerhalb von Forschungsteams gelten, da sie handlungsleitend sind, als wichtig und richtig wahrgenommen werden. Dies gilt auch, obgleich sie ‚natürlich' wirken, also möglicherweise nur unbewusst befolgt werden.

Zum Verhältnis von Organisation, Institution und institutioneller Praxis

Zur Beziehung von Organisation und Institution existieren innerhalb des Neo-Institutionalismus verschiedene Ansichten. Prominent ist die Annahme, dass Institutionen die ‚Spielregeln' für Organisationen festlegen, innerhalb derer diese als ‚Spieler' agieren. Wenn die Spieler auch versuchen, die Regeln zu verändern, so ist doch eindeutig, dass der Institution eine Vormachtstellung zukommt, die Organisation eine untergeordnete Position einnimmt (z.B. North 1990). In einer anderen Lesart, werden Organisationen gleichgesetzt mit Institutionen (z.B. Williamson 1994). Und wiederum alternativ dazu kann die Auffassung gelten, dass Organisationen und Institutionen untrennbar miteinander verwoben sind, hier demnach keine klare Unterscheidung zu treffen ist (z.B. Meyer/Rowan 1977, Zucker 1983).

Um das Verhältnis von Organisation und Institution zu klären, wird zunehmend auch der Begriff des ‚organisationalen Felds' verwendet (vgl. Scott 2008a). Mit dem Feldbegriff soll die ‚Umwelt' von Organisationen präzisiert werden. Eine Eingrenzung gelingt damit jedoch nur bedingt. So erfolgt die Definition eines ‚organisationalen Felds' bei DiMaggio und Powell wesentlich über den Einbezug *aller* relevanten Akteure:

> „By organizational field we mean those organizations that, in the aggregate, constitute a recognized area of institutional life: key suppliers, resource and product consumers, regulatory agencies, and other organizations that produce similar services or products" (DiMaggion/Powell 1991b, 42 f.).

Walgenbach schreibt, etwas plakativ, dass die Umwelt einer Organisation eben aus Kultur besteht (Walgenbach 1999, 324). Scott (2008a, 181 ff.) zieht in seine Analyse expliziter ein, dass das jeweilige Feld vor allem auch über die *‚organization population'* markiert werden kann, d.h. durch die Stellung einer Organisation innerhalb des Netzwerks von weiteren Organisationen, die denselben Bedingungen unterstellt sind.

In dieser Arbeit sind Forschungsteams als Teile von Organisationen (nämlich Universitäten) zu verstehen, deren Umwelt wiederum maßgeblich durch das nationale Wissenschaftssystem (und anderes) geformt wird. Die methodischen Praktiken der Gruppen werden als Institutionen im Sinne institutionalisierter Routinen charakterisiert, die prozesshaft entstehen und stets Veränderungen unterliegen. Als organisationales Feld, d.h. als relevante Umwelt, an welcher die Orientierung der Gruppen und ihrer Vorgehensweisen auf unterschiedliche Art und Weise erfolgt, können die anderen einschlägigen Forschungsgruppen sowie disziplinäre Normen und Traditionen gelten, aber, im weiteren Sinne auch die Universität und deren Bezugsfeld, dementsprechend etwa Vorgaben der Forschungsförderung, Erwartungen der Journals, etc.

Der Prozess der ‚Institutionalisierung'

Neben der grundlegend zu klärenden Frage, was als ‚Institution' zu definieren ist, scheint insbesondere die Frage interessant, wie Institutionalisierungsprozesse vonstattengehen bzw. wie – übersetzt für diese Arbeit – (wissenschaftliche) Praktiken zu unhinterfragten Routinen werden. Im Neo-Institutionalismus wird die Institutionalisierung von Organisationen maßgeblich über die Angleichung an Erwartungen, die institutionelle Umwelten vorgeben (bzw. ‚organisationale Felder'), erklärt. Dahinter steht die Vermutung, dass Organisationen ihre Strukturen und Handlungen entsprechend den Anforderungen der Umwelt anpassen. Über diese Anpassungsleistung werden Organisationen letztlich durch die gesellschaftliche Umwelt (mit-)konstruiert. Von der Umwelt gehen Einflüsse aus, denen sich die Organisation nicht gänzlich entziehen kann, sondern auf die sie reagieren muss (Meyer/Rowan 1991, 57 ff.). Organisationen bzw. Institutionen, können daher nur bedingt als rein zweckrational handelnde Akteure begriffen werden (was bekanntermaßen eine Hauptthese ‚klassischer' organisationssoziologischer Konzepte ist). Zwar können die Ziele des Handelns einer Organisation rational sein, sie entstehen aber auf der Grundlage (oftmals unbewusster) Einflüsse. Der Ursprung derartiger Einflüsse ist nicht auf Akteurs- oder Organisationsebene zu verorten, sondern in einem weiteren gesellschaftlichen Umfeld (Senge 2011, 17).

Weil Organisationen (und ihre jeweiligen Unterbereiche) einem hohen Druck unterliegen, passen sie sich an die Umwelt an, um möglichst wenig ‚Angriffsfläche' zu bieten (z.B. Zucker 1988, Powell/DiMaggio 1991). Diese Angleichung erfolgt unabhängig von tatsächlichen Effizienzkriterien (vgl. Scott/Meyer 1991). Die Orientierung an Vorstellungen, die möglicherweise gar nicht effizient sind, wird auch als *‚Rationalitätsmythos'* bezeichnet (Meyer/Rowan 1977, 343). Rational sind die diese Regeln und Gefüge deshalb, weil sie Ziele bestimmen und in regelhafter Weise festlegen, welche Mittel zur Verfolgung dieser Ziele angemessen eingesetzt werden können. Mythen sind sie in dem Sinne als ihre Wirksamkeit gravierend von dem geteilten Glauben daran abhängt und sie nicht einer objektiven Prüfung unterzogen werden oder unterzogen werden können (vgl. Walgenbach/Meyer 2008, 26). Da Rationalität, im Sinne von als allgemein institutionalisierten Normen, in zunehmend ausdifferenzierten Gesellschaften eine bedeutsame Rolle zukommt, entwickelt sie sich „zu einem Mythos mit gewaltigem Organisationspotential" (Meyer/Rowan 1977, 346). Veränderungen in der formalen Struktur von Organisationen werden aus der neo-institutionalistischen Perspektive demzufolge nicht durch Marktmechanismen oder durch Effizienzerfordernisse bestimmt, sondern vor allem durch eine Anpassung an gängige Leitbilder, Ideologien und Rationalitätsvorstellungen. Dabei sind die Vorstellungen und Normen der Rationalität keine allgemeinen Werte, vielmehr sind sie kontingent und können sich von Organisation zu Organisation unterscheiden. So strukturiert die institutionelle Umwelt von Organisationen was als ‚rational' gilt bzw. als ‚richtig' oder ‚falsch'.

Der Angleichungsprozess wird in der neo-institutionalistischen Nomenklatur als *„institutioneller Isomorphismus"* betitelt und meint „(...) den Prozeß, der eine Einheit in einer Population dazu bewegt, sich anderen Einheiten anzugleichen, die mit den gleichen Umweltbedingungen konfrontiert sind" (Walgenbach 1999, 334). Isomorphismus kann, laut DiMaggio und Powell durch drei Mechanismen motiviert sein – Zwang, mimetische Prozesse oder durch normativen Druck. Die Unterscheidung dient analytischen Zwecken, in der Praxis müssen die drei Mechanismen nicht immer distinkt sein (DiMaggio/Powell 1991b, 45):

a. ‚Coercive Isomorphism'
„Coercive isomorphism results from both formal and informal pressures exerted on organizations by other organizations upon which they are dependent and by cultural expectations in the society within which organizations function" (DiMaggio/Powell 1991b, 45). Solche Anpassungsprozesse werden demnach über formellen oder informellen (bzw. direkten oder indirekten) Zwang strukturiert; dieser kann aufgrund von Abhängigkeitskonstellationen oder kulturellen Erwartungshaltungen wirksam werden. Als Beispiel werden häufig rechtliche Grundsätze und Rahmenbedingungen verwendet, deren Nicht-Einhaltung mit Strafen geahndet wird.

b. ‚Mimetic Isomorphism'
Angleichungsprozesse erfolgen nicht ausschließlich über ‚Zwang', sondern auch als Reaktion auf Unsicherheit. In einer solchen Situation liegt Isomorphismus durch mimetische Prozesse nahe bzw. durch Imitation. Dabei muss die Imitation nicht bewusst oder direkt erfolgen, kann etwa auch durch Auswirkungen im Zuge von Personalfluktuation bedingt sein. Als Modell für die Anpassung dienen in der Regel ähnliche Organisationen im Feld, welche als erfolgreicher oder legitimierter wahrgenommen werden (DiMaggio/Powell 1991b, 47).

c. ‚Normative Isomorphism'
Der dritte isomorphische Mechanismus, der so genannte ‚normative Isomorphismus', ist größtenteils Ausdruck eines Wunsches nach Professionalisierung in modernen Gesellschaften. Dies verstehen DiMaggio und Powell wie folgt:

> „Following Larson (1977) and Collins (1979), we interpret professionalization as the collective struggle of members of an occupation to define the conditions and methods of their work, to control the 'production of producers' (…), and to establish a cognitive base and legitimation for their occupational autonomy" (DiMaggio/Powell 1991b, 48).

Während sich zum Beispiel zwischen verschiedenen Berufsgruppen das Selbstverständnis grundlegend unterscheidet, weisen Mitglieder ein und derselben Berufsgruppe hinsichtlich ihrer kognitiven Orientierungen häufig große Ähnlichkeit auf. Dies beruht wesentlich auf zwei Quellen: der formal definierten

Ausbildung, die neben Fachwissen auch berufsbezogene Normen und Vorstellungen vermittelt und auf professionellen Netzwerken, die normative Verhaltensregeln entwerfen und festschreiben. Beide Aspekte führen zu einer Angleichung im professionellen Handeln und in professionellen Orientierungen. Die Art und Weise auf welche Organisationen üblicherweise ihre Mitarbeiter aussuchen, kann dabei als ‚Isomorphismus-Motor' gelten. Indem Personal mit ähnlicher Bildungskarriere nach ähnlichen Kriterien, etc., ausgewählt wird, besitzt dieses häufig auch ähnliche Einstellungen und vollzieht gleichartige Entscheidungen. Hierdurch wird Homogenität produziert.

Bei allen drei vorgestellten Mechanismen steht am Ende *‚Isomorphie'*, d.h. *„eine Strukturangleichung zwischen der formalen Struktur einer Organisation und den institutionellen Erwartungen ihrer Umwelt"* (vgl. Walgenbach/Meyer 2008, 26). Institutionalisierung meint demnach sowohl den Prozess als auch das Ergebnis und die Voraussetzung des Prozesses – den „phenomenological process by which certain social relationships and actions come to be taken for granted" und zugleich die bestehenden gemeinsam geteilten Annahmen darüber „what has meaning and what actions are possible" (Zucker 1983, 2).

Isomorphie hat, wie schon Meyer und Rowan beschreiben, gravierende Konsequenzen für Organisationen:

> „(a) they incorporate elements which are legitimated externally, rather than in terms of efficiency, (b) they employ external or ceremonial assessment criteria to define the value of structural elements; and (c) dependence on externally fixed institutions reduces turbulence and maintains stability" (Meyer/Rowan 1977, 348 f.).

So unterstützen isomorphistische Prozesse den Erfolg von Organisationen zwar und sichern gegebenenfalls deren Überleben, allerdings entstehen institutionalisierte Mythen, die rational erscheinen. Problematisch ist daran, dass diese ‚Mythen' mit tatsächlichen Effizienzerfordernissen konfligieren können; außerdem können sie in unterschiedlichen Umweltbereichen der Organisation entstehen und daher in Widerspruch zueinander stehen (Meyer/Rowan 1977, 355).

Tolbert und Zucker konstatieren, dass die *Prozesse* der Institutionalisierung in neo-institutionalistischen Analysen bis dato überraschend wenig Aufmerksamkeit auf sich gezogen hat: „(...) despite the sizeable body of work defined as part of this tradition, there has been surprisingly little attention given to conceptualizing and specifying the processes of institutionalization" (Tolbert/Zucker 1996, 175). Stattdessen werden Strukturen häufig entweder als institutionalisiert oder nicht-institutionalisiert postuliert, die Prozesse der Institutionalisierung stehen nicht im Vordergrund.

Die Aufrechterhaltung von Institutionen

Demgegenüber hat ‚Institutionalisierung als Zustand' bzw. die *Aufrechterhaltung* von Institutionen mehr Aufmerksamkeit auf sich gezogen. Sie kann auf verschiedenen Faktoren beruhen, beispielsweise auf positiven Anreizen. Im Sinne von Pfadabhängigkeit werden gelungene Prozederen immer wieder durchgeführt, auch wenn es möglicherweise andere Erfolg versprechende Vorgehen gibt. Den Grund hierfür beschreibt Scott wie folgt: „Further developments in the same direction are rewarded, whereas the costs of switching to an alternative increase over time" (Scott 2008a, 122). Die Abweichung von institutionalisierten Praktiken bzw. die Generierung neuer Institutionen ‚kostet' etwas bzw. bedeutet Aufwand. Viele institutionalisierte Regeln können sich daher aus ‚Bequemlichkeit' oder ‚Gewohnheit' durchsetzen. Weiterhin wirken sich normative Aspekte auf die Aufrechterhaltung von Institutionen aus. Dies hat Selznik schon in den 1950er Jahren erkannt, wenn er beschreibt „'to institutionalize' is to infuse with value beyond the technical requirements of the task at hand" (Selznick 1957, 16-17; zitiert nach Scott 2008a, 123). ‚Objektivation' im Sinne von Berger und Luckmann (1967) wird als weiteres wichtiges Element zur Stabilisierung von Institutionen gesehen, beispielsweise von Tolbert und Zucker (1996). Objektivation beschreibt den Prozess, in welchem Wissen zum allgemein anerkannten Wissensbestand einer Gesellschaft wird. Hervorgehoben wird dabei das Moment in dem Dritte weitergegeben wird, da auf diese Weise Konstruktionsprozesse verschwinden – ‚This is the way we do things' wird zu ‚This is how these things are done'. In dieser Weitergabe von institutionellen Strukturen an eine nächste Generation verhärten sich Institutionen. Wie Tolbert und Zucker außerdem betonen, verbreiten sich institutionalisierte Praktiken in einem letzten Schritt der ‚Sedimentation': „In a final stage of institutionalization, termed 'sedimentation', the innovation is perpetuated across several generations and spreads to virtually all of the relevant population of potential adopters" (Tolbert/Zucker 1996, 184).

Die *Aufrechterhaltung von Institutionen* erfolgt damit ebenfalls weniger nach ‚logischen' Kriterien, sondern durch eine Art ‚Verselbstständigung' (vgl. DiMaggio/Powell 1991). Eine heikle Frage ist, wie *Varianz bzw. institutionaler Wandel* aus neo-institutionalistischer Perspektive erklärt werden kann. Grundsätzlich ist davon auszugehen, dass Organisationen und Institutionen auf ähnliche Situationen immer noch unterschiedliche Reaktionen zeigen bzw. mit unterschiedlichen Formen und Graden der Adaption reagieren können (Scott 2008a, 160). Oliver zeigt schon Anfang der 1990er Jahre, welche grundlegenden Reaktionsstrategien sich finden lassen: zum Beispiel ‚Conformity', ‚Compromise', ‚Avoidance', ‚Defiance' oder ‚Manipulation' (Oliver 1991, 152). Welche Faktoren diese Reaktionen begünstigen, darüber gibt es eine ganze Reihe von Einzelstudien, die Hinweise hierfür geben können (Überblick z.B. bei Scott 2008, 160 ff. oder auch Walgenbach/Meyer 2008, 75 ff.). Einerseits scheint die Beschaffenheit der institutionellen Struktur hier eine Rolle zu spielen. Beispielsweise hängt die Reaktion von der ‚Wirkungsintensität‘ institutionalisierter Strukturelemente ab, oder auch davon, wie groß der ‚Interpretationsspielraum‘ ist, den sie gewähren. Andererseits, sind Unterschiede im Verhalten gegenüber Institutionen auch in Abhängigkeit von Eigenschaften der Organisationen zu sehen. So steigt die Wahrscheinlich der Anpassung mit der Größe der Organisation – große Organisationen zeigen eine Tendenz zu ‚Early Adoption‘. Ein anderer Grund liegt in der ‚Art und Intensität der Beziehungen‘, die Organisationen mit ihrem Feld verbinden. Mit Blick auf das Forschungsfeld dieser Arbeit, zeigt sich beispielsweise ein hoher Grad an Verbundenheit, der sich durch Personalfluktuation zwischen Universitäten, Institutionen-Affiliations, überuniversitären Forschungskollaboration oder professionellen Netzwerken (z.B. DGS, BUIRA, etc.) ausdrückt.

Während in frühen neo-institutionalistischen Studien tendenziell die Frage nach Gleichheit und Isomorphismus im Mittelpunkt stand, scheinen aktuelle Untersuchungen hingegen institutionellen Wandel, Heterogenität und (damit verbunden) die Gestaltungsmacht von Akteuren zu fokussieren (vgl. Senge 2011, 90). Um heterogene institutionelle Praktiken zu verstehen, hat sich in neuerer Zeit insbesondere die Konzeption von Thornton und Ocasio (1999, 2008) bewährt. Sie versuchen, Varianzen mittels des Konzepts der ‚institutional logics‘ zu erklären: Ähnliche kontextuelle Rahmenbedingungen (z.B. institutionelle Zwänge) münden demnach nicht zwangsläufig in Konvergenz, abhängig von organisationalen Eigenschaften oder Beziehungen zwischen Organisationen können sehr wohl auch divergente Strategien das Ergebnis sein. Dies hängt ihrer Meinung nach davon ab, wie Organisationen die gesellschaftliche Umwelt mit deren Forderungen und Vorstrukturieren für die eigene Situation ‚übersetzen‘. Hasse und Krücken meinen sogar:

> „Aus all dem folgt, daß vermeintlich objektive Rahmenbedingungen, die durch gesellschaftliche Erwartungsstrukturen vorgegeben sind, nicht zwangsläufig bestimmte interne Verhaltensweisen nach sich ziehen, wie es der klassische Institutionalismus annimmt. Die aus Umweltbezügen resultierenden ‚rules of appropriateness‘ lassen sich nicht bruchlos qua Norminternalisierung in einen spezifischen Handlungskontext übersetzen. Vielmehr ist von systemischen Übersetzungsregeln und Eigendynamiken auszugehen, die durchaus gravierende Umdeutungen oder Resistenz und Ignoranz (Trägheiten) mit einschließen können“ (Hasse/Krücken 1996, 105).

Ähnlich sieht dies Scott, der eine Reihe von Faktoren aufzählt, die zu Divergenzen beitragen können (Scott 2008a, 177):

- Varying carriers whose characteristics or mode of translation alters the message
- Varying translations of institutional rules
- Misunderstandings or errors in the application of rules
- Varying exposure or susceptibility to institutional rules
- Varying attributes or relational connections that affect knowledge or response to institutional pressures
- Adaptions or innovations by users adopting institutional forms
- Competing models being combined into varying hybrid forms
- Strategic responses by individual organizations to institutional pressures
- Strategic responses by networks or associations of organizations

Aufgrund der Vielgestaltigkeit dieser Faktoren macht er letztlich die Aussage, dass Organisationen durchaus in der Lage sind, kreativ und strategisch auf umweltliche Einflüsse zu reagieren. Dies scheint den Stand der Forschung neoinstitutionalistischer Ansätze bezüglich des Wandels von Institutionen treffend wiederzugeben.

Stärken, Schwächen und Weiterentwicklungspotenziale des Neo-Institutionalismus

Zusammenfassend kann die Perspektive des Neo-Institutionalismus mit Senge beschrieben werden: „Im Kern geht es dem Neo-Institutionalismus – in kritischer Auseinandersetzung mit Positionen, die dem methodologischen Individualismus zugerechnet werden – um die Darstellung, dass das Verhalten von Akteuren, seien dies nun Individuen, Organisationen oder andere soziale Entitäten, nicht aus den Eigenschaften und Motiven der Akteure allein zu erklären ist, sondern nur in Bezug auf ihr kontextuelles Umfeld. Das kontextuelle Umfeld ist dabei als institutionelles Umfeld gedacht, welches die Skripte und kulturelle Schemen bereitstellt, nach denen Akteure sich richten“ (Senge 2011, 164). Das Merkmal dieses Ansatzes, dass nämlich die Interpenetration und interdependente Einbettung von Organisation und Gesellschaft in den Blickwinkel genommen werden, kann als wesentlicher Vorteil solcher theoretischer Konzepte gelten (Senge 2011, 153).

Die größten Schwächen des Ansatzes liegen, (1) in der Diffusität und unpräzisen Klärung zentraler Termini wie ‚Institution‘, ‚Organisation‘, ‚Kognition‘

oder ‚Legitimität'. Insbesondere die Offenheit des Institutionenbegriffes wird scharf kritisiert. Teilweise wird in diesem Zuge beispielsweise verlangt, dass der Begriff nur für jenen Gebilde zu gebrauchen sei, die gesamtgesellschaftliche Relevanz besitzen (vgl. Senge/Hellmann 2006). Andererseits, (2), wird das schwach konturierte und übersozialisierte Akteursmodell bemängelt bzw. anders formuliert, die Überbetonung von kognitiven Faktoren kritisiert. Es entsteht leicht der Eindruck eines statischen individuellen und kollektiven Verhaltens, intentionale und strategische Handlungen werden vernachlässigt (vgl. Hirsch 1997, Meyer/Hammerschmid 2006, Müller-Jentsch 2006). Hervorzuheben ist in diesem Zusammenhang außerdem, (3), dass nicht systematisch betrachtet wird bzw. ausgeblendet wird, welche Rolle Macht und Hierarchie bei der Institutionalisierung von Regeln spielt, d.h. durch wen und wie Rationalitätsmythen bestimmt und durchgesetzt werden (dies kritisieren schon DiMaggio und Powell 1991 selbst).

Im Hinblick auf die vorliegende Arbeit sind diese Einschränkungen wie folgt einzuschätzen: Der erste Kritikpunkt wurde schon indirekt in den umfassenden Ausführungen zum Institutionenbegriff aufgegriffen. Der Begriff kann ob seiner Variabilität (die auch als Vorteil des Ansatzes gelten kann) kaum inhaltlich bestimmt werden; über die Frage, wie ‚Institutionen' als Begriff zu füllen und zu operationalisieren sei, bestehen unterschiedliche Auffassungen, die auch in nächster Zeit vermutlich nicht behoben werden können. Dies führt aus meiner Sicht dazu, dass die Kategorie jeweils empirisch bestimmt werden muss – wie dies in dieser Arbeit auf den vorhergehenden Seiten auch geschieht.

Auf den zweiten Kritikpunkt, das deterministische Handlungskonzept des Neo-Institutionalismus bzw. das unterdeterminierte Akteursmodell, soll nun etwas näher eingegangen werden. Dies erfolgt weniger mit der Absicht substanzielle Weiterentwicklungsmöglichkeiten des Neo-Institutionalismus aufzuzeigen, sondern vielmehr um eine für diese Arbeit wichtige Frage zu klären, nämlich wie Institutionalisierungsprozesse zu erklären sind und welche Rolle Akteuren hierbei zukommt. Außerdem ermöglicht eine solche, mikroanalytische Perspektive auch, dass Strategien von Einzelakteuren in den Blick geraten. Schon 1991 kritisieren DiMaggio und Powell, das kaum mikroanalytische Studien aus neoinstitutionalistischer Perspektive durchgeführt werden. Dabei gehen sie davon aus, dass Analysen von Makrostrukturen für den Neo-Institutionalismus zentral sind, aber:

> „Yet any macrosociology rests on a microsociology, however tacit; much of the distinctiveness of neoinstitutional work follows from its implicit images (...) of actors' motives, orientations toward action, and the contexts in which they act. It follows from this that to understand neoinstitutionalism, it is necessary to bring these assumptions to light" (DiMaggio/Powell 1991, 16).

In empirischen Analysen standen dessen ungeachtet über lange Zeit Kausalzusammenhänge zwischen Institution und Organisation im Vordergrund – konkrete Prozesse der Institutionengenerierung und Institutionendurchsetzung (und die Rolle von Akteuren dabei) wurden kaum betrachtet. Wie auch Senge schreibt, haben sich Vertreter des Neo-Institutionalismus bis Anfang der 2000er Jahre wenig darum bemüht, „(...) woher die untersuchten Institutionen kommen, wer sie initiiert und wer sich dafür eingesetzt" (Senge 2011, 157). Zwar wurde immer wieder auf diesen Mangel hingewiesen (z.B. Meyer et al. 1987, Meyer/Hammerschmid 2006), die Praktiken, die zur Entstehung, Aufrechterhaltung und gegebenenfalls Auflösung von Institutionen führen, wurden dennoch in der Regel kaum in den Blick genommen (als Ausnahme kann DiMaggio 1988 genannt werden, der schon früh ein erstes mikroanalytisches Konzept, das des ‚institutional entrepreneur', entwickelt hat). Die Folge ist, dass Akteure und deren Motive kaum sichtbar werden.

Dabei ist bekannt, dass Handlungen interessenorientiert, strategisch und eigensinnig sein können – und zwar in (absichtsvoller) Abweichung von institutionalisierten Regeln. Institutionelle Regeln prägen die institutionelle Praxis zwar, geben diese aber nicht zwingend vor (vgl. Artus 2008). Daher ist die Frage, wie das Verhältnis von Institution und Akteur bzw. von institutionen- und interessengeleitetem Handeln konzipiert werden kann, eine, die insbesondere in neueren Arbeiten immer wieder auftaucht (z.B. Beckert 1999, Lessenich 2006, Müller-Jentsch 2006). Es wurden in den letzten Jahren verschiedentlich Versuche unternommen, um ‚Agency' stärker in den Vordergrund zu rücken (z.B. Barley/Tolbert 1997, Hallett/Ventresca 2006). Insbesondere von Lawrence und Suddaby (2006) kommt dabei eine aussichtsreiche Weiterentwicklung, die dezidiert versucht, interessengeleitetes Handeln in den Blickwinkel zu rücken. Sie können verschiedene Prozedere zeigen, wie Institutionalisierung vonstattengeht, zum Beispiel über Mimikry, Education, und anderes.

Die den Neo-Institutionalismus über viele Jahre dominierende makroanalytische Perspektive spiegelt sich in dem methodischen Charakteristikum solcher Studien, wie auch Senge (2011) festhält: in der Regel wurden in diesem Zusammenhang quantitative Analysen angefertigt. Auch deshalb bleibt in wesentlichen Aspekten nach wie vor herauszufinden, was Akteure genau tun, wenn sie Institutionen übernehmen, aufrechterhalten oder verändern. Für derartig mikroanalytisch orientierte Arbeiten böten sich wiederum qualitative Studien an, die nach Interessen und Handlungen von Akteuren fragen und somit das Gewicht auf Bedeutungen, Kultur und Kognition legen – und auf diese Weise in der Lage sind eben auch Unterschiede in kulturellen Skripten, Handlungsmustern zu analysieren. Eine Weiterentwicklung der Mikrofundierung könnte demnach an den Neo-Institutionalismus herangetragene Kritikpunkte entkräften. Die systematische Analyse der Dynamik von Institutionalisierungsprozessen (bei gleichzeitiger Betrachtung der strukturellen Einbettung von derartigen Praktiken) kann zur Präzisierung konzeptioneller Aspekte beitragen und könnte fruchtbare Impulse für die Weiterentwicklung des Neo-Institutionalismus liefern (vgl. Senge 2011). Eine eben solche Perspektive wird in der vorliegenden Untersuchung eingenommen: Die Zusammenhänge Mikro- und Makroebene werden in den Mittelpunkt gerückt, indem neben den Einflüssen des organisationalen Umfelds der Wissenschaft eben auch die Mikroprozesse innerhalb der Wissenschaft analysiert werden.

Der dritte Kritikpunkt, dass Machtasymmetrien mit neo-institutionalistischen Perspektiven nicht systematisch in den Blick genommen werden können, wird nach wie vor als gravierend eingeschätzt (z.B. Walgenbach/Meyer 2008). Diesen Makel zu beheben, das scheint vor allem in der Kombination mit anderen theoretischen Ansatzpunkten möglich. In dieser Arbeit wird, nun wissend, dass neo-institutionalistische Zugänge diese Thematik nur unzureichend einfangen können, ein besonderes Augenmerk auf empirische Evidenzen in diesen Zusammenhang gelegt und mit dahingehenden wissenschaftssoziologischen Erkenntnissen abgeglichen.

4.2.2 Der Neo-Institutionalismus und die Analyse wissenschaftlicher Praxis

Wie die vorhergehenden Ausführungen deutlich gemacht haben, scheint eine neo-institutionalistische Analyse der ‚Organisation Wissenschaft' durchaus geeignet und vielversprechend. Daher erstaunt es, dass Neo-Institutionalisten sich bisher nur ganz vereinzelt mit ‚Wissenschaft' auseinander setzen. Üblicherweise stehen stattdessen Non-Profit-Organisationen, Verwaltungen, Regierungen oder auch Wirtschaftsorganisationen im Vordergrund (vgl. Senge 2011, 14). Wenn ‚Wissenschaft' in den Blickwinkel genommen wird, dann häufig mit einem professionssoziologischen Schwerpunkt (z.B. Gläser 2001, Baumeler 2009) und nur selten aus einer Perspektive, die die alltägliche Arbeit von Wissenschaftlerinnen und Wissenschaftlern zum Gegenstand macht. Dabei können die bestehenden Publikationen durchaus aufzeigen, weshalb der Neo-Institutionalismus auch für solche Analysen der Wissenschaft leistungsfähig ist.

Erstens, kann die neo-institutionalistische Perspektive dazu dienen, Wissenschaft in ihren Erwartungszusammenhängen und Konstruktionsbedingungen zu verorten. Dies sehen auch Hasse und Krücken, wenn sie Wissenschaft als „ein strukturiertes und sich strukturierendes Unternehmen" (Hasse/Krücken 1996, 96) verstehen, das über die Summe lokaler Situationen nicht ausreichend definiert werden kann. Auf diese Weise können vor allem Angleichungsprozesse des wissenschaftlichen Systems an andere, die organisationale Umwelt dominierende, gesellschaftliche Teilbereiche erklärt werden. Grundsätzlich kann davon ausgegangen werden, dass (intern und extern generierte) Rationalitätserwartungen und Legitimationsbeschaffung auch innerhalb der Wissenschaft eine zentrale Rolle spielen (vgl. Pongratz 2005) – dies wird jedoch mit gängigen wissenschaftssoziologischen Perspektiven nicht in den Blick genommen.

Andersherum, und zweitens, kann die Bedeutung von Wissenschaft als ‚Umwelt' von anderen gesellschaftlichen Teilbereichen deutlich gemacht werden. Dies verdeutlichen beispielsweise Drori und andere (2003), wenn sie Wissenschaft als ‚Weltinstitution' einer globalisierten Welt postulieren. Die Autoren nehmen an, dass weder allein politische Interessen noch kulturelle Faktoren zu einer globalen Angleichung der Systeme führen, sondern diese getrieben ist durch die Wissenschaft, die aufgrund ihres Expertenstatus als ‚Transmitter' von Anschauungen dient. Sie betrachten demnach weniger Veränderungen innerhalb der Wissenschaft, sondern den Zusammenhang von Wissenschaft und Gesellschaft bzw. ‚Weltgesellschaft'. Dabei verstehen sie Wissenschaft als Motor weltweiter Institutionalisierung und Standardisierung.

Doch der Neo-Institutionalismus eignet sich nicht nur für solche makrosoziologisch orientierten Untersuchungen der Wissenschaft. Besonders in den letzten Jahren wird, wie schon erwähnt, verstärkt darauf hingewiesen, dass auch mikrosoziologische Analysen von Institutionalisierungsprozessen durchaus gewinnbringend sein können. Für die vorliegende Arbeit ist dies interessant, da über isomorphistische Prozesse überzeugend erklärt werden kann, warum sich wissenschaftliche Vorgehensweisen prinzipiell ähneln oder wie wissenschaftliche Praktiken zu unhinterfragten Routinen werden. Gleichzeitig ermöglicht die neo-institutionalistische Perspektive auch ein Verständnis darüber, warum sich Unterschiede in den wissenschaftlichen Praktiken zwischen Ländern ergeben – weil sich die Anforderungen der organisationalen Umwelt unterscheiden. Neo-Institutionalisten haben mehrfach deutlich gemacht, dass ihr Konzept für Ländervergleiche durchaus nützlich ist, unter anderem, da der kulturelle Rahmen bedingt, was als ‚legitim' gesehen wird. Es ist durchaus kritisch zu hinterfragen, ob bzw. inwiefern „(…) individual choices and preferences can be properly understood outside of the cultural and historical frameworks in which they are embedded" (DiMaggio/Powell 1991a, 10; vgl. Walgenbach 1999).

4.3 Verbindung von Wissenschaftssoziologie und Neo-Institutionalismus

Seit Jahren wird von Vertretern der Wissenschaftssoziologie wie auch von neo-institutionalistischer Seite angemerkt, dass eine dezidierte Verknüpfung der beiden Perspektiven aussichtsreich erscheint. Dass dies noch in den Kinderschuhen steckt, konstatieren Hasse und Krücken schon 1996 und kann auch gut 15 Jahre später noch als zutreffend gelten.

Dabei könnte eine Verknüpfung uneingelöste Potenziale einer konstruktivistischen Wissenschaftssoziologie ausschöpfen. So plädieren Hasse und andere (1994) für eine ‚theoretische Öffnung' des Laborkonstruktivismus – und vor allem eine Integration neo-institutionalistischer Ansätze. Auf diese Weise, so die Annahme der Autoren, können mikrosoziologisch orientierte Ansätze weiterentwickelt werden, indem gezeigt werde, wie lokale wissenschaftliche Praktiken mit übergeordneten Strukturen zusammenhängen (Hasse et al. 1994, 253). Ähnlich argumentiert Schimank für eine konstruktive Erweiterung des wissenssoziologischen Paradigmas durch eine (Rück-)Besinnung auf institutionelle Faktoren, Ziel müsse seines Erachtens eine *‚Rehabilitation des institutionalistischen Paradigmas'* sein (Schimank 1995, 49). Aber auch aus der konstruktivistischen (bzw. interaktionistischen) Wissenschaftssoziologie lassen sich Öffnungstendenzen erkennen, so beispielsweise bei Knorr-Cetina (1995). Sie möchte die Erkenntnisse der konstruktivistischen Wissenschaftssoziologie auf die Soziologie generell übertragen und damit die Möglichkeit in Betracht ziehen, dass „(...) laboratories exemplify features also present in organized settings such as the clinic, the factory, the garden, the government agency" (Knorr-Cetina 1995, 163). Knorr-Cetina kommt zu dem Schluss:

> „Such questions would bring laboratory studies in contact with the 'new institutionalism' in sociology (...), a direction of research that unpacks institutional arrangements in modern society by adopting a cultural and symbolic approach" (Knorr-Cetina 1995, ebd.).

Auch für den Neo-Institutionalismus kann *‚das Potential der Wissenssoziologie'* darüber hinaus eine theoretische Fundierung und Entwicklungsmöglichkeit sein (Meyer/Hammerschmid 2006, 169).

Denn, wie in der Einführung beider Ansätze deutlich geworden sein sollte, sind zwar ihre Blickwinkel jeweils unterschiedlich, es bieten sich aber gleichwohl gemeinsame Bezugspunkte. Entscheidend ist hierbei, dass sowohl die (neuere) Wissenschaftssoziologie wie auch der Neo-Institutionalismus durch den ‚Cultural Turn' geprägt sind, der in den Sozialwissenschaften seit den 1980er Jahren stattgefunden hat. Dieser betont, dass die soziale Welt eine symbolische Welt ist, deren Deutungsmuster historisch und durch Traditionen überformt sind, und nicht einer rein zweckrationalen Logik unterliegen. Beide Ansätze stehen ‚Rationalität' kritisch gegenüber. Zentral ist außerdem das Grundverständnis, dass Wissenschaft als ‚Organisation' verstanden werden kann.

Innerhalb dieses ähnlichen Grundverständnisses ermöglicht die Verbindung der beiden Paradigmen jedoch eine Analyse, die auf unterschiedlichen Ebenen ansetzt: *„Sie sind komplementär, weil sie jeweils etwas völlig anderes erklären wollen und ganz andere Erklärungsfaktoren heranziehen"* (Schimank 1995, 49). Eben diese Verknüpfung halten auch Felt und andere für besonders gewinnbringend. Denn so kann einerseits eine ‚internalistische' Analyse der Wissenschaft erfolgen und diese, andererseits, mit einer ‚externalistischen' Betrachtung in Beziehung gesetzt werden (Felt et al. 1995, 115).

Forschungsprozesse sind laut den mikrosoziologischen Laborstudien in erheblichem Maße nicht durch den Gegenstand determiniert, sondern entscheidungsgeladen, kontextuell kontingent und lokal statt universal. Mit dieser Perspektive wird dementsprechend ein Fokus auf situative Praktiken gelegt. Sie zeigt, welche (sozialen) Konstruktionsleistungen den wissenschaftlichen Alltag prägen. Anders als der Neo-Institutionalismus ist die wissenschaftssoziologische Analyse in der Lage intentionale und strategische Handlungen einzubinden und damit dem Eindruck eines statischen, übersozialisierten individuellen und kollektiven Verhaltens, das häufig in institutionalistischen Analysen zu Tage kommt, entgegen zu wirken. Dieser (mikrosoziologische) Blick der neueren Wissenschaftssoziologie kann jedoch Fragen zu externen Einflüssen nicht systematisch beantworten, die Analyse bleibt internalistisch. Auch wenn Mertons strukturfunktionalistische Annahmen herangezogen werden, so verbleibt die Analyse doch nach innen gerichtet – der spezifische wissenschaftliche Ethos und die Sozialstruktur von Wissenschaft werden in ihrer Entstehung kaum mit ‚äußeren' Faktoren in Zusammenhang gebracht. Wie und warum lokale Prozesse (in einem bestimmten Kontext) auf Dauer gestellt, also institutionalisiert werden, das kann wiederum der Neo-Institutionalismus beleuchten. Auch die Frage, warum sich innerhalb des Felds ‚Wissenschaft' systematische Ähnlichkeiten und Unterschiede zeigen, kann aus dieser Perspektive erhellt werden. Und nicht zuletzt dient dieser Ansatz der Analyse von länderspezifischen Charakteristika. Damit ergänzt der Neo-Institutionalismus die Wissenschaftssoziologie um strukturelle, makrosoziologische Aspekte.

Besonders interessant scheint, dass mit beiden Perspektiven Fragen über den Entstehungszusammenhang von Forschungsprozessen in den Mittelpunkt rücken. Die Verbindung von Wissenschaftssoziologie und dem sog. Neuen Institutionalismus ermöglicht eine analytische Inklusion organisatorischer Strukturen, so wird beispielsweise die Einbindung von Forschenden in Universitäten, Fakultäten, Instituten, Arbeitsgruppen, etc., berücksichtigt (Hasse/Krücken 1996, 95). Damit kann die Frage fokussiert werden, wie wissenschaftliches Wissen entsteht und strukturiert wird. Während demnach auf der Basis der wissenschaftssoziologischen Annahmen interne Dynamiken, Praktiken und Mechanismen der Wissenschaft (bzw. von Forschungsgruppen) untersucht werden sollen, wird vom Neo-Institutionalismus erwartet, dass damit auch externe Zusammenhänge und Wechselwirkungen, gleichsam der Kontext der Forschungsgruppen, erfasst werden können.

5 Das empirische Vorgehen

Fallstudien über Fallstudien

5.1 Forschungsleitende Annahmen

Der Fokus der Arbeit liegt auf ‚methodischen Praktiken' bei der Durchführung von Fallstudien in verschiedenen Teams in Deutschland und Großbritannien. *‚Methodische Praktiken'* werden dabei verstanden als diejenigen Vorgehensweisen, die direkt oder indirekt mit dem Prozess der Durchführung von Fallstudien in Zusammenhang stehen, jedoch fokussiert auf ‚methodische' Aspekte. Im weiteren Sinne beinhaltet dies aber auch forschungsstrategische, wissenschaftliche Praktiken, wenn diese das methodische Vorgehen beeinflussen (z.B. die Auswahl des Untersuchungsgegenstandes aber auch Auswertungs- und Publikationsstrategien). Nicht systematisch betrachtet werden hingegen sozialpsychologische Teamprozesse. Die Konzentration auf ‚methodische Praktiken' soll es ermöglichen, nachzuzeichnen und zu verstehen, wie in Fallstudienforscherteams methodisch und forschungsstrategisch verfahren wird, welche Arbeitsteilung innerhalb solcher Forschungsgruppen (in verschiedenen Phasen eines Projekts) entwickelt wird, wie diese in methodisch offenen Prozessen entstehen und wodurch derartige Praktiken geprägt und strukturiert werden. Denn obgleich methodologische Grundsätze gleichsam universal gelten, offenbart schon die oberflächliche Betrachtung veröffentlichter Fallstudienberichte unterschiedliche ‚Stile' in der Durchführung von eben solchen empirischen Untersuchungen. Ob sich hier zwischen Forschungsteams und zwischen Ländern systematische Unterschiede ergeben und worin gegebenenfalls die Ursachen hierfür liegen, dies soll betrachtet werden. Von besonderem Interesse ist demnach die Frage, wie sich der Kontext einer wissenschaftlichen Studie (teamspezifisch, länderspezifisch) auf die Untersuchungsmethode auswirkt.

Aufgrund erster Literaturanalysen des Forschungsfelds kann vermutet werden, dass sich methodische Vorgehensweisen zwischen Teams mindestens anhand dreier Faktoren unterscheiden: Erstens, der methodologischen Position der einzelnen Forschenden bzw. des gesamten Teams. Zweitens, den Formen der Kooperation im Projektteam und, drittens, der institutionellen Einbindung des

Gruppe (z.B. universitäre Rahmenbedingungen). Es kann erwartet werden, dass der internationale Vergleich in allen drei Kategorien Differenzen zu Tage bringt. Daher soll geklärt werden, welche verschiedenen Schwerpunkte in der methodologischen Verortung zu erkennen sind, inwieweit die Zusammensetzung (und damit auch interne Aushandlungs- und Kooperationsprozesse) von Forschungsgruppen (länder-)spezifischen Mustern folgt und welche Rolle der strukturell unterschiedliche Forschungskontext in Deutschland und Großbritannien spielt.

Diese Vorannahmen sind einerseits theoretisch informiert. Wie die vorgestellten Ausführungen zur Wissenschaftssoziologie gezeigt haben, ist davon auszugehen, dass wissenschaftliche Ergebnisse immer auch Ergebnisse sozialer Gruppenprozesse sind. In der internationalen Case Study Methodology lassen sich hierfür zwar keine Belege finden. Im Gegenteil, implizit wird dort meist angenommen, dass der soziale Prozess im Team keinen wesentlichen Einfluss auf Forschung hat. Gerade die Flexibilität und die Kommunikationsgebundenheit von Fallstudienforschung legen jedoch nahe, dass solche Prozesse Auswirkung auf den Forschungsprozess haben. Neoinstitutionalistische Grundannahmen verweisen auf die Lokalität wissenschaftlicher Forschung: Praktiken werden standardisiert und routinisiert und zwar jeweils in einem spezifischen Kontext, wie etwa disziplinäre oder nationale Traditionen und Anforderungen. Andererseits sind die eben formulierten Ausgangsthesen das Ergebnis der ersten Sichtung der arbeits- und industriesoziologischen Fallstudienempirie in Großbritannien und Deutschland und von Sekundärliteratur hierzu. Diese zeigen beispielsweise, dass Fallstudien aufgrund ihres flexiblen Untersuchungsdesigns Raum für unterschiedliche Vorgehensweisen lassen.

Diese forschungsleitenden Annahmen sind nicht als zu testende Hypothesen zu verstehen, sondern als erste Annäherung an das Forschungsfeld. Jedwede Forschung ist immer auch durch theoretische Vorannahmen geprägt (siehe unten), in diesem Sinne gilt es solches Vorwissen an dieser Stelle transparent zu machen.

5.2 Qualitative Grundlagen

Da das methodische Vorgehen und insbesondere die teaminterne Zusammenarbeit bei der Durchführung von Fallstudien nur in Ausnahmefällen detailliert publiziert ist, reicht die Sekundäranalyse ausgewählter Studien in diesem Rahmen nicht aus. Stattdessen braucht es empirische Daten, die in diesem Fall durch ein qualitatives Forschungsdesign gewonnen werden sollen. Qualitativ deshalb, weil kein repräsentatives Bild aller methodischen Fallstudienpraktiken in Großbritannien und Deutschland angestrebt wird, sondern eine verstehende Analyse durch Exploration ausgewählter Teams. Das Forschungsziel – die Erhebung von methodischen Praktiken im jeweiligen Kontext dieser Strategien – lässt sich durch ein offenes Verfahren besser erfassen als dies im Zuge einer standardisierten Erhebung möglich wäre. Der Anspruch dieser Arbeit zielt auf eine Rekonstruktion der sozialen Wirklichkeit von Wissenschaft ‚von innen heraus'. Daher halte ich es für notwendig, die Sicht von verschiedenen ‚Beteiligten' zu integrieren. Für eine solche Analyse von Deutungs- und Strukturmustern von Akteuren oder Akteursgruppen eignen sich qualitativ generierte Daten besonders (vgl. Flick et al. 2005).

Noch ein Wort zur erkenntnistheoretischen Absicht der vorliegenden Arbeit: Genauso wenig wie in quantitativen Studien kann hier behauptet werden, die eine ‚Wahrheit' über den Gegenstand zu finden (vgl. Mruck 2000). Stattdessen kann davon ausgegangen werden, dass soziale Realität intersubjektiv konstruiert wird, auch zwischen Forschenden und Beforschten. Es gilt dies besonders zu reflektieren, wenn man sich als Forschender im ‚eigenen' Feld bewegt, in meinem Fall als Wissenschaftlerin andere Wissenschaftlerinnen und Wissenschaftler (der eigenen Disziplin) interviewt. Eine Balance zwischen Nähe, d.h. einer Vertrautheit zum Feld, ohne die man wenig verstehen würde, und Distanz, die für die wissenschaftliche Analyse des Forschungsgegenstandes nötig ist, zu erreichen, stellt eine konstante Herausforderung dar. Die grundsätzlichen Probleme, die hierbei entstehen (z.B. Notwendigkeit zur Entfremdung, Gefahr des ‚Going Native', etc.) wurden an anderer Stelle schon ausgiebig diskutiert (siehe z.B. Girtler 2001, Hirschauer/Amann 1997). Diese können und sollen an dieser Stelle nicht von der Hand gewiesen werden; im Gegenteil, im Sinne interpretativer Sozialforschung wird ihnen durchaus bewusst begegnet, d.h. die eigene Rolle in ihrer Besonderheit thematisiert und kritisch hinterfragt. So habe ich versucht, die Entstehungssituation des Materials bei der Erhebung und Auswertung jeweils ausdrücklich zu berücksichtigen. Eine besondere Bedeutung hatte dies im Kontext der Interviewsituationen in Großbritannien. So war nicht nur mein soziokultureller Hintergrund ein anderer, sondern auch die Zuschreibungen (z.B. dem System postgraduierter Ausbildung in England entsprechend Einordnung als Studentin – mit einem eigentümlich erscheinenden Forschungsthema; hierzulande demgegenüber Wahrnehmung als wissenschaftliche Mitarbeiterin eines in der Disziplin bekannten Lehrstuhls und Forschungsprojekts). Selbstreflexion stellt ein wichtiges Qualitätskriterium (insbesondere) für qualitativ orientierte Sozialforschung dar, denn erst durch eine systematisch reflexive Herangehensweise und vergleichsweise formalisiertes methodisches Vorgehen (auch in offenen Verfahren) können wissenschaftliche Erkenntnisse an die Stelle des Alltagsverstehens treten (vgl. Kleemann et al. 2009). Die positivistischen Gütekriterien Objektivität, Reliabilität und Validität bieten für solche Forschung keine befriedigende Orientierung, weil Datenauswahl, Thesenbildung und -prüfung und der Forschungsprozess anderen Grundannahmen folgen (vgl. Froschauer/Lueger 2009). Dies gilt, obwohl für qualitative Studien bislang eigene, allgemein akzeptierte Kriterien der Bewertung der Wissenschaftlichkeit fehlen. Eine Orientierung an gängigen Ansatzpunkten zur Qualitätssicherung in solchen Forschungsprozessen (z.B. Steinke 2005) fand in allen Phasen des Forschungsprozesses statt. Besonders großer Wert wurde auf eine diskursive Rückkopplung der eigenen Perspektive gelegt, einerseits im Kollegenkreis, vor allem aber auch zu den an der Forschung beteiligten Personen, etwa durch Übermittlung der Transkripte bzw. Protokolle, und durch Diskussionen der (Zwischen-)Ergebnisse.

5.3 Forschungsdesign

Das Forschungsdesign dieser Arbeit ist durch die Forschungsstrategie der Fallstudie charakterisiert (Kap. 5.3.1), in deren Zuge zwei Methoden angewandt werden: erstens, die inhaltsanalytische Auswertung von Dokumenten (Kap. 5.3.2) sowie, zweitens, die Gewinnung von Daten mittels qualitativen Leitfadeninterviews (siehe Kap 5.3.3). Wie diese Erhebungsinstrumente kombiniert wurden, wird in Abschnitt 5.3.4 erläutert.

5.3.1 Fallstudien

In der vorliegenden Arbeit werden sozusagen ‚Fallstudien über Fallstudienforschung‘ durchgeführt. Da es Zielsetzung dieser ist, *„(...) ein ganzheitliches und nur damit realistisches Bild der sozialen Welt zu zeichnen“* (Lamnek 1989, 5) scheint dies folgerichtig. Ein solches Vorgehen ermöglicht die Analyse komplexer Zusammenhänge und Phänomene bzw. eines sozialen Prozesses in seinem Kontext – in diesem Fall von teamförmigen wissenschaftlichen Praktiken in ihrem institutionellen Umfeld. Als Untersuchungsfälle wurden die verschiedenen Projektteams definiert, als ihr systematisch einzubeziehender Kontext der (national geprägte) disziplinäre bzw. generell universitäre Rahmen. Zusammen bilden Fall und Kontext eine Einheit, was von hoher Bedeutung für den vorliegenden Gegenstand ist, da (sozial-)wissenschaftliche Vorgänge nicht ohne Rückgriff auf breitere strukturelle Bedingungen und Voraussetzungen verstanden werden können. Dies gilt insbesondere für die arbeits- und industriesoziologische Forschungspraxis, die seit jeher in enger Verbindung mit ihrem Forschungsgegenstand steht (vgl. Frege 2007).

Die Projektteams wurden wie folgt ausgewählt: In der Anfangsphase der Untersuchung wurden explorativ diverse fallstudienforschungserfahrene Wissenschaftlerinnen und Wissenschaftler befragt, die einen breiten Überblick über das Feld gaben. Mittels deren Aussagen, unter Rückgriff auf im DFG-Projekt *„Industriesoziologische Fallstudien"* geführte Interviews und parallele Literaturanalysen wurden mögliche Teams kontaktiert. Zunächst in Deutschland und, später, nach zwei Experteninterviews vor Ort, auch in Großbritannien.

Hauptkriterium für die Auswahl waren zunächst die methodische Vorgehensweise und methodologische Position der Forschungsgruppe, da begründet vermutet werden kann, dass dies die Durchführung von Fallstudien beeinflusst. Es wurde (in Orientierung an der Grounded Theory) im Sinne eines Theoretical Sampling (siehe auch Kap. 5.4) darauf geachtet, den Prinzipien der minimalen und maximalen Kontrastierung zu folgen: So wurden nach und nach Teams gewählt, die strukturelle Ähnlichkeiten aufweisen, aber auch solche, die gravierende Unterschiede zeigen. Daher wurde innerhalb der Länder auf möglichst differente methodische Herangehensweisen geachtet, im länderübergreifenden Vergleich hingegen jeweils ‚ähnliche' Paare angestrebt. Bei der Selektion wurde zudem die soziale Zusammensetzung der Teams berücksichtigt. Die ursprüngliche Auswahl wurde iterativ erweitert. Dennoch war das Verfahren nicht willkürlich, sondern ein Prozess, der zu Beginn offen gehalten war, und im Projektverlauf immer spezifischer wurde. In der Regel wurde die Projektleitung eines relevant erscheinenden Teams kontaktiert und weitere Interviewpartner (‚Mitglieder' des Teams) über diese eruiert. Da der Forschungsgegenstand aus verschiedenen Gründen auf Interesse bzw. Neugier, traf, ergaben sich kaum Probleme, Teams für eine Teilnahme an der Studie zu finden. Alle Projektteams repräsentieren in ihrem Land spezifische Forschungsstile bzw. innerhalb der Disziplin bekannte Institutionen.

Obwohl Interviews mit Forschenden aus neun Teams geführt wurden, werden letztendlich sechs methodische Verfahren bei der Durchführung von Fallstudien anhand jeweils drei Teams in Großbritannien und Deutschland systematisch verglichen.[45] Wenn dies die Frage nach der Aussagekraft über diese wenigen Fälle hinaus aufwerfen mag, so sei darauf hingewiesen, dass die Community in beiden Ländern klein ist (obgleich überproportional im Vergleich zu anderen Staaten). In beiden Ländern lassen sich schätzungsweise fünf bis maximal zehn Forschungszentren für solche Art von Forschung ausmachen – daraus werden jeweils drei dargestellt. In Deutschland sind dies Projektteams aus Bremen,

[45] Bei den anderen Interviews stellte sich i.d.R. heraus, dass deren Teamzusammenhang, in welcher Form auch immer, für das Sample der Arbeit nicht ideal war. Daher fließen die Interviews zwar in die Gesamtauswertung der Studie ein, aber deren Teams dienen nicht als Untersuchungsfälle.

München und Chemnitz; in Großbritannien aus Manchester, Leeds und Warwick (systematische Vorstellung in Kap. 6.1).[46]

Mit der von Pflüger, Pongratz und Trinczek (2010a) vorgeschlagenen Typologie von Fallstudien ließe sich die vorliegende Studie als Typus ‚Vertiefung' einordnen: es werden verhältnismäßig wenig Fälle betrachtet, diese jedoch mit dem Ziel der Durchdringung dieser in ihrer Komplexität. Der Gestaltungsbezug bleibt gegenüber dem Anspruch einer eingehenden theoretischen Einbettung und Analyse nachgeordnet. Gleichwohl hat die Studie auch einen stark komparativen Charakter, insbesondere da international vergleichend geforscht wird.

5.3.2 Dokumentenanalyse

Die Dokumentenanalyse für die vorliegende Arbeit beinhaltet die intensive Untersuchung veröffentlichter Forschungsberichte, einschlägiger Monographien und Sammelwerke, wissenschaftlicher Aufsätze und andere öffentlich zugängliche Materialien aus den jeweiligen Bezugsstudien der Projektteams, aber, darüber hinaus, auch der interviewten Wissenschaftlerinnen und Wissenschaftler allgemein. Dies ist nicht nur für die Rekonstruktion der Fallstudienpraktiken unabdingbar, sondern auch als Vorbereitung für die Durchführung der Interviews äußerst wichtig.

Die Publikationen werden dabei als situative Leistungen des Verfassers gesehen (vgl. Wolff 2005) und als solche zum Gegenstand der Untersuchung gemacht, d.h. deren Eigenlogiken und Schwerpunktsetzungen zu betrachten versucht. Der Fokus liegt dabei weniger auf dem inhaltlichen Forschungsgegenstand der Studien, sondern auf deren methodischen Vorgehensweisen. Da sich Darstellungsformen und Darstellungsintensitäten unterscheiden, werden die Gründe hierfür im Interview thematisiert, d.h. die (für den Zweck dieser Untersuchung) möglicherweise nicht ausreichenden Informationen ergänzt. Die Dokumente werden nicht nur als reine Informationsmöglichkeit verstanden, sondern deren Charakter als interpretationsrelevant eingeschätzt, da die verschriftlichten Darstellungspraktiken auch zeigen, was als legitim innerhalb der Scientific Community gilt (vgl. Lueger 2000).

[46] Die Identität der Interviewpartner wurde gewissenhaft anonymisiert. Eine Anonymisierung der Institutionen ist in der vorliegenden Studie, ohne einen Verlust an Erkenntnisgewinn zu riskieren, allerdings nicht möglich. Dies wurde mit den Teams abgestimmt. Zur Frage der Anonymisierung siehe auch Kap. 5.3.3 und Kap. 6.1.

5.3.3 Leitfadenstrukturierte Interviews

Das Ziel qualitativer Interviews ist die „(...) möglichst unvoreingenommene Erfassung individueller Handlungen sowie subjektiver Wahrnehmungen und Verarbeitungsweisen gesellschaftlicher Realität“ (Witzel 2000, 1, vgl. Witzel 1982). In dieser Arbeit ist es die Absicht der Interviews, Deutungen von Forschungsprozessen zu eruieren und in einen Zusammenhang zum (disziplinären, universitären und länderspezifischen) Kontext zu stellen. Um an solche (möglicherweise implizite) Deutungsmuster und Handlungszusammenhänge heranzukommen, bieten sich qualitative Interviews an. Deren Strukturierung anhand von Leitfäden hat sich praktisch bewährt und erscheint methodisch sinnvoll. Da solche Leitfäden eine Liste vorab vorbereiteter offener Fragen zur Grundlage des Gesprächs machen, bieten sie Orientierung und ermöglichen im Anschluss Vergleichbarkeit; gleichzeitig kann Offenheit beibehalten werden und Narration zugelassen, weil üblicherweise keine geschlossenen Fragen gestellt werden. Der Leitfaden dient darüber hinaus dazu, das Vorwissen einer jeden Studie offenzulegen. Seine kontinuierliche Überarbeitung im Forschungsprozess ermöglicht die Anpassung an neu auftauchende Relevanzen aus dem Forschungsfeld und sorgt für dessen Angemessenheit und Aussagekraft (Gläser/Laudel 2009, 111 ff.).

Im Zuge der vorliegenden Arbeit wurden 29 Interviews mit britischen und deutschen Wissenschaftlerinnen und Wissenschaftlern aus neun Teams geführt (fünf in Großbritannien, vier in Deutschland). In der Regel dauerten die Interviews zwischen 60 und 90 Minuten. Obwohl sich die Interviewsituationen recht stark voneinander unterscheiden (z.B. 50 Minuten versus 150 Minuten; im Büro, zu Hause, im Café; auf Deutsch oder auf Englisch), wurden die zentralen Regeln von Interviewführung beachtet und aufgrund des Leitfadens (siehe Anhang) immer dieselben Dimensionen angesprochen (ggf. in unterschiedlicher Ausführlichkeit). In der Einstiegsfrage wurde nach Erfahrungen mit Teamarbeit bei der Durchführung von Fallstudien gefragt. Dies sollte als Erzählanreiz dienen, durch welchen wichtige Aspekte (aus der Sicht der Interviewten) formuliert werden und im Verlauf des Interviews wiederum von der Interviewerin aufgegriffen werden. Weitere Themenblöcke behandelten:

- biographische Informationen, insbesondere zu Studium, wissenschaftlicher Laufbahn, theoretischer und methodologischer Selbstverortung. Dabei wurde darauf geachtet, immer auch zu erfahren, wie die nötigen methodischen Kenntnisse erlernt wurden (z.B. im Studium vermittelt, selbst angeeignet, im Team angelernt)
- ein vorab ausgewähltes Bezugsprojekt und die Teamarbeit hierbei (Zusammensetzung des Teams, Aufgabenaufteilung, konkrete Teamprozesse in den

verschiedenen Projektphasen der Antragstellung, Erhebung, Auswertung, Darstellung der Ergebnisse, Kooperation, etc.)

- Reflektion, inwiefern dieses Vorgehen typisch für die eigenen Erfahrungen ist
- (methodische) Kennzeichen des Forschungsteams
- Verortung des Teams (methodologisch, institutionell, länderspezifisch)
- Deutungen von (disziplinärem) Forschungskontext und Forschungspraktiken
- generelle Erfahrungen mit wissenschaftlicher Teamarbeit im Zuge von Fallstudienforschung und darüber hinaus

Die Interviews wurden (mit einer Ausnahme) auf Band aufgezeichnet und nach anerkannten wissenschaftlichen Regeln transkribiert bzw. protokolliert (siehe dazu Froschauer/Lueger 1992), die Verschriftlichungen wurden im Anschluss zur Kommentierung an die Interviewten zurückgespielt. Alle verschriftlichten Dokumente wurden in einem nächsten Schritt mit Hilfe des computergestützten Programms MAXQDA verkodet.

Aus Rücksicht auf die Anonymität der Interviewten werden im Weiteren möglichst wenige wörtliche Zitate verwendet. Die Interviewpartner wurden sorgfältig unkenntlich gemacht. Dazu wurden die Interviews nummeriert, allerdings nicht in der Reihenfolge ihrer Durchführung, so dass hier kein Zusammenhang zu erkennen ist.

5.3.4 Triangulation

Durch Dokumentenanalyse und Leitfadeninterviews werden zwei eigenständige Datenformen generiert, die auf zwei unterschiedlichen Ebenen zu verorten sind. Die beiden Zugänge sind als komplementär zu verstehen, als Möglichkeit, den Untersuchungsgegenstand umfassend zu erfassen und so zu einer adäquaten Fallanalyse zu gelangen. Einerseits werden durch die beiden Herangehensweisen unterschiedliche Aspekte des Forschungsgegenstandes betrachtet und konstituiert, andererseits stehen sowohl die Methoden wie auch deren Resultate in Zusammenhang.

Beide Instrumente haben für diese Studie ihre eigenständige Leistung. Die Dokumentenanalysen der Publikationen dienen nicht nur zur Vorbereitung der Interviews, sondern sind für die Analyse der wissenschaftlichen Teams (und ihrer Forschungsstile, siehe Kap. 6.1) unverzichtbar. Die Interviews gestatten neue Erkenntnisse, die aus Publikationen nicht ersichtlich sind; sie können jedoch für sich genommen nicht die Breite an Kontextinformationen vermitteln, die eine Dokumentenanalyse zulässt. Die Interviews allein verschaffen (trotz wechselseitiger Prüfung) auch noch kein verlässliches Wissen über Zusammenhänge des Forschungsfelds – ein solches wird erst möglich, wenn deren Interpretation kontextspezifisch überprüft und angereichert wird, d.h. Aussagen wechselseitig in einen Gesamtzusammenhang gestellt werden. Dies ist wiederum durch die Verknüpfung mit einer Dokumentenanalyse möglich. Erst die kombinierte Analyse der beiden Methoden ermöglicht die Ausschöpfung des vollen Potenzials der Datenerhebung. Auf diese Weise können folglich sowohl strukturelle Rahmenbedingungen wie auch unterschiedliche subjektive Erfahrungs- und Handlungsperspektiven von Akteuren rekonstruiert werden.

Triangulation dient in dieser Arbeit demnach weniger der *‚kumulativen Validierung‘*, sondern vielmehr der *‚Ergänzung von Perspektiven‘*. Über Prozesse der ‚Durchdringung‘, des ‚Abgleichs‘ und der ‚Integration‘ sollen die Tiefe und Weite der Ergebnisse erhöht werden und so eine größere Angemessenheit der Interpretation erlangt (vgl. Pflüger 2012). Der Begriff der Triangulation ist angebracht, weil keiner der beiden Erhebungsmethoden Vorrang eingeräumt wird und Wert auf die Systematik der Kombination der beiden Vorgehensweisen gelegt wird. Auch wenn im Folgenden die Ausführungen zur Interpretation der Interviews dominieren, so wird dennoch auch die Dokumentenanalyse ‚möglichst gleichberechtigt‘ und ‚gleichermaßen konsequent‘ betrieben (Flick 2004, 12) – und ist unabdingbar für die Durchführung der Interviews. Die beiden Methoden werden auf der Ebene des Einzelfalls (Teams) trianguliert und erst in einem weiteren Schritt verglichen.

5.4 Erhebung und Auswertung

Erhebung und Auswertung dieser Untersuchung erfolgen in Anlehnung an Prämissen der Grounded Theory sowie Eisenhardts Fallanalyse, wie nun dargestellt wird.

Das interpretative Verfahren der Grounded Theory[47] geht auf Barney Glaser und Anselm Strauss zurück (1967). Sie gilt als *‚sinnverstehender Ansatz‘*, der den gesamten Forschungsprozess gestaltet und dessen Ziel es ist, explorativ *„(...) eine Theorie zu generieren und zu überprüfen“* (Strauss 1998, 19). Grounded Theory ist als eine Art Meta-Perspektive zu verstehen, die eine Fülle von Tech-

[47] Im deutschen Sprachraum erwies sich keine Übersetzung (z.B. ‚begründete Theorie‘ oder ‚gegenstandsbezogene Theorie‘) als dem englischen Ausdruck ebenbürtig. Aus der von Glaser und Strauss 1967 gemeinsam entwickelten Grounded Theory sind inzwischen zwei unterschiedliche Ströme entstanden (für Gemeinsamkeiten und Unterschiede siehe Strübing 2008).

niken und Leitlinien für den praktischen Forschungsprozess integriert. Zwar ist Grounded Theory in einer induktiven Perspektive zu verorten, aber ein wesentliches Kennzeichen ist das zyklische Prozessmodell der Datenerhebung, Datenanalyse und Theoriebildung: Es gilt zeitliche Parallelität und wechselseitige funktionale Abhängigkeit der Prozesse. In diesem Sinne müssen Theorien Schritt für Schritt aus den empirischen Daten hervorgehen und immer wieder an die weiteren Daten rückgekoppelt und geprüft werden. Daher steht am Anfang nicht eine Theorie, die bewiesen werden soll, sondern ein Untersuchungsbereich, dessen Relevanzen erst im Laufe des Forschungsprozesses deutlich werden bzw. sich verändern – auf diese Weise können Theorien generiert werden (Strauss/Corbin 1996, 8).

Ein wichtiger Aspekt der Erhebung im Sinne der Grounded Theory, ist das Prinzip des *‚theoretical sampling‘* (vgl. Glaser/Strauss 1967 bzw. Schatzmann/Strauss 1973). Der Grundgedanke dabei ist es, ein Sample nicht zu Beginn der Untersuchung festzulegen, sondern tentativ im Verlauf des empirischen Prozesses zu entwickeln, d.h. nach einer Auswahl und Erhebung erster Fälle im Zuge einer Teilauswertung dieses Sample sukzessive zu erweitern und anzupassen. Die Auswahl der ersten Fälle erfolgt dabei über die Definition des zu untersuchenden Problems und nicht auf der Grundlage einer sozialwissenschaftlichen Theorie. Auf einer analytischen Basis wird entschieden, welche ergänzenden Daten im Weiteren erhoben werden sollen. Dem Prinzip der Minimierung und Maximierung von Unterschieden kommt dabei besondere Bedeutung zu. Denn minimale Kontrastierung soll die Tauglichkeit sich entwickelnder Hypothesen überprüfen, maximale Kontrastierung eine breite Erfassung unterschiedlicher Aspekte und Varianzen, die neue Impulse generieren, ermöglichen. Dieses Wechselspiel findet sein Ende in der ‚theoretischen Sättigung‘ der Kategorien. Von dieser ist dann auszugehen, wenn der iterative Suchprozess zu einer Konzeption geführt hat, die wesentliche Ausprägungen des Untersuchungsgegenstands integrieren kann (Strauss 1998, 47 ff., vgl. Strübing 2008, 30 ff.).

Das Auswertungsverfahren stützt sich in der Grounded Theory maßgeblich auf das *Kodieren der Daten*. Durch Prozesse des offenen, axialen und selektiven Kodierens können analytische Kategorien identifiziert, fokussiert und verdichtet werden. Dabei bleibt der erste Kodierungsschritt, das offene Kodieren, bei einem Überblick. Das axiale Kodieren dient der intensiven Analyse bestimmter Kategorien, welche letztlich durch selektives Kodieren auf ihre Brauchbarkeit als systematische Schlüsselkategorien geprüft werden. Sämtliche Kodes verharren nicht auf der Ebene von Paraphrase und unterliegen im Forschungsprozess der ständigen Prüfung im Sinne einer Falsifikationslogik. Neben der Kodierung der Texte werden laufend Memos geschrieben, um Einsichten und Hypothesen festzuhalten und mögliche Ansätze für weitergehende Theorieansätze zu verschriftlichen (Strauss 1998, 25 ff.; vgl. Strübing 2008, 19 ff.).

Konkret bedeutet dies bezüglich der vorliegenden Untersuchung: Im ersten Schritt einer offenen Kodierung wurde das Material zunächst systematisch gesichtet bzw. in den Worten von Glaser und Strauss: ‚aufgebrochen' und thematisch sortiert. Dabei wurden die Interviews vor dem Hintergrund der spezifischen Interviewsituation zunächst in ihrer Gänze formal betrachtet, anschließend wurde der Verlauf der Interviews betrachtet (auf welche Aspekte ging der Interviewte vertieft ein, was wurde ausführlich oder weniger ausführlich behandelt), ausgewählte Interviewsequenzen vertieft analysiert und Interviewereinflüsse hinterfragt (vgl. dazu auch typisches Vorgehen bei der Analyse von leitfadengestützten Interviews bei Kleemann et al. 2009, 208 ff.). Grundsätzlich wurde jedes Interview möglichst unvoreingenommen Zeile für Zeile betrachtet. Die von Vertretern der Grounded Theory nicht selten vertretene Auffassung sich weitgehend von theoretischem Vorwissen freizumachen, wurde dabei prinzipiell anerkannt, aber nur begrenzt realisiert – kann vermutlich auch meist nur teilweise realisiert werden (siehe unten). Dennoch wurde den Relevanzen aus dem Material größtmögliche Bedeutung zugemessen. Dieser Schritt verlief sehr nahe am Material, fast paraphrasierend, und lieferte dennoch erste Kodes. Gerade die sogenannten ‚In-vivo-Kodes', also natürliche Kodes, die durch die Interviewten selbst eingebracht werden, waren dabei von Interesse. Weil dieser erste Auswertungsschritt schon nach einer Reihe anfänglicher Interviews erstmals stattfand, flossen – ganz im Sinnes eines zirkulären Forschungsprozesses – in die folgenden Erhebungen neue Schwerpunktsetzungen und Vertiefungen ein. So wurde etwa in den Interviews in Großbritannien immer wieder auf die Folgen von Wissenschaftsevaluation auf die konkrete Fallstudienforschungspraxis verwiesen. Dies wurde zum Anlass genommen, in weiteren Interviews, wenn dies nicht selbstständig zur Sprache kam, gezielt danach zu fragen. Hier ging es also von Beginn an darum, aus den empirischen Daten ‚tieferliegende' Konzepte zu entwickeln.

Im Anschluss an die offene Kodierung stand die Findung von ersten Kategorien im Mittelpunkt, d.h. die Gruppierung von Kodes. Der Begriff ‚Kategorie' wird unterschiedlich und häufig vage definiert (vgl. Kuckartz 2005). In dieser Arbeit dienen analytische Kategorien zur Identifikation und Kennzeichnung bestimmter Phänomene im Text. Subkategorien entsprechen den Dimensionen der Kategorien. Kategorien und Subkategorien entstehen durch die Zuordnung verschiedener Kodes. Im Forschungsprozess wurde darauf geachtet, dass induktiv festgelegte inhaltliche Schwerpunkte nicht einfach nur ‚bedient' werden, sondern auch deduktive Relevanzen einfließen und abgebildet werden konnten. In diesem Schritt des Forschungsprozesses verschwimmt die Grenze zwischen Induktion und Deduktion besonders stark, Vor- und Kontextwissen des Forschers und die Interpretation der empirischen Ergebnisse bleiben bestehen, werden jedoch offen dargelegt. So wird ein Kategoriensystem entwickelt, das im weiteren Verlauf überprüft und erweitert wird, grundsätzlich jedoch Vergleichbarkeit ermöglicht.

Darauf folgte eine ‚theoretische Kodierung', d.h. die vorher explizierten theoretischen Grundlagen werden an die Kategorien herangetragen und wechselseitig geprüft. Alle Transkriptionen und Protokolle wurden im Hinblick auf den theoretischen Rahmen gesichtet und geordnet. Dies bildet wiederum die Grundlage für das ‚axiale' Kodieren, welches Strauss und Corbin als eine „(…) Reihe von Verfahren, mit denen durch das Erstellen von Verbindungen zwischen Kategorien und Daten nach dem offenen Kodieren auf neue Art zusammengesetzt werden" (Strauss/Corbin 1996, 75) definieren. In dieser Entwicklungsstufe steht nicht die Klassifizierung im Vordergrund, sondern Interpretation und Erklärung. Hier soll der ‚Kern' des Konzepts herausgearbeitet werden. Dennoch: Die beiden Prozesse des offenen und axialen Kodierens finden parallel statt und nicht linear abfolgend.

Ebenso verhält es sich mit dem letzten Kodierschritt – dem selektiven Kodieren. Dies beinhaltet den Prozess des Auswählens der Kernkategorie sowie „(...) des systematischen In-Beziehung-Setzens der Kernkategorie mit anderen Kategorien und des Auffüllens von Kategorien, die einer weiteren Verfeinerung und Entwicklung bedürfen" (Strauss/Corbin 1996, 94). Im Gegensatz zum axialen Kodieren wird hier auf einer abstrakteren Ebene analysiert. Wie auch Przyborski und Wohlrab-Sahr deutlich machen, dient dieser Schritt zur ‚Integration von Theorie', zur Verifikation und Fokussierung (Przyborski/Wohlrab-Sahr 2009, 205).

Nach den verschiedenen Kodiervorgängen wurde das Material in weiteren Schritten zielgerichtet ausgewertet: verschiedene Kategorien wurden in Beziehung gesetzt, sequenzialisiert, Textpassagen verbunden, dimensionalisiert und kontrastiert, Übersichten und Häufigkeiten betrachtet, Variablen eingebunden, Memos überarbeitet, erweitert und neu erstellt. Durch diese Kombination werden im Zuge der Analyse theoretisch tragfähige Konzepte entdeckt und immer wieder geprüft (vgl. Flick 2005 et al., 33).

Insbesondere erfolgte eine systematische und methodisch kontrollierte Auswertung der Fälle in Anlehnung an das von Eisenhardt (1989) beschriebene Vorgehen. Nach der Analyse auf der Ebene der Interviews, wurden in einem ersten Schritt die einzelnen Fälle jeweils individuell analysiert und in Form von Fallstudienberichten (die in der Publikation in verkürzter Version erscheinen) aufbereitet. Dies war vornehmlich auf eine Deskription des Materials ausgerichtet, beinhaltete jedoch erste Strukturierungs- und Fokussierungsschritte. Ziel dieser Phase war es vor allem, die Fälle in ihrer Einzigartigkeit zu durchdringen.

Erst im Anschluss, in einem zweiten Schritt, wurden die verschiedenen Fälle miteinander in Beziehung gesetzt. Dabei wurde nach fallübergreifenden Mustern gesucht, jeweils intranational und international. Um unangemessene oder unvollständige Schlussfolgerungen zu vermeiden, wurden dabei verschiedene Taktiken angewendet, beispielsweise die Auswahl besonders wichtiger Dimensionen aus dem Material – und deren vergleichende Konfrontation mit internen und externen Ähnlichkeiten und Unterschieden, der Paarvergleich von Divergenzen und Konvergenzen über Fälle hinweg, die Gegenüberstellung von ähnlichen Fällen und Suche nach Differenzen zwischen diesen. Gleichzeitig wurden Einzelaspekte und Dimensionen international vergleichend analysiert. Ziel dieses forcierten Vergleichsverfahrens war es, ganz im Sinne der Grounded Theory, neue Kategorien und Konzepte zu entdecken und grundlegende Annahmen zu hinterfragen. Aus beidem, der Einzelfallanalyse und den Fallvergleichen, wurden auf diese Weise Themen, Konzepte und Beziehungen herausgearbeitet; dieses entstehende Interpretationsgerüst wurde wiederum mit Blick auf die empirischen Evidenz der Einzelinterviews und der Fallstudienberichte abgeglichen. Hier ist die zentrale Idee, ebenfalls ähnlich der Grounded Theory, dass kontinuierlich theoretische Annahmen mit empirischen Fakten zusammengebracht und in Beziehung gesetzt werden – hin zu einer Konzeption, die beides adäquat fassen kann. Abschließend wurde ein Abgleich bestehender Literatur (mit Blick auf ähnliche, aber auch widersprechende Ergebnisse) durchgeführt.

Dieses Kapitel soll mit einer *kritischen Reflexion des methodischen Vorgehens* schließen. Wie in vielen anderen Untersuchungen konnte das theoretische Sampling in dieser Arbeit wohl nicht in seiner Idealform verwirklicht werden, aber den Prinzipien wurde durchaus Genüge getan. Kritisch gefragt werden darf auch, inwieweit ‚theoretische Sättigung' erreicht wurde. Wenngleich Repräsentativität kein Anspruch dieser Arbeit ist, so wurde dennoch eine ‚qualitative Repräsentanz', und, wichtiger noch, eine Durchdringung des Gegenstandsbereichs angestrebt. Die vorliegende Arbeit soll ihren Untersuchungsgegenstand in seinen Eigenschaften und Zusammenhängen angemessen erfassen und zu einem tiefgehenden Verständnis beitragen, d.h. eine analytische Aussagekraft über den Einzelfall hinaus erreichen.

Auch wenn die Orientierung an der Grounded Theory auch im Rückblick sinnvoll erscheint, so darf nicht unerwähnt bleiben werden, wo diese an ihre Grenzen stieß. Vor allem gilt dies für ‚das Freimachen' von theoretischen Vorannahmen im Zuge von Kodierung und Auswertung. Das Material ‚sprechen zu lassen' und diesem eine hohe Bedeutung zukommen zu lassen, war für das Vorgehen dieser Arbeit zentral. Gleichzeitig ist bekannt, dass immer auch (explizite und/oder implizite) theoretische Vorannahmen in einen Forschungsprozess einfließen (vgl. dazu auch Reichertz 1986, Kelle 1996 oder Meinefeld 2005). Die

Naivität, mit der laut Grounded Theory vorzugehen ist[48], erachte ich daher weder als realistisch noch als erstrebenswert. Stattdessen habe ich das Spannungsverhältnis zwischen Theoriegeleitetheit und Offenheit bei einem solchen Vorgehen immer wieder thematisiert und die eigene Rolle und Wahrnehmung kontinuierlich hinterfragt. Mithilfe eines zirkulären Vorgehens bei Erhebung und Auswertung wurde versucht, es zu vermeiden, die Problemsicht der Forscherin über die der Interviewten zu legen.

[48] Dies gilt, obgleich Strauss und Corbin diese Position in den 1990er Jahren abschwächen und einräumen, dass u.a. unglückliche Formulierungen zu einem *‚induktivistischen Missverständnis'* geführt haben (1996, 277). So hat Strauss (im Unterschied zu Glaser) den Stellenwert von Vorwissen dann auch später als explizit positiv bewertet (vgl. Strübing 2008, 59).

6 Arbeits- und industriesoziologische Fallstudienforschung im Vergleich

Dieses Kapitel beginnt mit einer Darstellung der Untersuchungsfälle: Hierfür werden die untersuchten Teams vorgestellt, deren organisatorische Einbettung skizziert, ihre Vorgehensweisen und Charakteristika bei der Durchführung von Fallstudien anhand eines ausgewählten Bezugsprojekts (und unter Bezugnahme auf weitere Projekte der Gruppe) nachvollzogen (Kapitel 6.1.1 bis 6.1.6). Auf der Basis der individuellen Falldarstellungen können in der Gegenüberstellung singuläre ‚Forschungsstile' identifiziert werden, die als teamspezifische Umsetzung und Institutionalisierung von (methodischen) Regeln verstanden werden können (Kapitel 6.1.7). Nach der Vorstellung der Teams und ihrer methodischen Verfahrensweisen wird beschrieben, welche Muster diesbezüglich erkennbar sind. Es zeigen sich gleichzeitig Ähnlichkeiten und Unterschiede zwischen den methodischen Praktiken der Gruppen. Diese entpuppen sich als in erstaunlichem Maße durch nationale Rahmenbedingungen strukturiert und sind nicht nur über unterschiedliche Forschungsgegenstände oder Erkenntnisinteressen zu rechtfertigen. Vielmehr spielen, wie erwartet, methodologische Positionen diesbezüglich eine Rolle (Kap. 6.2). Aber auch die Zusammensetzung von Teams und deren interne Dynamiken (z.B. Kooperationsprozesse) sind zu berücksichtigen (Kap. 6.3). In den Kapiteln 6.2. und 6.3 werden fallübergreifend methodische Praktiken bei der Durchführung von Fallstudien verglichen und die Zusammenhänge von methodologischer Verortung, Forschungs- und Kooperationsstil und institutionellen Bedingungen erarbeitet. Kapitel 6.4 liefert ein Fazit.

6.1 Vorstellung der Fälle

Da dieses Kapitel der Charakterisierung der Untersuchungsfälle dient, wird jeder Fall einzeln dargestellt. Der Aufbau der Fallstudien erfolgt einheitlich: Einleitend wird die institutionelle Verortung des Forschungsteams umrissen, das jeweilig ausgewählte Bezugsprojekt und dessen Projektteam werden aufbereitet (Forschungsgegenstand, Forschungsförderung, Zusammensetzung des Teams). Im Anschluss daran folgt die Rekonstruktion der methodischen Vorgehensweise, mit besonderem Fokus auf die Kennzeichen der Zusammenarbeit der jeweiligen Forschungsgruppe. Abschließend wird im Rahmen der einzelnen Fallstudien, auf der Basis der empirischen Daten, vom Bezugsprojekt abstrahiert und auf diese Weise der jeweils spezifische Forschungsstil des Teams erschlossen. Der ‚Forschungsstil' einer Gruppe beinhaltet deren typische methodische Vorgehensweisen (inklusiver methodologischer Positionen) sowie die Art der Zusammenarbeit. Im Anschluss an die Vorstellung der einzelnen Fallstudien (Kap. 6.1.1 bis 6.1.6) folgt eine fallübergreifende Gegenüberstellung (Kap. 6.1.7).

Vorab noch ein Hinweis zur *Frage der Anonymität* der untersuchten Teams. Im Zuge qualitativer Sozialforschung, die in der Regel mit kleinen Samples arbeitet, stellt sich das Problem der Anonymisierung der untersuchten Fälle. Üblicherweise wird versucht deren Identität unkenntlich zu machen. In der vorliegenden Studie ist dies besonders schwierig, da die Fallstudien nicht ausschließlich auf Interviews aufbauen, sondern auch auf der Analyse von veröffentlichen Forschungsberichten beruhen. Da im Zuge der Fallanalysen immer wieder auf relevante Publikationen verwiesen wird, ist eine vollständige Anonymisierung der Teams kaum möglich; zumindest hätte sie einen großen Verlust an konziser und nachvollziehbarer Analyse bedeutet. Daher bleiben die Forschungsgruppen, in Abstimmung mit diesen, in der folgenden Darstellung erkennbar. Die Identität der Interviewpartner wurde dagegen möglichst sorgfältig unkenntlich gemacht; eine Zuordnung von Interviewzitaten zu Personen sollte nicht möglich sein (siehe auch Kap. 5.3.3).

6.1.1 Team 1

6.1.1.1 Institutionelle Verortung

Die Business School der Universität Manchester gilt als eine der führenden Institutionen des Landes. Ihrer Forschungsleistung nach liegt sie in der Evaluation durch die Research Assessment Exercise 2008 auf Platz 1 aller britischen Business Schools. Auch für den Bereich Industrial Relations ist Manchester eine renommierte Adresse. Dies beruht auf der langjährigen Tradition derartiger Forschung dort, aber auch auf der aktuellen Stärke. Innerhalb der Business School ist dieser Forschungsbereich in der ‚People, Management and Organisations'-Abteilung verortet (insgesamt 51 Personen), dort wiederum als ‚Human Resource Management, Employment Relations and Law' (20 Personen) deklariert. Gleichzeitig sind die Forschenden dieses Bereichs überwiegend in ein seit 1994 bestehendes einschlägiges Forschungszentrum institutionell eingegliedert, dem ‚European Work and Employment Research Center' (18 Personen, plus Doktoranden und internationale Assoziierte). Dieses Zentrum beschäftigt sich mit verschiedensten Facetten von Arbeit im nationalen und internationalen Vergleich (Schwerpunkte: ‚Managing the Changing Workplace', ‚Gender, Welfare and Care', ‚Industrial Relations and Decent Work', ‚Globalisation and Comparative Employment Systems').

Die Selbstverortung solcher Forschung in Manchester lässt sich, in Anlehnung an deren Homepage, als ‚interdisziplinär' (Forschende aus den Bereichen Management, Labour Economics, Sociology, Geography, Industrial Relations), ‚international' und ‚komparativ' beschreiben. Die Zielsetzung orientiert sich sowohl an ‚high profile policy reports', wie auch an ‚high quality academic outputs' (Elektronische Quelle 1). Um diese Ziele zu erreichen, wird traditionell sowohl mit Fallstudien geforscht wie auch mit quantitativen Methoden.

6.1.1.2 Das Bezugsprojekt: ‚Changing Organizational Forms and the Reshaping of Work'

Finanziert wurde das hier betrachtete Projekt durch den Economic and Social Research Council (ESRC), und zwar im Rahmen des großangelegten ‚Future of Work'-Programme. Die Laufzeit ging über drei Jahre (Mai 1999 bis April 2002), mit einer für ein grundlagentheoretisches Forschungsprojekt entsprechenden Ausstattung. Gewählt wurde dieses Projekt, da es für das Vorgehen im EWERC in Manchester kennzeichnend ist – sowohl in den beteiligten Forschenden, der (multidisziplinären) Zusammensetzung der Gruppe wie auch im Anspruch theoretisch fundiert zu forschen und Theoriekonzepte durch Fallstudienforschung (weiter) zu entwickeln.

Für das Sampling interessant ist außerdem, dass das hier betrachtete Projektteam sehr groß ist. Wie in den Ausführungen in Kapitel 2 deutlich wurde, kann angenommen werden, dass die Teamgröße die Form der Kooperation beeinflusst. Das Forschungsteam setzte sich aus insgesamt elf männlichen und weiblichen Forschenden aus verschiedenen Disziplinen mit unterschiedlichen theoretischen Orientierungen und Interessen, unterschiedlichem empirischen Erfahrungswissen und divergierenden Qualifikationsstufen (davon vier Professorinnen und Professoren) zusammen. Dabei war die Mehrzahl der Teammitglieder schon vor Projektbeginn an der Universität Manchester tätig gewesen, andere (v.a. ‚research assistants') wurden für das Projekt hinzugewonnen. Insgesamt kann das Projektteam als äußerst heterogen beschrieben werden, allerdings mit einem festen Kollegenkreis, der sich über lange Jahre bekannt war. Teile der Gruppe hatten schon vor dem ausgewählten Bezugsprojekt in verschiedenen Formen zusammengearbeitet, andere Teile nicht. Bezüglich der methodischen Positionierung ist eine enorme Vielfalt im Team zu verzeichnen. Nach den eigenen Präferenzen befragt, wurden Vorlieben für ethnographisch orientierte Studien, aber auch ‚mixed-methods' Orientierungen oder die Bevorzugung von diskursiven Inhaltsanalysen genannt.

Interviewt wurden für diese Fallstudie fünf Wissenschaftlerinnen und Wissenschaftler, die im Projekt mit unterschiedlichen Rollen und Positionen bedacht waren: die Projektleitung sowie vier beteiligte MitarbeiterInnen (davon zwei neu eingestellte ‚research associates' und zwei mit längerer Forschungserfahrung in Manchester). Die disziplinären Hintergründe der Interviewten reichen von einem Abschluss in Chemical Engineering oder Mathematik bis hin zu Economics, Industrial Relations und Soziologie.

Forschungsgegenstand und methodisches Vorgehen

Im Zentrum des Projekts standen Veränderungen von Organisationsformen, die, so die Ausgangsannahme, immer stärker netzwerkartig werden. Dabei wurden Organisationen nicht als Entität verstanden, sondern als aus emergierenden Praktiken bestehend, die potenziell konflikthaft sind. Dementsprechend wurden die mannigfaltigen Prozesse der Aufweichung von Grenzen und Fragmentierung von Tätigkeitsbereichen und Tätigkeiten betrachtet (und die Folgen für Organisation, Arbeitgeber- und Arbeitnehmerschaft):

> „We focus principally upon the processes of fragmentation and the blurring of boundaries as organizations introduce changes that increase their immediate dependence upon other organizations with the intention of reducing risk, acquiring knowledge and facilitating learning, raising profitability, and/or cutting costs while also improving product/service quality" (Grimshaw et al. 2005, 3).

Der Analysefokus lag auf interorganisationalen Beziehungen, insbesondere mit Blick auf marktvermittelte Austauschformen von Gütern und Dienstleistungen zwischen Zulieferern, Subkontraktoren und anderen Partnern. Das Sampling enthielt unterschiedlichste Beschäftigungsformen und Vertragskonstruktionen mit Zulieferern, Franchisern, öffentlichen Stakeholdern, privaten Anbietern, denn Zweck war es zu analysieren,

> „(...) how more complex and potentially permeable organizational forms influence work and employment, and how shifting tensions in the employment relationship can affect the performance of ‚new' organizational forms" (Grimshaw et al. 2005, 20).

Um diesem Forschungsgegenstand gerecht zu werden, wurden acht ‚Netzwerkfallstudien' von interorganisationalen Organisationsformen angefertigt. Dazu wurden insgesamt 450 Beschäftigten- und Experteninterviews aus fast 60 ‚employing organizations across the different sites of employment' durchgeführt. Als besonders wesentlich galt die angemessene Einbeziehung des institutionellen Kontexts der Fallstudien (national und lokal). Zwar bestand nicht die Ambition zu repräsentativen Ergebnissen, angenommen wurde aber, dass das erhobene Material eine generelle und neuartige Lesart zu bisher bestehenden darstellt – nämlich eine kritische Perspektive auf die sonst häufig als ausnehmend erfolgreich beschriebenen ‚neuen' Organisationsformen. Übergeordnetes Ziel des Projekts war es, zu den aktuellen Debatten um die Veränderung von Organisationsformen und die ‚Zukunft von Arbeit' beizutragen, und zwar durch eine Verbindung von organisationssoziologischen und industriesoziologischen Analysen und Theoriekonzepten.

Hier wird bereits ersichtlich, was in diesem Projekt die Arbeit mit Fallstudien prägt: erstens, ein Gegenstand, der sich nicht mit der ‚klassischen' Betriebsfallstudie bearbeiten lässt und daher eigene methodische Weiterentwicklungen nötig macht, und, zweitens, ein ausgewiesenes theoretisches Ziel. Das methodische Vorgehen unterscheidet sich daher nach eigenen Aussagen von üblichen Fallstudien. Es wurde Abstand genommen vom traditionellen Forschungsdesign in diesem Feld, dem organisational definierten Unternehmensfall. Stattdessen sind die acht untersuchten Fälle als ‚oft undurchsichtiges' Netz von interorganisationalen Vertragsarrangements zu verstehen (Grimshaw et al. 2005, 22).

Die Fälle wurden so ausgewählt, dass unterschiedliche organisationale Formen verglichen und kontrastiert werden konnten, z.B. ‚Agencies', ‚Franchising', ‚Outsourcing', ‚Public-private Partnerships', ‚Supply chain partnerships', usw., untersucht an verschiedenen Beispielen (Post Office, Customer Service, Airport, Chemicals, Information Technology, usw.). Die Ausführung eines solchen Beispiels soll den Fokus der Fallstudien deutlich machen, etwa die Analyse von Arbeitszusammenhängen, wie sie sich typischerweise an einem modernen Flughafen finden. Dort kooperiert eine Vielzahl an Organisationen, die verschiedene Aufgabenbereiche übernehmen, z.B. Check-In, Sicherheit, Gepäckabfertigung, Reinigung, usw. Die Beteiligten müssen sehr eng zusammenarbeiten, damit ein pünktlicher Abflug gewährleistet werden kann. Beschäftigte und Tätigkeitsbereiche unterliegen jedoch einem permanenten Kontrakting und Re-Kontrakting, woraus Probleme resultieren (unklare Loyalitäten, wechselnde Zuständigkeiten sowie sich konstant wandelnde Management- und Kooperationsaufgaben). Dieser Fall zeigt exemplarisch, dass die ausgewählten Untersuchungsfälle des Projekts aus jeweils mehr als einer Organisationsform bestehen, was für das Projektteam auch den Mehrwert der Studie ausmacht:

> „Our research design enables us to examine the complexity of employment relations in an environment where contracting an re-contracting are the norm, thereby demonstrating repeatedly the limitations of analyses that are based on the notion of a straightforward relationship between a single employer and its employees“ (Grimshaw et al. 2005, 28 f.).

Da Arbeitsbeziehungen untersucht werden sollten, wurden die Fallstudien zudem so ausgewählt, dass diesbezüglich unterschiedliche Merkmale identifiziert werden konnten (z.B. Unternehmen mit/ohne gewerkschaftliche Vertretung, Organisationen mit qualifizierter/unqualifizierten Beschäftigten, etc.).

Als dominantes Erhebungsinstrument der Studie können leitfadengestützte Interviews gelten. In den meisten Fällen wurden Management und gewerkschaftliche Kontaktpersonen wie auch Beschäftigte interviewt (Verteilung der Interviews auf die Fallstudien siehe Grafik in Marchington et al. 2005, 34 f.). Allerdings finden sich kaum nähere Informationen zu Aufbau und Dauer der Interviews oder deren Auswertung. Methodisches Vorgehen und methodologische Grundlagen bleiben implizit. Ähnliches gilt auch mit Blick auf weitere, für die Allgemeinheit zugängliche Publikationen zu diesem Projekt (Cooke et al. 2004, Hebson et al. 2003, Rubery et al. 2003). In der Regel werden die Fälle vorgestellt und die Anzahl der durchgeführten Interviews genannt. Die Gründe für die Wahl des methodischen Vorgehens werden angedeutet (exploratives Vorgehen, da Ziel das ‚Verstehen' von komplexen Gegenständen, z.B. bei Rubery et al. 2003).

Hier kann die eigene Empirie als Ergänzung dienen: Zu Beginn des Projekts wurden die Verantwortlichkeiten explizit aufgeteilt. Der Antrag war vorab von einem Kern in Manchester ansässigen Professoren formuliert worden, welche dann als ‚Principal Investigators' (im folgenden ‚PI') fungierten. Unter ihnen wurde der Projektkoordinator ausgewählt und festgelegt. Für jeden Untersuchungsfall gab es zudem einen ‚Case Coordinator' (ein ‚Senior Academic') und mindestens einen ‚Researcher' (welche ebenfalls von den ProfessorInnen bestimmt wurden). Im Antrag war neben dem Forschungsziel (wie üblich) auch schon eine Skizze der (Fallstudien-)Methodik vorhanden (z.B. der Mix aus Branchen, kleinen und großen Unternehmen, privaten und öffentlichen Organisationen, gewerkschaftlich und nicht-gewerkschaftlich organisierten Bereichen).

Die PIs betreuten jeweils mehr als einen Fall und arbeiteten dabei mit unterschiedlichen Researchern zusammen. Letzteren kam die Organisation der Einzelfallstudien zu (z.B. Interviewpersonen kontaktieren, Anpassung des Interviewleitfadens, Durchführung der Interviews, dabei Nachfragen durch den Senior Academic). Während die ‚Senior Researcher' den Rahmen des Falles vorgaben, konnten die ‚Juniors' einzelne Aspekte ausgestalten. Alle Mitglieder des Teams versuchten, je nach Möglichkeit, Zugangsmöglichkeiten zu Organisationen zu sichern. Die Anfangsinterviews fanden in der Regel gemeinsam mit einem PI statt. Weitere Interviews wurden teilweise alleine, aber meist in Zweierteams durchgeführt. Von insgesamt 483 wurden mehr als 400 Interviews aufgenommen, deren Transkription outgesourct. Damit Vergleichbarkeit der Daten zwischen den Netzwerkfallstudien gewährt werden konnte, gab es einen Frageleitfaden zur Orientierung mit Themen, die in jedem Interview angesprochen werden sollten (Inhaltliches, aber auch statistische Hintergrundinformationen). Hierauf wurde im Projekt besonders viel Wert gelegt und es oblag den jeweiligen Researchern sicherzustellen, dass diese Fragen tatsächlich gestellt wurden. Zur Klärung der Rahmenbedingungen fanden Dokumentenanalysen statt (vor allem im ergänzenden Sinne). Parallel zur Erhebung und darüber hinaus erwartete die Projektleitung monatlich einen Bericht über die Fortschritte der Untersuchung der Fälle.

Die erste Auswertung erfolgte durch die jeweils für den Einzelfall zuständigen Personen. Die Struktur der Aufbereitung und Darstellung der Fallstudien wurde von einem PI aufgesetzt und anschließend für alle Fälle genutzt. Die Fallstudien wurden auf jeweils mindestens 50 Seiten ausgeführt, es folgte eine individuelle anfängliche Analyse (Themenidentifizierung und Kategorienfixierung). Diese Analyse wurde in der Gruppe vorgestellt und diskutiert. Hier wurde von den anderen Teammitgliedern erwartet, dass diese alle Fallberichte gelesen hatten. Daher wurde auch von ‚kleinen Teams innerhalb des Teams' gesprochen – jede Fallstudie wurde von einer kleinen Gruppe bearbeitet und dann im Gesamtteam diskutiert. In Bezug auf die Auswertung gab es daher formale Meetings und kleinere, informellere Treffen. Die Interpretation wird als diskursiver Abstimmungsakt beschrieben (z.B. von I33). Neben dieser teamförmigen Analyse fanden vertiefte Auswertungen durch Einzelpersonen statt. So zum Beispiel durch einzelne Projektkoordinatoren, die individuell maßgebliche Deutungen generierten.

In der Hauptpublikation zum Projekt (Marchington et al. 2005) werden, nach einer Einleitung in das Thema, die Fälle als Einzelfälle dargestellt und in deren Hauptcharakteristika verglichen. Die Unterkapitel arbeiten wiederum spezifische Dimensionen und inhaltliche Schwerpunkte (z.B. Gender, Qualifikation) fallübergreifend aus. Auch die Zuständigkeiten für diesen Schreibprozess wurden relativ klar von der Projektleitung vorgegeben. Wie schon in vorhergegangen Projektphasen, gab es hier ein klares Projektmanagement mit eindeutiger Aufgabenverteilung. Für die Beiträge im Sammelband konnten Vorschläge für Einzelkapitel bei den Herausgebern ‚eingereicht' werden, welche anschließend von diesem kommentiert wurden. Da die Researcher jeweils in mehr als einen Untersuchungsfall involviert waren, ergaben sich hierbei verschiedene Schreibkonstellationen, in denen sich die gemeinsamen Schreibprozesse auch ganz unterschiedlich darstellten. Jedes Kapitel wurde von einem Herausgeber verantwortlich betreut. Dabei gab es wiederum eine Vorlage, wie die Kapitel zu strukturieren seien. Die vier Herausgeber kamen für einen ‚Away Day' zusammen. Hier wurden die Erstversionen der Kapitel überarbeitet, und das einleitende und abschließende Kapitel gemeinsam skizziert. Formuliert wurden diese dann sequenziell und wiederum vom Projektkoordinator überarbeitet. Für die weitere Publikation von Aufsätzen gab es eine starke Arbeitsteilung, die sehr früh festgelegt worden war. Generell war die Zusammenarbeit in den Phasen der Feldarbeit intensiver, als in anderen Projektphasen. Der Schreibprozess beispielsweise wurde als verhältnismäßig isolierter Prozess beschrieben, an dem auch nicht alle Projektbeteiligten gleich stark beteiligt waren.

Kennzeichen der Zusammenarbeit

Weil sich die Projektmitglieder größtenteils schon bekannt waren und gemeinsame Forschungs- und Lehrerfahrungen hatten, waren sie nach eigener Aussage in der Lage, effizient zusammenzuarbeiten. Seit Anfang der 1990er Jahre blieb der Kern der Forschungseinheit stabil, trotz Fluktuation von Personal. Daher arbeiteten die Mitarbeiterinnen und Mitarbeiter des EWERC zirkulär in verschiedenen Konstellationen und Zeitspannen an verschiedenen Forschungsprojekten zusammen. Aber nicht nur Forschung, sondern auch Lehre wurde und wird (in Teilen) in Teamkonstellationen durchgeführt. Weil viele Projekte eng getaktet und streng finanziert sind, ist ein stabiles Kernteam, nach den Aussagen der Interviewten, von Vorteil: Nicht nur hat man über die Jahre hinweg Zeit, sich über wissenschaftliche Standpunkte auszutauschen, es findet zudem eine ähnliche Sozialisation statt – man teilt „eine gemeinsame Sprache" (I14, 246). Auf diese Weise konnte in Manchester im Kernteam eine gemeinsame Perspektive entstehen, die auch explizit für neue Mitarbeitende formuliert und kommuniziert wird. Das bedeutet wiederum, dass sich neue Mitarbeiterinnen und Mitarbeiter an die vorhandenen Standards, an sprachliche und kulturelle Spezifika anpassen müssen, so auch im ‚Future of Work'-Projekt (z.B. I27).

Traditionell haben im Bereich der Industriellen Beziehungen in Manchester Forschende mit ganz unterschiedlichen fachlichen Hintergründen gearbeitet. Dies ist auch im betrachteten Projekt der Fall. Daher wird das Team auch als ‚multidisziplinär' beschrieben. Dass sowohl im übergeordneten Forschungsteam, wie auch in diesem spezifischen Projektteam dennoch große Unterschiede bezüglich der disziplinären Hintergründe, der theoretischen Sichtweisen und der methodischen Verortung bestehen, wird als positiv wahrgenommen. Diese Heterogenität der Teammitglieder führt jedoch auch dazu, dass es im Forschungsprozess nicht immer einfach ist, einen ‚gemeinsamen Nenner' zu finden. Um dies sicherzustellen, setzt man in Manchester auf straffe Projektorganisation, auch als

„managing coherence“ bezeichnet (I14, 129). Dies beruht auf der Überzeugung, dass zu große Heterogenität zu Abstrichen in Forschungsergebnissen führen kann. In der Wahrnehmung der Interviewten (ähnlich in der einschlägigen Literatur, siehe Kap. 2) macht auch die Größe des Teams ein systematisches Projektmanagement nötig. Als besonders wichtig in großen Teams wird dabei gesehen, dass man sich sehr früh über den Publikationsoutput verständigt und klare Teamrollen bestehen (Projektkoordinator/in, Principal Investigators, Senior researcher, Junior researcher, Research assistant). Dem Projektkoordinator und damit Projektmanager wird eine wichtige Rolle zugesprochen.

6.1.1.3 Forschungsstil des ‚Team 1‘

Da intern eine Verständigung auf ein Forschungsprofil des Bereichs stattgefunden hat, fällt es den Interviewten in der Regel nicht sonderlich schwer, dessen Kennzeichen zu artikulieren. Immer wieder werden die folgenden Stichworte genannt: ‚comparative‘, ‚interpretive‘, ‚qualitative‘, ‚mixed-methods‘, ‚long standing tradition of case study research‘. Welchem Schwerpunkt mehr Gewicht eingeräumt wird, unterscheidet sich bei den Interviewpartnern (‚comparative‘ mit einer stärkeren quantitativen, institutionellen Orientierung bzw. ‚interpretive‘ mit der Fallstudie als bevorzugtem Forschungsdesign). Grundsätzlich gilt jedoch, dass es mit Blick auf die verschiedenen methodischen Zugangsweisen einen wechselseitigen Respekt gibt, bis hin zu der Annahme, dass die Verbindung von Methoden aus dem qualitativen und quantitativen Paradigma die Idealform darstellt. Dieses doch stark explizierte Verständnis des Forschungsprofils, kann auch als Teil der dort typischen starken Führung interpretiert werden, die auch Teamentwicklung beinhaltet.

Was den gemeinsamen Forschungsstil, die Art wie Fallstudien verstanden und gemacht werden bzw. die Art wie im Team zusammengearbeitet wird, darüber hinaus prägt, das scheint weniger eine geteilte ‚Forschungsphilosophie‘ zu sein als mehr ein ähnliches Verständnis im forschungspraktischen Vorgehen:

> „It's a very kind of interpretive type of approach, I think. But it is also very rooted in fact. (…) You know, you can interview someone and ask for their pay. They'll say it's not high enough. WE will say ‘What is your average pay’? (…) But it's also, I think, maybe because we've worked together for so long, we move quickly to the research question. We are not kind of grounded theory in a sense being ‘Well, let's just see what happens’, we are very clear about the objectives we want to achieve“ (I7, 235).

Neben der interpretativen Orientierung, die in einer strukturierten Form vertreten wird, wird hier ein weiteres Kennzeichen des Manchesterteams deutlich, nämlich deren starke Outputorientierung: „We always thought about outputs. That really has been a Manchester tradition. And lately even more because of the RAE“ (I7, 267; der ‚Research Assessment Exercise‘, der nationalen Wissenschaftsevaluation in Britannien, Anmerkung J.P.; dazu mehr in Kap. 6 und Kap. 7). Andererseits werden auch gemeinsame Werte und Anschauungen als Teil der Forschungsstils genannt. Und zwar im Sinne von politischen Orientierungen und Erkenntnisinteressen, aber mehr noch im Sinne von geteilten Vorstellungen, wie man mit Kollegen umgeht und deren Forschung behandelt (professioneller Respekt gegenüber der Arbeit Anderer, auch wenn dies nicht der eigenen Theorierichtung oder Methodenposition entspricht).

Die Haupterhebungsinstrumente, die im Rahmen von Fallstudien zum Einsatz kommen, sind leitfadengestützte Interviews und Dokumentenanalyse, zuweilen ergänzt durch quantitative Anteile, selten durch Gruppendiskussionen. In verschiedenen Zusammensetzungen anderer Fallstudienprojekte in Manchester wird vergleichsweise ähnlich methodisch vorgegangen (z.B. keine teilnehmende Beobachtung o.ä. als methodisches Instrument). Dies ist durch den Forschungsgegenstand bedingt, aber eben auch durch den oben ausgedrückten Wunsch, interpretativ und gleichzeitig faktenorientiert zu arbeiten. Besonders offensichtlich wird dies in einem weiteren Projekt, in dem mehrere Mitglieder des Kernteams zusammenarbeiteten und Fallstudien unter anderem als ‚Case Study Survey‘ anlegten, also mit einer breiten Basis und einem stark vergleichenden Aspekt. Die Orientierung ‚strukturiert interpretativ‘ zu forschen, zeigt sich selbstverständlich auch im Future of Work-Projekt selbst: Die Fokussierung auf eine vergleichsweise geringe Fallzahl (acht Fallstudien) zeugt von einer interpretativen Orientierung, wobei gleichzeitig fast 500 Interviews geführt wurden, eine Anzahl, die eine breite Vergleichsbasis generiert. Zudem befördert die Art der Durchführung der Interviews dieses Erkenntnisinteresse: einerseits strikte Orientierung am Leitfaden, andererseits viele Nachfragen hierzu, ergänzt durch Dokumentenanalysen rechtlicher Rahmenbedingungen, etc. Auch in der Kooperation im Team zeigen sich einerseits ausgeprägte Führung, Aufgabenteilung, Formalisierung und Outputorientierung und andererseits eine Offenheit und Akzeptanz anderer theoretischer und methodischer Standpunkte.

6.1.2 Team 2

6.1.2.1 Institutionelle Verortung

Die Business School der Universität Leeds gehört zu den aufstrebenden Zentren für Employment Relations und aktuell zu den Top 15 Business Schools des Landes (RAE 2008). Gleichzeitig gibt es auch hier eine langjährige Tradition an industriesoziologischen Fallstudien, die organisational im Bereich der ‚Work and Employment-Division‘ innerhalb der Business School zu verorten ist. Mit knapp 20 Personen ist dieser Bereich ähnlich groß wie in Manchester. Ebenfalls ähnlich wie in Manchester sind auch in Leeds die Forschenden in ein (relativ neu gegründetes) Forschungszentrum eingebettet, dem Center für Employment Relations, Innovation and Change (CERIC) (über 20 Personen plus Assoziierte, Doktoranden und internationale Netzwerke).

Nach eigener Aussage steht im Vordergrund, durch „high-quality research, teaching and knowledge transfer, to contemporary national and international debates around the changing dynamics and future, of work, employment and labour markets“ beizutragen, und „analytically rigorous research of genuine relevance to policy and practitioner concerns“ zu generieren. Besonders sei dabei, dass „employment processes and outcomes within a broader regulatory and structural context“ verstanden würden (Elektronische Quelle 2). Inhaltlich geht es unter anderem um Modernisierung von Arbeitsbeziehungen und betriebliche Reorganisations- und Innovationsprozesse. Vergleichbar mit dem Forschungsbereich in Manchester ist die Industrial Relations Research in Leeds durch qualitative und quantitative Zugänge charakterisiert.

6.1.2.2 Das Bezugsprojekt: ‚Investing in a Multi-Cultural Barnsley‘

Finanziert wurde dieses Projekt durch das HM Treasury und das Cabinet Office im Rahmen des ‚Invest to Save Budget‘. Es begann 2005 und hatte eine Laufzeit von drei Jahren. Als Bezugsprojekt wurde ‚Investing in a Multi-Cultural Barnsley‘ ausgewählt, weil es für eine typische methodische Vorgehensweise des Forschungsteams in Leeds steht – nämlich die Verknüpfung qualitativer und quantitativer Methoden im Zuge von Forschungsprojekten bzw. eine ‚mixed-methods‘ Orientierung. Ferner, und kontrar zum eben betrachteten, handelt es sich um ein sehr kleines Team. Gerade zwei Forschende waren daran hauptsächlich beteiligt, konzeptionell unterstützt durch den Verantwortlichen für den gesamten Bereich. Die Zusammensetzung des Teams ist interessant, da sie durch eine eigentümliche Mischung von Homogenität (formal gleichberechtigt als ‚Senior Lecturer‘, beide sehr lange in Leeds sozialisiert, mehrfach intensive Zusammenarbeit) und Heterogenität (in ihren disziplinären Hintergründen und methodischen Affinitäten) gekennzeichnet ist. Die beiden Wissenschaftler sind innerhalb des Employment Relations Schwerpunkts in ein lockeres Forschungsteam (von sechs bis sieben Personen) eingebunden, das in ähnlichen personalen Konstellationen immer wieder Projekte durchführt und ein Forschungsprogramm vorantreibt, beispielsweise in Fallstudien über die Erfahrungen von arbeitslos gewordenen Stahlarbeitern, in europäisch vergleichenden Fallstudien zu gewerkschaftlichen Strategien lebenslangen Lernens in der Metall- und Stahlindustrie oder in Fallstudien zur Baubranche in Großbritannien. Dieses Team ist insgesamt abermals interdisziplinär zusammengesetzt.

Interviewt wurden fünf Wissenschaftlerinnen und Wissenschaftler, die entweder direkt am Projekt beteiligt waren oder im engeren Sinne zu dieser Gruppe zu rechnen sind: Ein Hochschullehrer und vier promovierte ‚Lecturer'[49] mit Forschungserfahrung; drei davon haben in Leeds studiert und promoviert, allerdings mit unterschiedlichen disziplinären Schwerpunkten, der vierte Interviewte kam als Post-Doc nach Leeds. Deren theoretische und methodische Orientierungen sind divergierend, alle Vier begrüßen jedoch jegliche Art von empirischer Erhebung.

Forschungsgegenstand und methodisches Vorgehen

In dem Projekt ging es darum, die soziale, ökonomische und arbeitsbezogene Lage von eingewanderten Arbeiterinnen und Arbeitern, Asylsuchenden und Flüchtlingen in einer Region (Barnsley in South Yorkshire) zu erheben, um im Anschluss daran Möglichkeiten der Verbesserung ihrer Situation eruieren zu können:

> „The aim of the IC MB is to encourage better integration through community cohesion, an improved knowledge base, the development of resources to assist new arrivals in Barnsley, and the implementation of a new integration strategy" (MacKenzie/Forde 2007).

Dafür wurden fünf Themenbereiche in die Untersuchung aufgenommen: ‚Use of support services' (welche Art von Unterstützungsleistung wird von den Migranten in Anspruch genommen, in welchem Ausmaß, wie werden diese bewertet?), ‚Housing' (wie wird ggf. das städtische Unterbringungsangebot wahrgenommen, welche Erfahrungen ergeben sich auf der privaten Suche nach Wohnraum?), ‚Access to healthcare' (welche Erfahrungen haben diese mit dem Gesundheitswesen, werden deren Bedürfnisse ausreichend befriedigt?), ‚Access to education and training' (welche Qualifikationen liegen vor? Wie werden diese in ihrer derzeitigen Beschäftigung in Barnsley genutzt? Wie gestaltet sich der Zugang zu Qualifikations- und Bildungsmöglichkeiten?) und, ein Punkt der ausführlich

---

49 ‚Lecturer' bezieht sich auf die formale Berufsbezeichnung. Vergleichbar mit wissenschaftlichen Angestellten in Deutschland beinhaltet die Tätigkeit als Lecturer neben Lehrtätigkeiten auch Forschungstätigkeiten.

behandelt wird, ‚Access to the labour market and experiences of work in the UK' (welche Arbeitserfahrungen und Fähigkeiten waren vorhanden bevor man nach Barnsley kam? Wie viele der Migranten arbeiten aktuell? Wie wurde die jeweilige Arbeitsstelle gefunden? Welche Tätigkeit wird ausgeführt? Entsprechen diese Tätigkeiten der Qualifikation? Wie sehen die Arbeitsbedingungen aus? Welche Probleme sind aufgetreten?). Wichtig erschien dem Projekt die Frage, ob und inwiefern sich diese Erfahrungen bei verschiedenem Status systematisch unterscheiden (z.B. in der Inanspruchnahme von Unterstützungsleistungen).

Um diese Fragen beantworten zu können, wurde ein multimethodisches Vorgehen mit einer Kombination aus qualitativen und quantitativen Daten gewählt. Die Auswahl der Fallstudie als Forschungsstrategie wurde dabei schon durch die Ausschreibung der Forschungsförderung formuliert, entspricht aber den Forschungserfahrungen der am Projekt beteiligten Personen. Als Untersuchungsfall wurde die Situation von Migranten in Barnsley definiert, eine Falldefinition fernab von üblichen Betriebsfallstudien. Die Merkmale des Forschungsdesigns sprechen jedoch durchaus für eine Einordnung als Fallstudie: Der Fall wird multiperspektivisch (von Seiten der Migranten, Arbeitgeber, Zuständigen im öffentlichen Dienst) über die Kombination verschiedener Erhebungsmethoden analysiert. Dabei wird Wert gelegt auf eine systematische Einbeziehung des Kontexts auf verschiedenen Ebenen (Familie, Betrieb, Gemeinde). Das Vorgehen ist an einer ‚in-depth' Untersuchung orientiert und offen für im Forschungsprozess neu aufkommende Relevanzen. Gleichzeitig werden auch einzelne Unternehmen (und deren Attitüde und Strategien gegenüber Migranten) als Fallstudien präsentiert (MacKenzie/Forde 2009) oder einzelne Biographien und Erfahrungen von Arbeitern (Forde/MacKenzie 2007) (siehe unten).

Im Forschungsbericht wird detailliert über Themen, Art der Interviews, Auswahl der Interviewpartner, etc. Auskunft gegeben. Zwischen Juli 2005 und November 2006 wurden semi-strukturierte Leitfadeninterviews und Gruppendiskussionen mit 46 ‚New Arrivals'[50] geführt. Einige der Interviewten wurden im Projektverlauf mehrfach befragt. Die Interviews hatten typischerweise eine Dauer von 45 Minuten, mit einigen, bis zu 120 Minuten dauernden Ausnahmen; sie wurden meistens durch einen Übersetzer unterstützt. Ausgesucht wurden die Interviewten im Rahmen von Support Group Meetings, beispielsweise des Barnsley Refugee and Asylum Seekers' Support Service (BRASS) oder durch lokale Betriebe. Ein Anreiz zur Teilnahme wurde durch einen Unkostenbeitrag geschaffen. Parallel zu diesen Interviews fanden 24 Experteninterviews mit ‚Community Support Groups', ‚Labour Market Agencies', ‚Government Bodies'

50 Der Begriff ‚New Arrivals' ist, nach Aussage der Forschenden selbst, irreführend. Der Aufenthalt der Interviewten in Barnsley variierte von einem Tag bis zu 15 Jahren.

und ,Local Employers' statt. Hier unterschieden sich die Themen und Leitfäden je nach Rolle, Funktion und Institution der befragten Experten. Ziel dieser Interviews war es, ein tiefgreifendes Verständnis der Rolle verschiedener support groups und agencies und wiederum einen Einblick in deren Erfahrungen mit ,New Arrivals' zu gewinnen. Diese Interviews dauerten zwischen 15 und 120 Minuten.

Der Vorteil des Leitfadeninterviews im Rahmen des Projekts wurde über dessen methodologische Kennzeichen begründet – der Leitfaden unterstützt, dass feste Schlüsselthemen immer zur Sprache gebracht werden, bleibt aber dennoch offen für Relevanzsetzungen aus Sicht der Interviewpartner (vgl. auch Liebold/Trinczek 2002, die dies ,geschlossene Offenheit' nennen). Die Interviews mit Migranten wurden weniger strukturiert, als dies bei Experteninterviews der Fall war. Die Erhebungstechnik bei ersteren war näher an einem biographischen Ansatz orientiert. Verwiesen wird dabei etwa auf Miller (2000), der ein solches Verfahren in seiner Veröffentlichung zur Beforschung von ,Life Stories and Family Histories' innerhalb des qualitativen Paradigmas verortet, aber auch spezielle Charakteristika ausmacht, zum Beispiel das Ziel einer zeit- und situationsgebundenen Narration, die das Wechselverhältnis von Individuum und Sozialstruktur aufzugreifen vermag und in der Lage ist, Veränderungen im Verlauf unterschiedlicher Lebensphasen zu erfassen (vgl. Martinez et al. 2007).

Zwischen Mai und Juli 2006 fand zudem eine schriftliche Befragung von ,New Arrivals' statt. Der standardisierte Fragebogen wurde dabei in farsi, russisch und polnisch übersetzt und in 400 Ausführungen über Betriebe, Agenturen und auf Gemeindeveranstaltungen verteilt. Der Rücklauf betrug 113 und damit eine Quote von 28 Prozent. Insgesamt wurde die Zahl solcher ,New Arrivals' in Barnsley auf circa 2000 geschätzt. Hiermit wurden generelle Erfahrungen mit Work, Housing, Medicine und Support erhoben, aber auch individuelle Merkmale, wie Qualifikation, etc. (zu den Ergebnissen siehe MacKenzie/Forde 2007).

Der Ansatz des Methodenmixes wurde vor allem mit einem Zugewinn an Informationen begründet – die Kombination aus Interviews, Fokusgruppen und der schriftlichen Befragung erlaubte es dem Forschungsteam „(…) to build up a detailed picture of the social and economic experiences of asylum seekers, migrant workers and refugees" (MacKenzie/Forde 2007, 8). In diesem Zuge wurden auch die Möglichkeiten und Grenzen einer Generalisierung (auf alle Einwanderer in Barnsley bzw. darüber hinaus) thematisiert. Die Möglichkeit im statistischen Sinne zu verallgemeinern erscheint dem Forschungsteam eingeschränkt – nicht nur aufgrund der bestehenden Datenlage, sondern auch aufgrund der hohen Bedeutung des Kontexts (d.h. von breiteren sozioökonomischen Entwicklungen). Stattdessen könne jedoch von einer ,thematischen' Generalisierbarkeit ausgegangen werden, die für die Analyse ähnlicher Situationen und Veränderungen Impulse geben kann (MacKenzie/Forde 2009, 147).

Die Erstellung des qualitativen Leitfadens und des standardisierten Fragebogens erfolgte in Arbeitsteilung, mit wechselseitiger Rückkopplung und Diskussion im Zweierteam. Diese Aufgabenteilung entspricht den methodischen Erfahrungen und -präferenzen der beiden Forschenden. Die Feldphase wurde zu zweit begangen. Dies wird als wichtig beschrieben; einerseits, weil schon in der Interviewsituation Perspektiven ergänzt werden können, aber auch weil anschließend Wahrnehmungen abgeglichen werden können. Von besonderer Bedeutung ist dies, da nur etwa die Hälfte der Interviews aufgenommen werden konnte. Viele für das Projekt nützliche Informationen wurden zudem durch informelle Gespräche und unstrukturierte Beobachtungen gewonnen, etwa auf Gemeindeveranstaltungen, Weiterbildungsseminaren oder Hilfegruppen. Hier wurden Protokolle direkt im Anschluss angefertigt. Auch bei den Interviews mit Migranten wurde auf große Flexibilität gesetzt.

In diesem Projekt wurde demzufolge einerseits standardisiert erhoben und ausgewertet, andererseits sehr offen, gleichsam ethnographisch orientiert, vorgegangen. Ein solch offenes Vorgehen in der Erhebung funktioniert nach eigenen Angaben nur aufgrund der großen (gemeinsamen) Forschungserfahrung der Wissenschaftler und weil das Team klein ist. Hinzu kommt, dass keine hierarchischen Barrieren vorhanden waren. So konnten die unterschiedlichen disziplinären und methodischen Hintergründe durch Austausch, Diskussion und gemeinsame Arbeit am Forschungsgegenstand ausgeglichen und fruchtbar gemacht werden. Dabei wird in den Interviews aber auch darauf verwiesen, dass qualitative und quantitative Überzeugungen und Vorgehensweisen nicht immer einfach zu verbinden waren.

Die Datenerhebung und Analyse verliefen parallel und zielgerichtet auf die Deadline der Forschungsförderung. Das Schreiben des Endberichts und die Publikation der Aufsätze waren arbeitsteilig strukturiert und jeweils von einer Person geleitet. Die praxisrelevanten Ergebnisse der Studie wurden in einem Forschungsbericht publiziert, darüber hinaus wurden Einzelaspekte zur Publikationen in wissenschaftlichen Zeitschriften ausgewertet. Neben ihrer Praxisrelevanz hat die Studie auch methodische Implikationen, wird sie doch seither als Best Practice für die Erhebung der Situation und Erfahrungen von ‚New Arrivals' gesehen.

Kennzeichen der Zusammenarbeit

In diesem Team wird eine phasenspezifische Strukturierung von Teamarbeit im Zuge von Fallstudienforschung deutlich. In der Feldphase und in der Kombination der beiden Zugänge im Zuge der Interpretation wird intensiv gemeinsam gearbeitet, in anderen Phasen, wie der Konzeption der Erhebungsinstrumente oder im Schreibprozess, lässt sich hingegen Arbeitsteilung beobachten. Die Arbeit wird pragmatisch und nach individuellen Kompetenzen aufgeteilt. Dabei gibt es im Forschungsalltag keine Projektleitung, sondern gleichberechtigtes Vorgehen. Dies ist möglich aufgrund der langjährigen, intensiven gemeinsamen Arbeitserfahrung und Sozialisation in Leeds und naheliegend aufgrund von strukturellen Ähnlichkeiten (Alter, Qualifikation). Dass die beiden Forschenden einen unterschiedlichen disziplinären Hintergrund haben und differente methodische Affinitäten, wird als Vor- und Nachteil formuliert: Inhaltliche und methodische Schwerpunkte ergeben sich ‚quasi natürlich'. Diese Komplementarität (qualitatives/quantitatives Design) ermöglicht jedem der Forschenden die Leitung von Teilphasen der Untersuchung, in Konzeption und Auswertung. Diese Form der Arbeits- und Kompetenzenteilung führt jedoch auch nach Jahren der gemeinsamen Zusammenarbeit zu Herausforderungen und Diskussionsbedarf bezüglich der jeweiligen Verortung, Konflikte verlaufen immer wieder entlang der Achse unterschiedlicher Paradigmen. Begründet wird dies damit, dass sich teilweise die ‚Sprachen' unterscheiden, mehr noch, das grundlegende Verständnis zwischen Paradigmen und Disziplinen.

6.1.2.3 Forschungsstil des ‚Team 2'

Es deuten sich wesentliche Aspekte eines Leedser Forschungsstils anhand des Bezugsprojekts an. Zunächst ist eine Präferenz für die Kombination verschiedener Methodenparadigmen, für die Verknüpfung von qualitativen und quantitativen Analysen, zu erkennen. Nach der methodischen Verortung des Teams befragt, wird eine ‚mixed-methods' Orientierung vertreten – beide Formen der Datenerhebung werden als ebenbürtig verstanden. Die Reputation der Gruppe beruht jedoch auf Fallstudienforschung. Die Definition von Fallstudien ist dabei außergewöhnlich breit und sie kommen in ganz unterschiedlichen Formen zum Einsatz: Fälle können Länder (Leisink/Greenwood 2007), Organisationen (Perrett/Martinez 2008,), Gewerkschaften (Martinez 2003), Branchen (MacKenzie 2002), Gemeinden (MacKenzie/Forde 2009) oder Individuen (Gardiner et al. 2009) sein. Auch innerhalb einer Studie werden auf mehreren Ebenen flexibel Fallstudien konzipiert und Fälle angelegt – je nach Auswertungsinteresse. Die interpretativen Verfahren, die insbesondere in Form von Fallstudiendesigns zum Einsatz kommen, werden sehr offen eingesetzt, teilweise durch ein ethnographisches Verständnis geprägt. Andererseits werden Fallstudien, dem multimethodischen Ansatz entsprechend, durch standardisierte Teilauswertungen ergänzt.

Als methodische Hauptinstrument der Studien können in der Regel leitfadengestützte Interviews gelten, die üblicherweise mit Dokumentenanalyse und (extensiver) nicht-teilnehmender Beobachtung verbunden werden. Wie offen bzw. strukturiert die Interviews geleitet werden, unterscheidet sich innerhalb des Forschungsteams. Informelle Gespräche und Eindrücke der Beobachtungen werden systematisch integriert und ihnen hoher Wert beigemessen. Die Auswertung der qualitativen Daten erfolgt dabei an einem naturalistischen Grundverständnis orientiert und vergleichsweise offen, beispielsweise oftmals nicht anhand von computergestützten Analyseprogrammen, sondern, im Vergleich zu Manchester und Warwick, sehr assoziativ und diskursiv. Dieses Vorgehen funktioniert für die Beteiligten, weil die unterschiedlichen Teams klein sind und immer wieder an ähnlichen inhaltlichen Schwerpunkten gemeinsam arbeiten. Das methodische Vorgehen wird als ‚eclectic' beschrieben, „(...) combining a realist reconstruction of empirical facts and a narrative focus on interviewees' interpretation of events and processes" (Gardiner et al. 2009, 732). Dies entspricht dem Anspruch mikrosoziologische Prozesse in ihrem gesellschaftlichen Kontext zu verorten und in dieser Verbindung zu analysieren (‚Contextualizing' wird mehrfach als Ziel formuliert, z.B. MacKenzie/Forde 2009). Dieses Ziel umzusetzen, dafür bietet sich Methodenkombination an. Fallstudien sind nach wie vor ein prominentes Untersuchungsdesign, die jedoch zunehmend einen quantitativen Teil integrieren (z.B. I23, I28). Im erkenntnistheoretischen Interesse steht außerdem eine Praxisorientierung im Sinne von Policy-Beratung bzw. die Verbindung von Wissenschaft und Praxis: „Always an emphasis on engaging with the greater public. Both in terms of work that is of relevance for policy debate and in terms of conducting work commissioned by policy people or trade unions or local authorities" (I22, 91). Dazu wird häufig (international) vergleichende Forschung ausgeführt.

Sowohl das Projektteam wie auch maßgebliche Teile des größeren Forschungszusammenhangs kennzeichnen sich durch eine (disziplinäre und, in Teilen, methodische) Heterogenität. Die Gruppe wird jedoch als ‚kohärent' beschrieben, da viele Interessen geteilt werden. Es wird explizit darauf geachtet, das Team bei einer bestimmten Größe zu belassen bzw. „(...) to balance a critical mass between growing, because we have a lot work to do, and maintaining some sort of coherency" (I22, 98). Das Profil der Forschungsgruppe wurde intern diskutiert. Allerdings weniger mit Blick auf die methodische Positionierung, als auf generelle Inhalte und Werte (z.B. keine Forschung für den Elfenbeinturm zu machen). Hervorzuheben ist die Offenheit des Umgangs und in der Kooperation im Projektteam, wie sie sich nur ergeben kann, wenn auch die ‚persönliche Chemie' stimmt. Das Verhältnis untereinander ist kollegial. In den Interviews wird darauf verwiesen, dass die intensive wechselseitige Auseinandersetzung mit dem (theoretischen und methodischen) Hintergrund des Anderen, bei gleichzeitiger Akzeptanz, die Innovativität von Studien befördern kann (im Forschungsdesign, dem Erhebungsprozess, der Interpretation).

6.1.3 Team 3

6.1.3.1 Institutionelle Verortung

Die Warwick Business School gehört zu den alteingesessenen und renommierten Forschungs- und Lehreinheiten für Industrial Relations in Großbritannien. In der letzten nationalen Wissenschaftsevaluation konnte sich die Business School den fünften Platz sichern (RAE 2008). Die Arbeitsforschung in Warwick wurde (in Selbst- und Fremdwahrnehmung) traditionell durch einen starken empirischen Fokus geprägt (siehe dazu auch Kap. 3). Dies drückt sich in einer doppelten methodischen Forschungstradition aus: schon seit den 1970er Jahren gehören neben qualitativen Analysen (meist in Form von Fallstudien) auch quantitative Studien zum festen Bestand. Beides erfolgt zunehmend komparativ bis hin zu multinationalen Analysen. Institutionell gebündelt wird diese Forschung in der sog. ‚Industrial Relations Research Unit' (IRRU) mit etwa 18 Wissenschaftlerinnen und Wissenschaftlern, einem Forschungszentrum innerhalb des Forschungsbereichs ‚Industrial Relations and Organizational Behaviour' (IROB) mit knapp 30 Wissenschaftlern und gut 20 Doktoranden.

Inhaltlich werden laut Darstellung auf der Homepage fünf Schwerpunkte verfolgt: ‚Europeanisation and internationalisation of employment relations', ‚Equality, inequality and diversity in employment', ‚Evolving forms of employee representation and voice', ‚Small firms, payments systems and employment relations' und ‚Legal regulation of the employment relationship'. Zu den fünf inhaltlich eingegrenzten Gebieten wird explizit ein sechster, methodischer, Bereich hinzugefügt: ‚Advancing research methodology in employment relations'. Akzentuiert wird hier insbesondere der quantitative Strang; daneben ‚neuartige' Orientierungen, wie ‚empirical realist' oder ‚gender sensitive approaches'. Die Einheit möchte das Verständnis über den Wandel von Arbeit und Beschäftigung vorantreiben, und zwar durch „in-depth, critical and theoretically informed, empirical research" mit einem Fokus auf „comparative, and especially European issues" und „improving analysis available for policy-making by government, employers and trade unions" (Elektronische Quelle 3). Unterstrichen wird dabei auch langfristig angelegte und interdisziplinäre Forschung. Neben der Forschungsleistung beruht die Reputation der IRRU auch auf Lehre beziehungsweise anerkannten Lehrbüchern (siehe z.B. Colling/Terry 2010, Edwards 2003 oder Marginson/Sisson 2004).

6.1.3.2 Das Bezugsprojekt: ‚Information and Consultation of Employee Regulations'

Das politiknahe Projekt wurde von 2006 bis 2010 über das ‚Department for Business, Enterprise and Regulatory Reform', den ‚Advisory, Conciliation and Arbitration Service' und das ‚Chartered Institute of Personnel and Development' finanziert. Das Projekt hatte einen Vorläufer am IRRU, eine Untersuchung zur Arbeit von europäischen Betriebsräten in multinationalen Unternehmen, die ihren Hauptsitz in Großbritannien haben. Gefördert wurde dieses im Rahmen des ESRC Research Centre funding, welches das IRRU von 1989 bis 2000 genoss.

Im Team dieses Bezugsprojekts haben im zeitlichen Verlauf sechs Forschende gearbeitet. Ein Forschender verließ das Projekt nach dem ersten Jahr aufgrund anderer beruflicher Perspektiven, ein Freelancer war von Zeit zu Zeit bei der Erhebung eingebunden, ein Professor inzwischen emeritiert. Das ICE-Projekt eignet sich als Bezugsprojekt, da es das Sampling verschiedener Fallstudienforschungsarten ergänzend abrundet (Stichwort: Längsschnittfallstudie). Es verdeutlicht zudem, mit welcher Forschungshaltung und welchem Verständnis in der IRRU-Einheit Fallstudienforschung betrieben wird und steht inhaltlich für den dezidierten Schwerpunkt Warwicker Industrial Relations Forschung, die lange Zeit als dominierend galt und sich insbesondere auch bei der Fallstudienforschung hervorgetan hat. Diese Projektgruppe ist ebenfalls durch eine besondere Mischung von Homogenität und Heterogenität gekennzeichnet – allerdings anders als die Teams in Manchester und Leeds. Denn während erstere personell zumindest in ihrem Kern über längere Zeit vergleichsweise stabil waren, ist das hier betrachtete Team nur zur Hälfte ‚eingesessenes' Warwick. Die aus Warwick kommenden Forschenden hatten zuvor auch noch kein gemeinsames empirisches Projekt abgewickelt. Die anderen Teammitglieder hatten hingegen schon intensiv zusammengearbeitet – allerdings an einer anderen Institution. Ein Forschender gehörte formal nicht zur Universität Warwick. Das Team symbolisiert somit eine für Großbritannien typische Forschungskonstellation, die durch hohe Fluktuation und Mobilität gekennzeichnet ist (mehr dazu später); gleichzeitig macht es diese Situation schwierig, von einem ‚Warwicker Forschungsstil' zu sprechen.

Interviewt wurden drei Wissenschaftlerinnen und Wissenschaftler, zwei Professoren und ein Lecturer, die in unterschiedlichen Rollen direkt am Projekt beteiligt waren und unterschiedliche lange in Warwick arbeiten. Deren disziplinäre Verortung ist vielseitig und die methodische Verortung der Teammitglieder deckt ein breites Spektrum ab (von der Selbstpositionierung als ‚qualitativer

Fallstudienforscher‘ bis hin zur quantitativen Orientierung). Kennzeichnend ist für alle Interviewten eine jahrelange Praxiserfahrung.

Forschungsgegenstand und methodisches Vorgehen

Das Projekt zielte darauf, unterschiedliche Reaktionen von mittelgroßen Organisationen auf die seit 2004 neuen rechtlichen Regulationen bezüglich der Information und Konsultation von Arbeitnehmern darzustellen und zu untersuchen. Dabei wurden insbesondere die folgenden Aspekte beleuchtet:

> „(...) how the strategic choices of management, employees and trade unions (where present) determine the organisation's approach to I&C; the key features and practical operations of organisations' I&C arrangements; and the impact of I&C practices on management decision-making employee commitment, employment relations climate and organisational effectiveness“ (Hall et al. 2009, VI).

Die Studie verdeutlicht erfolgreiche und weniger erfolgreiche Strategien und Arrangements (zu den Ergebnissen siehe Hall 2006, Hall et al. 2009, Hall et al. 2010). Dem Forschungsgegenstand entsprechend, der Implementierung von ICE-Regulationen und Erfahrungen hierbei, wurden die Fallstudien als ‚Längsschnitt-Fallstudien‘ konzipiert. Das Projekt kam in Folge einer Ausschreibung zustande. Dafür haben drei formal in Warwick angesiedelte Professoren zusammengearbeitet, der überwiegende Teil des Antrages wurde vom späteren Principal Investigator formuliert. In der Ausschreibung der Förderer war das Forschungsdesign schon detailliert vorgegeben. Gleichwohl war durch das Vorläuferprojekt zu ‚European Work Councils‘ auch Erfahrung mit Längsschnitt-Fallstudiendesigns vorhanden; diese Vorgehensweise hatte sich bewährt, denn Informations- und Konsultationsprozesse über mehrere Jahre hinweg zu verfolgen

> „(...) will enable a portrait to be constructed on a ‚long exposure‘, better capturing the range of issues which tend to arise and the ways in which they are handled than would a single, moment-in-time snapshot“ (Marginson et al. 2004, 215).

Die 25 Betriebsfälle wurden ausgewählt, weil sie kürzlich neue I&C-Körper eingeführt hatten, bildeten aber ein breites Spektrum an Variablen ab (Wirtschaftszweig, Unternehmensform, gewerkschaftlicher Organisationsgrad). Die Fallstudienbetriebe wurden jeweils über zwei Jahre begleitet, um mittels der Längsschnittdimension Entwicklungen über verschiedene Phasen in denselben Organisationen über einen langen Zeitraum verfolgen zu können. Dazu wurden 13 Unternehmen mit jeweils über 150 Beschäftigten, sieben mit 100 bis 150 Beschäftigten und vier kleinere Fallstudienunternehmen mit jeweils unter 100

Beschäftigten integriert (Vorstellung der einzelnen Fallstudien siehe Hall et al. 2010, 13 ff.).

Als Erhebungsinstrumente der Fallstudien wurden vornehmlich Leitfadeninterviews und Dokumentenanalysen verwendet – und mit standardisierten Beschäftigtenbefragungen kombiniert. So fanden ‚in-depth semi-structured interviews' mit Management, Gewerkschaft (wo vorhanden) und Vertretern der Beschäftigten statt. Dazu wurden zunächst face-to-face Interviews mit Fokus auf dem „business and employment relations context, the particular arrangements established and the factors shaping management and employee/union approaches to information and consultation" durchgeführt, ein Jahr später telefonische Interiminterviews und abermals ein Jahr später wiederum persönliche Interviews in den Betrieben, „to assess the impacts of information and consultation practices in terms of quality of management decision-making, employee commitment, employment relations climate and organisational effectiveness" (Projektbeschreibung auf Homepage). Die Interviewleitfäden für die halbstrukturierten Interviews wurden im Forschungsteam gemeinsam entwickelt, um (trotz der Offenheit eines solchen Designs) Vergleichbarkeit und geteiltes Verständnis sicherzustellen. Dies war insbesondere wichtig, weil eine hohe Anzahl an Fallstudien verwirklicht werden sollte (insgesamt 25), aber auch aus internen Gründen. Zu nennen ist hier die Beteiligung von sechs Forschenden über den Verlauf des Projekts hinweg, aber auch die Zusammenarbeit mit einem Freelancer. Diese Interviewleitfäden wurden in der Gruppe diskutiert und weiterentwickelt. Am Ende stand nicht nur eine Reihe von zu stellenden Leitfragen, sondern auch klare Leitlinien für die Durchführung der Interviews (siehe Hall et al. 2009, 34). Die Interviews wurden in der Regel alleine durchgeführt und auf Band aufgezeichnet. Jeder Betrieb unterlag der Hauptverantwortung eines Forschenden, welcher nicht nur die Interviews durchführte, sondern auf der Basis der Transkriptionen und von Dokumentenanalysen die Fallstudienberichte der Organisationen anfertigte (Vorgabe: mindestens 3000 Wörter). Dieser wurde im Verlauf der Studie stetig überarbeitet und angereichert (Vorgabe: plus mindestens 1500 Wörter Interimsreport) und im Anschluss an die Unternehmen zur Kommentierung gegeben. Alle Projektmitglieder waren an der Erhebung qualitativer Daten beteiligt, wenn auch in unterschiedlichem Ausmaß.

Zu den Fallstudien hinzu wurden in zwei Wellen standardisierte schriftliche Beschäftigtenbefragungen mit ausschließlich geschlossenen Fragen durchgeführt. Die Beschäftigtensurveys fanden jeweils nach den offenen Interviews aber zeitlich früh im Projektverlauf statt, und, wo möglich, mit großem zeitlichem Abstand gegen Ende des Projekts. Dort wurde beispielsweise nach deren Einschätzungen bezüglich im Unternehmen gängigen HR-Praktiken, nach Partizipations- und Informationsmöglichkeiten oder Arbeitnehmervertretung gefragt (siehe für den Fragebogen Hall et al. 2010, 70 ff.). Wo sinnvoll, wurden Fragen aus dem Work and Employment Relations Survey von 2004 übernommen, um größtmögliche Vergleichbarkeit zu generieren. Die schriftlichen Fragebögen wurden über die HR-Manager, oder vergleichbare Funktionsträger, verteilt. Dies mag ein Grund für massive Varianzen im Rücklauf sein, der zwischen 2% und 72% lag. Die standardisierte Erhebung wurde von ein und demselben Forschenden in allen Unternehmen betreut.

Wie schon angedeutet, wurden zunächst die Organisationsfälle erhoben und ausgewertet und dann fallintern und fallübergreifend durch die standardisierte Erhebung angereichert. Zwischenergebnisse wurden diskutiert, deren Ergebnisse flossen wiederum in die weitere Erhebung und Auswertung ein. Für den Schreibprozess der Fallstudienberichte und auch der vom Förderer geforderten Zwischen- und Endberichte wurde eine Struktur aufgelegt und auf die analoge Darstellung geachtet (Hall et al. 2009, 35). Das Schreiben wurde stark arbeitsteilig erledigt, mit wechselseitigen Kommentierungen.

Kennzeichen der Zusammenarbeit

Die Zusammenarbeit in dieser Gruppe wurde maßgeblich durch dessen interne Struktur geprägt: Erstens, war das Projektteam mit drei renommierten und forschungserfahrenen Professoren, bei zeitgleich maximal fünf Teammitgliedern, sehr ‚kopflastig'. Zweitens, trafen Forschungsstile aus mindestens zwei unterschiedlichen institutionellen Teams aufeinander (nur zur Hälfte ‚typisches' Warwick). Drittens, war das Team methodisch komplementär – von qualitativen Forschern bis hin zur ‚mixed-methods' Verortung und Survey-Spezialisten. Gelöst wurden diese Herausforderungen von der Projektleitung über starke Strukturierung des Forschungsprozesses, über klare Vorgaben und Formalisierungen. Die Umsetzung des Forschungsdesigns wurde in keinem anderen Team im Sample so systematisch abgestimmt und durch Leitlinien fixiert. Der Auswertungsprozess war weniger offen, der Schreibprozess stark arbeitsteilig und durch eine Schreibstruktur vorgegeben.

6.1.3.3 Forschungsstil des ‚Team 3'

Die Warwicker Industrial Relations Forschung ist für ihren starken empirischen Fokus bekannt. Geprägt wurde dies in den 1960ern durch die Forschenden der sogenannten ‚Oxford School', die sich teilweise in Warwick ansiedelten (siehe Kap. 3). Seither gilt eine empirische Leitorientierung. Diese Tradition hat dort bis heute überlebt und gilt immer noch als Distinktionsmerkmal, obwohl auch (neue) theoretische Ansätze vermehrt Einzug in Warwicks Forschung in diesem

Bereich finden konnten. Auch die schon seit den 1970ern starke quantitative Industrial Relations Forschung, die unter anderem von William Brown initiiert wurde und zur Gründung des heutzutage regelmäßig stattfindenden Work and Employment Relations Surveys (WERS) führte, trug zu diesem Ruf bei.

Fallstudienforschung in Warwick war immer durch breite Erhebungen und einem Schwerpunkt auf empirische Aussagekraft gekennzeichnet. Eine große Rolle spielte dabei die klassische ‚Betriebsfallstudie' und tut dies auch heute noch (wenn auch z.B. stärker international vergleichend, wie bei Marginson et al. 2004). Dazu kommt eine Ausdifferenzierung des Fallstudienansatzes (z.B. als Längsschnittfallstudien oder in der Kombination von Fallstudien und Surveys, siehe Marginson et al. 2004, Hall et al. 2010 oder Purcell/Hutchinson 2007). Neben der empiristischen Orientierung legt man auch in Warwick Bedeutung auf die Praxisrelevanz ihrer Forschung (Policy-Orientierung), bis hin zur Verknüpfung von Forschung und Beratung (im vorgestellten Projekt durch die staatliche Förderung und durch praxiserfahrene Forschende symbolisiert).

Wie auch in Manchester und Leeds können strukturierte Leitfadeninterviews als Haupterhebungsinstrument von Fallstudien gesehen werden. Überhaupt scheinen sich die Orientierungen zwischen den britischen Teams nur graduell zu unterscheiden. Prinzipiell vertreten alle den Anspruch sowohl wissenschaftlich relevante wie auch praxisrelevante Ergebnisse zu produzieren, die Verzahnung von Theorie und Praxis voranzutreiben und dabei auf die Kombination von Methoden und Paradigmen zu setzen. Die Unterschiede im Forschungsstil zeigen sich in Feinheiten – so wird in Warwick ebenfalls mit einer qualitativen Orientierung geforscht, aber stärker formalisiert, in Ausrichtung sowie Durchführung (z.B. der Interviewsituation, der Auswertung der gewonnenen Daten).

Der Kooperationsstil im Team ist ebenfalls durch eine ausgeprägte Formalisierung gekennzeichnet. Dies ist (von persönlichen Stilpräferenzen abgesehen) sowohl der Struktur des Teams geschuldet als auch deren Größe sowie der Tatsache von Personalfluktuation während des Projektverlaufs. Um die Offenheit des Forschungsprozesses handhabbar zu machen und die traditionell als wichtig angesehene empirische Vergleichbarkeit zu sichern, wird der Trade-Off zwischen Offenheit und Systematisierung von der Projektleitung in letztere Richtung entschieden. Ein solcher Einfluss der Teamzusammensetzung ist naheliegend und wird auch in der Literatur immer wieder angedeutet. Die Zusammensetzung des Teams scheint jedoch alles andere als untypisch für die britische Situation von wissenschaftlicher Projektarbeit in diesem Forschungsfeld.

6.1.4 Team 4

6.1.4.1 Institutionelle Verortung

Bremen ist kein Zentrum für ‚typische' Arbeits- und Industriesoziologie, sondern steht in diesem Sample für einen non-mainstream Ansatz, der schon Mitte der 1980er Jahre entwickelt wurde und nun mehr seit 25 Jahren in modifizierter Form praktiziert wird. Institutionell ist die Forschungsgruppe dem 1989 gegründeten ‚Forschungszentrum Arbeit und Technik', das heute ‚artec – Forschungszentrum Nachhaltigkeit' heißt, zuzuordnen. Es stellt einen Zusammenschluss aus unterschiedlichen Fachbereichen der Universität dar und beherbergt derzeit nahezu 40 Wissenschaftlerinnen und Wissenschaftler. Zweck des Forschungszentrums ist, laut eigenen Angaben,

> „(...) disziplinübergreifende Forschung. Im Rahmen von Forschung und Lehre wird die Nachhaltigkeitsthematik unter sozialen, ökonomischen und ökologischen Perspektiven untersucht. Die wissenschaftliche Beratungstätigkeit ist darauf ausgerichtet, nachhaltige Entwicklungen in relevanten Handlungsfeldern zu unterstützen" (Elektronische Quelle 4).

Interdisziplinarität und Gestaltungsorientierung gehören zu den Leitorientierungen dieses Zentrums, die thematischen Inhalte gruppieren sich wie folgt: ‚Governance und Regionalentwicklung', ‚Industrial Ecology', ‚Technik und Konsum sowie Arbeit und Organisation'. Letzterer Bereich ist die ‚Heimat' des untersuchten Forschungsteams. Hier stehen laut Homepage die folgenden Annahmen und Orientierungen im Mittelpunkt:

> „Die Ablösung bürokratisch-hierarchischer Organisationsmodelle durch Modelle interner und externer Marktbeziehungen bzw. Quasivermarktlichung und deren Auswirkungen auf die arbeitenden Menschen ist eine Forschungsfrage, die im Forschungsfeld Arbeit und Organisationen zentral ist und weiter geführt werden wird. Die programmatische Weiterentwicklung des Forschungsfelds liegt darin, angesichts fundamentaler Veränderungen gesellschaftlicher Voraussetzungen für Beschäftigung und Arbeit neue Gestaltungsoptionen für Arbeitsschutz in einem erweiterten Sinn zu entwickeln. Die Perspektive hierfür lautet: nachhaltige Arbeitssysteme und Gesundheit erhaltende Interaktionsbeziehungen" (Elektronische Quelle 5).

6.1.4.2 Die Bezugsprojekte: ‚Betriebliche Lebenswelt' und ‚Zukunft industrieller Arbeitskultur'

Das Bremer Vorgehen wird, anders als die anderen Verfahren, anhand zweier Projekte rekonstruiert. Die beiden Studien sind Folgeprojekte, die Anfang der

1980er Jahre bzw. Anfang der 1990er Jahre den spezifischen Ansatz konstituieren. Aufgrund des großen zeitlichen Abstands zwischen den beiden Projekten sowie zwischen den Projekten und der vorliegenden Untersuchung hatte sich die Zusammensetzung des Forschungsteams in der Zwischenzeit verändert. Dennoch: Hier hat sich über viele Jahre ein spezifischer Forschungsstil herausgebildet, der bis heute (wenn auch in einer modifizierten Form) Verwendung findet und weitergegeben wird. Im Gegensatz zu den anderen Teams des Samples sind hier nicht Netzwerk-, Regional-, oder Längsschnittfallstudien charakteristisch, sondern gestaltungsorientierte ‚Gruppenfallstudien', in welchen individuelle und intersubjektive Wahrnehmungen und Deutungen von Beschäftigtengruppen (v.a. bezüglich deren Arbeitserfahrungen) im Mittelpunkt stehen. Um dies zu erheben, wird auf dialogorientierte Ansätze zurückgegriffen, die auch die Zusammenarbeit im Team betreffen.[51]

Im Folgenden wird zunächst das erste, den Ansatz wesentlich konstituierende, Projekt skizziert, um das Vorgehen anhand des Folgeprojekts zu explizieren. Um zu verstehen, wie der Ansatz sich weiterentwickelt hat, werden außerdem neuere Projekten einbezogen. Dazu wurden drei Interviews mit Forschenden geführt. Ihre disziplinären Hintergründe liegen vor allem in den Sozialwissenschaften. Alle drei Interviewten eint eine interpretative methodische Selbstverortung; mit quantitativen Methoden gibt es kaum Berührungspunkte. Innerhalb des Spektrums qualitativer Sozialforschung wird wiederum eine spezielle Form vertreten: eine Orientierung an aktionsforschungsgeprägten Ansätzen bzw., anders formuliert, eine Dialog- oder Praxisorientierung.

Das erste Projekt, ‚Arbeitserfahrungen und Bewußtseinsbildung – eine sozialpsychologische Untersuchung über die subjektive Bedeutung der Arbeit in sozialen Problemsituationen', war als Projekt im Rahmen der ‚Humanisierung des Arbeitslebens' angelegt, und mit günstiger Ressourcenausstattung durch das Bundesministerium für Forschung und Technologie gefördert. Die Finanzierung lief von April 1979 bis Oktober 1982, die Hauptveröffentlichung erschien 1986. Das Folgeprojekt zur ‚Zukunft industrieller Arbeitskultur' wurde 1994 und 1995 von der Hanns-Lilje-Stiftung gefördert. Die Veröffentlichung erschien 1996. Hier wurde methodisch prinzipiell ähnlich wie im Vorgängerprojekt vorgegangen, allerdings ressourcenbedingt ‚verschlankt'.

[51] Das Team eignet sich für das Sample der vorliegenden Arbeit, da es aufgrund seiner methodischen Vorgehensweise (in der Gruppe) einen spezifischen Ansatz darstellt. Dass die Bezugsprojekte zeitlich weiter zurückliegen als die meisten anderen, wird im Zuge der Analyse berücksichtigt.

Forschungsgegenstand und methodisches Vorgehen

Im Mittelpunkt des Projekts zur ‚Betrieblichen Lebenswelt‘ stand die Analyse der bestehenden betrieblichen Praxis eines Betriebs der Unterhaltungselektronikbranche mit knapp 4000 Beschäftigten in Norddeutschland. Dies geschah mit dem Ziel, Beschäftigtenperspektiven zu rekonstruieren und damit zu einer Humanisierung der Arbeit aus deren Sicht beizutragen. Dabei sollten gängige „(…) paradigmatisch und methodisch gesetzte Grenzlinien, was als Gegenstand wissenschaftlicher Untersuchung und folglich als relevante Realität zu betrachten sei“ überwunden werden (Volmerg et al. 1986, 17).

Hier bestand das Team aus einem Hochschullehrer, welcher eine strukturierende Rolle übernahm, zwei statusähnlichen Forschenden und zwei studentischen Hilfskräften. Das Projekt war im Studiengang Psychologie angesiedelt. Die gemeinsame Perspektive der Teammitglieder wurde geprägt durch Klaus Horns ‚Kritische Theorie des Subjekts‘ (1989) sowie die Arbeiten von Thomas Leithäuser (z.B. 1979). Die Forschenden wollten das Geschehen in einem Industriebetrieb nicht von außen, sondern von innen erfassen, sie wählten daher einen ‚hermeneutischen Weg‘ (Volmerg et al. 1986, 17). Als theoretische Hintergrundorientierung dienten sozialpsychologische und psychoanalytische Annahmen sowie Grundsätze der Erwachsenenbildung. Die Wissenschaftler bezeichnen ihren Ansatz und ihre Methode als ‚Interpretative Sozialforschung‘, genauer gesagt, als eine Synthese aus Phänomenologie, Ethnomethodologie, Psychoanalyse, Kritischer Theorie und Empirischer Sozialforschung – und verweisen methodisch auf Marie Jahoda, aber auch Werner Fricke (Volmerg et al. 1986, 255). Weil auch psychoanalytische Aspekte in den Forschungsprozess Eingang finden sollten und Gruppenprozesse und -deutungen im Vordergrund standen, wurde methodisch auf ein unkonventionelles Instrumentarium zurückgegriffen: 1) Beobachtung, teilweise teilnehmend; 2) Beratungs- und Expertengespräche in verschiedenen Abteilungen; 3) Einladung verschiedener Betriebsgruppen in 13 ‚Forschungsseminare‘, pro Seminar etwa 18-20 Beschäftigte aus spezifischen Bereichen (von ungelernten Arbeiterinnen bis hin zu Angestellten im Einkauf oder Technikern und Ingenieuren; möglichst mit gemeinsam geteilten Arbeitserfahrungen). Diese Forschungsseminare fanden jeweils über ein Wochenende in einem Hotel statt. Dort wurde das Thema ‚Arbeit‘ aus der Perspektive der Arbeitserfahrungen der verschiedenen Beschäftigtengruppen in verschiedenen Schritten (Gruppendiskussion, Körperbild, Fotos deuten, Gruppenquiz, Jury) beleuchtet (Volmerg et al. 1986, 269). Für die zentrale Gruppendiskussion lautete die Grundfrage ‚Was heißt Arbeit für mich?‘ Alle Gespräche wurden aufgenommen und transkribiert bzw. protokolliert (Volmerg et al. 1986, 24). Für jedes Seminar wurde vorab eine Art ‚Drehbuch‘ geschrieben, um diese systematisch zu leiten und die Moderationen abzustimmen. Nach den Veranstaltungen fand unter den Forschenden ein intensiver Austausch der Eindrücke statt, sowie eine explizite Reflexion des eigenen Handelns in der Erhebungssituation, um Gruppenprozesse und die eigene Rolle hierbei nachvollziehen zu können. In den Forschungsseminaren sollen einerseits Daten generiert werden, und zwar subjektive (und möglicherweise implizite) Einstellungen und Werte, andererseits findet hier gleichzeitig eine Art ‚interne Validierung' statt – zwischen den Forschenden, aber auch zwischen Beforschten sowie zwischen Forschenden und Beforschten. Gerade in Gruppendiskussionen, so die Annahme, können Bewertungen, Einschätzungen oder Bewältigungsstrategien situativ rekonstruiert und abgeglichen werden.

Das empirische Vorgehen in Erhebung und Auswertung wird in den Veröffentlichungen ausführlich beschreiben. Die Forschung war ‚kommunikativ' angelegt, es ging um „(…) subjektive Interpretationen betrieblicher Wirklichkeit" (Volmerg et al. 1986, 22). Die Verfahren des Forschungsseminars beruhten weniger auf dem klassischen sozialwissenschaftlichen Methodenrepertoire als auf den „(…) Verständigungsmodellen der therapeutischen Praxis und der Praxis der Erwachsenenbildung" (Volmerg et al. 1986, 23). Schon an dieser Stelle wird deutlich, was mit dieser Form interpretativer Sozialforschung stringent verfolgt wird, die Aufhebung der Trennung zwischen Erhebung und Auswertung:

> „Die für sozialwissenschaftliche Forschung so typische Trennung zwischen Erhebung und Auswertung ist tendenziell aufgehoben, wenn die Alltagskommunikation selbst zum Medium eines forschenden Diskussionsprozesses gemacht wird. Die in den Forschungsseminaren „erhobenen" Gespräche, sind daher immer zugleich auch Auswertungen durch die am Forschungsprozeß Beteiligten selbst" (Volmerg et al. 1986, 23).

Ebenfalls aufgehoben sollte eine andere Trennung werden, die zwischen Forschendem und Beforschtem. Interpretationen von Handlungen, Deutungen und Situationen werden aus dieser Perspektive im Prozess der Forschung *intersubjektiv* konstruiert.

Der Auswertungsprozess im Projekt verlief stufenförmig und in konsekutiven Phasen: zunächst allgemeine, breite Interpretationen, gefolgt von immer tiefer gehenden und detaillierteren Betrachtungen und letztendlich Analysen durch Fallvergleich. Als Fälle wurden hierbei die Gruppen der verschiedenen Seminare konzipiert, der für die Fallstudie einzubeziehende Kontext wurde breit definiert. Die Auswertung erfolgte auf der Basis der Transkripte. Einerseits wurden vertikale Analysen durchgeführt, d.h. mit Blick auf Veränderungen im zeitlichen Verlauf der Seminare, andererseits horizontal, also vergleichende Auswertung zwischen den Seminaren und Aussagen der Personen. Beide Schritte verliefen sehr textnah und zwar in Form der sog. ‚Kernsatzfindung' (vgl. Leithäuser/Volmerg 1979, Leithäuser/Volmerg 1988). Diese Suche und Festlegung auf ‚Kernsätze' eines jeden Interviews war dabei ein intensiver, teamstrukturierter Diskussionsprozess. Die beteiligten Forschenden lasen das jeweilige Fallprotokoll, markierten individuell wichtige Absätze und versuchten sich anschließend wechselseitig von der Wichtigkeit dieser zu überzeugen. Es folgte eine (überfallvergleichende) Längsschnittauswertung wiederum anhand der Originaltexte (siehe auch Volmerg et al. 1986, 267 ff.).

Sowohl Erhebung als auch Auswertung waren in diesem Projekt (für alle Beteiligten) aufwendige Prozesse. Die Qualität dieses Ansatzes lag und liegt nach eigener Aussage in der unkonventionellen Methodik, die es ermöglicht auch an ‚heikle' und nicht an der Oberfläche liegenden Themen heranzukommen. Dazu wird der hohe Aufwand in Kauf genommen. Die Auswertungsschritte waren, wie auch die Erhebung der Forschungsseminare usw., von eingehenden Teamarbeitsprozessen begleitet. Dies wurde in diesem Projekt dadurch begünstigt, dass das Team klein war, die beteiligten Forschenden auf derselben Qualifikations- und Erfahrungsebene anzusehen waren und der Projektverantwortliche hingegen eher als ‚Supervisor' gedient hat.

Die Ergebnisse der Studie werden in der zentralen Publikation nach ‚Erlebnisperspektiven' der verschiedenen Gruppen dargestellt, anschließend werden die ‚Humanisierungsbarrieren und Humanisierungsbedürfnisse' der jeweiligen Gruppe eruiert. Dabei wird häufig auf Zitate zurückgegriffen und ebenso auf Bilder, die von den an Forschungsseminaren teilnehmenden Beschäftigten gemeinsam gezeichnet wurden, um einen symbolischen Ausdruck für die im Seminar erarbeiteten Befunde zu schaffen.

Im Folgeprojekt ‚Industrielle Arbeitskultur' wurde zehn Jahre später mit einem ähnlichen Methodeninstrumentarium vorgegangen, um vor dem Hintergrund betrieblicher Umstrukturierungen industrieller Produktion folgende leitende Fragen zu beantworten:

> „In dieser Zeit der großen Umstrukturierung ist bisher selten gefragt worden, wie sie erfahren und erlebt wird. Wie wird insbesondere Team- oder Gruppenarbeit in ihren zentralen neuen Charakteristika – Selbstregulierung und Aufgabenintegration – erlebt? Was geschieht in der eingespielten betrieblichen Arbeitskultur unter dem Druck der neuen Vorgaben? Welche Bedeutung hat die Konzeption der Gruppenarbeit für das berufliche Selbstbild der Beschäftigten und für die Art, wie sie ihr betriebliches Handeln motivieren und im betrieblichen Geschehen eine Orientierung finden? Gibt es jetzt andere Möglichkeiten als zuvor, persönliche Sinnansprüche in der industriellen Produktionsarbeit zur Geltung zu bringen? Wie vermitteln sich die bisherigen Arbeitserfahrungen mit veränderten Produktionskonzepten, betrieblichen

> Regeln, Machtbeziehungen und Formen der Konfliktbewältigung?" (Senghaas-Knobloch et al. 1996, 12).

Im Unterschied zum Lebensweltprojekt, in dem zwei statusähnliche Forschende den Kern des Teams in der Projektdurchführung gebildet hatten, fungierte nun eine/r der Forschenden des Vorprojekts als Projektleitung und das Projekt wurde gemeinsam mit zwei ‚neuen' wissenschaftlichen Beschäftigten durchgeführt. Trotz geringerer Ressourcenausstattung (u.a. nur zweijährige Projektlaufzeit) sollte methodisch in Erhebung und Auswertung grundsätzlich ähnlich vorgegangen werden. Das Vorhaben war dabei kein

> „(...) industriesoziologischer Versuch, einen repräsentativen Querschnitt über vorfindliche Ansätze und Praktiken zur arbeitsorganisatorischen Umstellung zu gewinnen oder Trendaussagen zu machen. Vielmehr geht es darum, aus der Perspektive von Werkern und Werkerinnen sowie von Meistern und Meisterinnen zu erkunden, welche Erfahrungen sie mit Gruppenarbeit machen, und wie die neuen strategischen Anforderungen zu den persönlichen Bedürfnissen und Wünschen passen, die die Beschäftigten in ihrer und an ihre Arbeit haben" (Senghaas-Knobloch et al. 1996, 35).

Dazu wurden in zwei Werken der Automobilindustrie 70 erschließende Expertengespräche geführt, außerdem Betriebsbegehungen, beobachtende Teilnahme und, wiederum, Forschungsseminare. In diesen ging es um die Thematik ‚Herausforderung Gruppenarbeit', sie hatten eine Dauer von jeweils knapp zwei Tagen und bestanden vorwiegend aus narrativen Einzel- und Gruppeninterviews, Gruppendiskussionsverfahren und Rollenspielen (siehe für eine detaillierte Darstellung Senghaas-Knobloch et al. 1996, 42 ff. bzw. 164 ff.)

Das Methodenkapitel der Hauptpublikation beschäftigt sich ausführlich mit dem ‚qualitativen Forschungsansatz' und dem Forschungsdesign der Studie (Senghaas-Knobloch et al. 1996, 33 ff.). Ziel war es, in die Arbeitserfahrungen und Lebensziele der Beschäftigten ‚einzutauchen' (Senghaas-Knobloch et al. 1996, 33). Die Forschungsfragen

> „(...) verlangen kommunikative Erhebungsmethoden, die es möglich machen, dass Beschäftigte, die im industriellen Kontext an Gruppenarbeit beteiligt sind, ihre Erfahrungen auszuloten und auf persönliche Wünsche und gemeinsame oder konfligierende Interessen beziehen zu können" (Senghaas-Knobloch et al. 1996, 35).

Dies geschah insbesondere in Form der sechs Forschungsseminare: „Die Seminare ermöglichten den teilnehmenden Beschäftigten aus der Industrie ein eigenständiges forschendes Lernen oder wurden von ihnen als Bildungsveranstaltung genutzt" (ebd.). Weiterhin wird die Wahl der Erhebungsmittel narratives Interview, Gruppendiskussion und Rollenspiel erläutert und die jeweiligen Vorzüge aufgezeigt (Senghaas-Knobloch et al. 1996, 35 f.). Insgesamt wird die Methodenwahl wie folgt begründet:

> „Die genannten Methoden (...) sind in besonderer Weise dazu geeignet, in der Sprache auffindbar zu machen, worin gemeinsame Erfahrungen und Übereinstimmungen bestehen, und wo Sichtweisen vorgetragen werden, die vom gemeinsamen Praxiskontext abweichen. Die Verallgemeinerbarkeit oder Repräsentativität der so erhobenen Befunde bezieht sich also auf den Typ von Situationen, die im Gespräch beschrieben werden. (...) Die Erfüllung wissenschaftlicher Objektivitätskriterien muss dabei in einer kommunikativen Forschungsmethodik anders gewährleistet werden als in einer am normativen Paradigma ausgerichteten empirischen Sozialforschung. Es geht hier nicht um eine Interpretation von Zahlen, denen nachträglich Aussagen zugeordnet werden, um die Interpretation zu illustrieren. Es geht im Kern um eine intersubjektiv nachvollziehbare Interpretation von Texten“ (Senghaas-Knobloch et al. 1996, 37).

Auch die wiederum induktiv angelegte Interpretation wird in der Publikation umschrieben: für die Auswertung der Textprotokolle wurde abermals die Methode der ‚Kernsatzfindung‘ verwendet (Senghaas-Knobloch et al. 1996, 37 ff.). Für die Analyse der Gruppenspiele wurde ein „eigenes komplexes Auswertungsverfahren mit drei Elementen“ entwickelt (ebd., 38; detaillierte Darstellung der Durchführung der Gruppendiskussionen und Interpretation der Bildprotokolle, 44 ff.; Dokumentationen und Textprotokolle im Anhang). Wichtig war dabei für das Forschungsteam, dass

> „(...) in allen Erhebungsschritten auch Phasen der Selbstauswertung bzw. Selbstreflexion vorgesehen, in denen die Diskussionsgruppen sich noch einmal in eine gewisse Distanz zu der Dynamik der Gesprächsgeschehens versetzen und aus dieser Distanz die wichtigsten Punkte hervorheben konnten. Die Ergebnisse dieser Selbstauswertungsprozesse in den Gruppen wurden meist in Gestalt von symbolisch verdichteten Darstellungen festgehalten“ (Senghaas-Knobloch et al, 37).

Kennzeichen der Zusammenarbeit

Wie schon skizziert, im Projekt ‚Betriebliche Lebensführung‘, bestand das Forschungsteam aus zwei statusähnlichen und vergleichbar erfahrenen Forschenden und einer/m Hochschullehrer/in, der überwiegend strukturierende Tätigkeiten übernahm. Unterstützt wurden sie von zwei studentischen Hilfskräften. In der Zusammenarbeit der beiden Forschenden entstand die Möglichkeit zu intensivem Austausch und inhaltlicher Auseinandersetzung. Zwar hatten sich diese vorher nicht gekannt, aber sie teilten politische Interessen und Überzeugungen. Neben der Statushomogenität wurde die gemeinsame Arbeit im Projekt auch durch die kleine Teamgröße begünstigt. Zwar beteiligte sich auch die Projektleitung an zentralen Erhebungen, sie spezialisierte sich jedoch vor allem auf die Rolle als ‚Supervisior', was in den Interviews als nützlich beschrieben wird. Einerseits kann dieser Supervisor gleichsam aus einer externen Perspektive hilfreiche inhaltliche Strukturierungen geben, andererseits können subjektive Deutungen – und intersubjektive Aushandlungen des Kernteams – in einer solchen Triade überprüft werden. Es wird auf die Bedeutung der ‚Interpretationsgemeinschaft' im Zuge eines solchen methodischen Vorgehens verwiesen: Hier werden Deutungen ausgehandelt und abgesichert. Dies wird als Alternative zu gängigen Formen der Validierung gesehen (insbesondere, wenn die Beforschten einbezogen werden).

Das in der frühen Studie entwickelte Vorgehen wurde im Folgeprojekt in leicht modifizierter Form wiederholt. Über den Zeitraum von zehn Jahren hatte sich das Team in seiner Zusammensetzung und Struktur verändert, daher musste die dialogorientierte Perspektive und die induktive methodische Herangehensweise mittels Kernsatzfindung an die neuhinzugekommenen Mitarbeitenden weitergegeben werden. Dazu fand unter anderem eine gemeinsame Auseinandersetzung mit dem Vorprojekt und prägenden theoretischen Arbeiten statt, Exposé und Antrag wurden diskutiert. Die drei nun (hauptsächlich) im Projekt beschäftigten Forschenden hatten gegenüber dem Vorprojekt nur noch bedingt einen ‚ähnlichen Hintergrund', auch Forschungserfahrung und Status unterschieden sich. Dennoch, Erhebung und Auswertung wurden auch in diesem Projekt überwiegend in der Gruppe (bzw. zu zweit) durchgeführt. Die Zusammenarbeit verlief nach wie vor diskussions- und aushandlungsintensiv, aber gleichzeitig weniger egalitär und stärker durch Rollen und Verantwortlichkeiten strukturiert. So war die Projektleitung vermehrt für die konzeptionelle Strukturierung des Projekts zuständig, organisatorischen Aufgaben, die im Rahmen von Feldforschung zu bewältigen sind (z.B. Herstellung und Sicherung des Feldzugangs, Nachbereitung der Erhebung, etc.) wurden von den Mitarbeiter/innen übernommen. Wie schon im vorherigen Projekt, waren die Erhebungs- und Auswertungsschritte intensiv durch Teamarbeit geprägt, der Schreibprozess hingegen war aus arbeitsökonomischen und strategischen Gründen arbeitsteilig organisiert, je nach inhaltlichem Interesse und Grad der Involviertheit.

6.1.4.3 Forschungsstil des ‚Team 4'

Vor einem psychoanalytisch geprägten Hintergrund hat sich in Bremen ein Ansatz entwickelt, der aktionsforschungsorientiert bzw. dialogorientiert, ist. Kennzeichnend ist eine „subjektivitäts-, das heißt psychoanalytisch orientierte Haltung mit der Auffassung, dass diejenigen über die man forscht, Partner im Forschungsgeschehen sind“ (I17, 86). Das Verständnis von Fallstudien entspricht dabei nicht der ‚klassischen‘ Betriebsfallstudie, sondern ist offen. Die Studien können als Fallstudien bezeichnet werden, da eine fallgebündelte Analyse sozialer Phänomene stattfindet (in diesem Fall von Gruppenprozessen). Besonders wichtig scheint für diesen Ansatz die angemessene Betrachtung und Integration des Kontexts, d.h. ein ‚Verständnis von innen heraus‘, das über ein breites, multiperspektivisches Verfahren generiert wird. Für die eigene Vorgehensweise wird unter anderem der Begriff der ‚Praxisforschung‘ verwendet. Im Mittelpunkt steht Forschung in Verbund mit ‚Praktikern‘. Gemeint ist damit, dass der Forschungsprozess in enger Absprache mit *allen* Beteiligten organisiert wird und in kontinuierlicher Rückkoppelung dazu, damit die Resultate letztlich nicht nur für die Wissenschaft sondern auch für die Praxis Relevanz besitzen. Unternehmen und deren Beschäftigte sind dadurch nicht bloßer Forschungsgegenstand, sondern ‚Partner‘ der Untersuchung. Diese Dialogorientierung setzt ein offenes Forschungsklima und einen offenen Arbeitsprozess voraus.

In Bremen wird dieser Ansatz seit Ende der 1970er Jahre verfolgt. Auch viele neuere Projekte arbeiten mit einem ähnlichen Verständnis von Beteiligungsorientierung, welches Methodenvielfalt einschließt. Dieses Grundverständnis wird im Team diskutiert (u.a. mit Bezug auf einschlägige Publikationen) und entwickelt sich personenbezogen weiter. Ebenfalls kennzeichnend ist die gemeinsame – für den nationalen Rahmen des Forschungsfelds unkonventionelle – Orientierung. Ein solcher Aktionsforschungsansatz stellt innerhalb der Community bis heute eine Ausnahme dar, verkörpert aber historisch einen wichtigen, speziellen Strang von Arbeitsforschung in Deutschland (wie auch in anderen Ländern, z.B. in Skandinavien). In Abgrenzung zu anderen Methodologien kommt dieser Ansatz einer „Orchideenforschung“ (I14, 144) gleich. Der Grund für diese Ausnahmestellung wird unter anderem in finanziellen Rahmenbedingungen gesehen (in Erhebung und Auswertung sehr aufwendig). Andererseits wird eine wechselseitige Anpassung an gängige methodische Verfahren innerhalb der Arbeitsforschung vermutet.

Enge Zusammenarbeit in der Forschungsgruppe wird nicht nur als persönlich hilfreich formuliert, sondern auch als – mit Blick auf das methodische Vorgehen – notwendig, denn das induktive, hermeneutisch orientierte Vorgehen lässt sich in der Interpretationsgemeinschaft des Forschungsteams besonders angemessen durchführen. Diese Suche und Festlegung auf ‚Kernsätze‘ ist ein teamstrukturierter Diskussionsprozess. Für die Interviewten ist zudem das Verständnis von ‚kollegialer Supervision‘ wichtig, als ein Austausch im Team über Felderfahrungen und Wahrnehmungen. Nach Möglichkeit wird Empirie gemeinsam gemacht, dies entspricht dem Anspruch ‚kommunikativer Forschung‘.

Auch wenn die ursprüngliche Herangehensweise aus der ‚Betrieblichen Lebenswelt' über die Jahre verschlankt werden musste (z.B. teilweise weniger kooperativer Auswertungsprozess, ‚Verstehen' weniger stark am Originaltext entlang), so sind die Grundprinzipien doch dieselben geblieben: Das methodische Vorgehen schließt neben Interviews auch heute für die Arbeitssoziologie noch eher unübliche Verfahren ein, wie beispielsweise teilnehmende Beobachtung, die Durchführung von Forschungsseminaren oder die Entwicklung von Gestaltungsmethoden und -modellen. Denn auf diese Weise können subjektive Sinndeutungen und psychoanalytischen Relevanzen berücksichtigt sowie Gruppendynamiken erfasst werden. Die Deutung von Situationen und Handlungen erfolgt unter Beteiligung der ‚Beforschten' bzw. im Dialog mit diesen – der Einbeziehung des situationsbezogenen Kontexts wird eine große Rolle beigemessen. In der Auswertung ist induktives Vorgehen nach wie vor kennzeichnend, und zwar in Orientierung an ‚Kernsatzfindung'. Die dialog- oder beteiligungsorientierte Perspektive impliziert zudem eine bestimmte normativ-politische Position, die sich auch in der Art der Zusammenarbeit ausdrückt.

6.1.5 Team 5

6.1.5.1 Institutionelle Verortung

Die Fallstudienpraxis des Münchner Instituts für Sozialwissenschaftliche Forschung, ISF München, steht für einen außeruniversitären Ansatz. Damit wird eine weitere Vergleichsdimension in das Sampling eingeführt, die im Sinne der Kontrastierung auf relevante Differenzierungen hoffen lässt. Dieses Forschungsinstitut wurde in den 1960er Jahren gegründet und kann seither zu den arbeitssoziologischen Forschungszentren in Deutschland gezählt werden. Hier wird aktuell von circa 30 Wissenschaftlerinnen und Wissenschaftlern an den folgenden Themenschwerpunkten geforscht: ‚Arbeit und Subjekt', ‚Arbeit und Betrieb', ‚Arbeit und Gesellschaft', ‚Arbeit und Informatisierung', ‚Arbeit und Globalisierung', ‚Arbeit und Interesse', ‚Arbeit und Innovation' und ‚Arbeitsmarkt und Bildung'.

Dabei wird nach eigener Aussage sowohl Grundlagenforschung betrieben als auch konkrete Berichterstattungs-, Forschungs- und Gestaltungsaufträge durchgeführt: „Dies schließt Untersuchungen in Betrieben und Interviews mit Beschäftigten und Experten ebenso ein wie theoretische Reflexion, Gestaltungs- und Praxisorientierung, Politikberatung, Wissenstransfer und Öffentlichkeitsarbeit" (Elektronische Quelle 6). Methodisch werden vorwiegend qualitative Zugänge verwendet. Insbesondere Fallstudienforschung hat hier lange Tradition, so dass sich sogar innerhalb des Instituts distinkte Fallstudienstile herausbilden konnten (siehe Nies/Sauer 2010).

6.1.5.2 Das Bezugsprojekt: ‚Neue Belastungen durch Kooperation und Wissensaustausch'

Das betrachtete Forschungsprojekt wurde von Januar 2004 bis August 2006 von der gewerkschaftsnahen Hans-Böckler-Stiftung gefördert. Dieses Projekt eignet sich als Bezugsstudie, da es sowohl in der Form der Forschungsförderung als auch im methodischen Vorgehen typisch für dieses Team ist. Das Projektteam wiederum passt in das Sampling aufgrund seines spezifischen Fallstudienforschungsstils, der als offen und interpretativ, durchaus mit ethnographischen Anleihen, beschrieben werden kann. Ferner stellt deren Ansatz eine individuelle Verknüpfung von Empirie und Theorie dar. Hier wird mit einem charakteristischen, und dennoch im Institut und in der restlichen deutschen Arbeits- und Industriesoziologie singulären, Vorgehen gearbeitet. Dieser spezifische Zugang ist wenig explizit formuliert, findet sich aber dennoch in abgewandelten Ausführungen in verschiedenen Teamkonstellationen. Als Bezugsprojekt wurde ein neueres Projekt gewählt – dazu werden ältere, die Vorgehensweise konstituierende Projekte ergänzt und gegenübergestellt.

Die betrachtete Forschungsgruppe besteht aus verhältnismäßig vielen Mitgliedern. An konkreten Projekten arbeiten in der Regel verschiedene Mitarbeiter in Substrukturen zusammen. Die Verbindung im Gesamtteam wird nicht nur organisatorisch hergestellt, sondern über die gemeinsame Orientierung an einem theoretischen Konzept. Mit drei Teammitgliedern wurden Interviews geführt. Die Befragten befinden sich auf unterschiedlichen Qualifikationsstufen und haben unterschiedliche lange Arbeitserfahrung am Institut (von zehn bis über 30 Jahren). Wie die Zeitspanne der Arbeitserfahrungen zeigt, ist das Team in seiner Konstitution stabil und die verschiedenen Forschenden stark im Team sozialisiert. Bezüglich der methodischen Verortung sind die Positionen der interviewten Wissenschaftlerinnen und Wissenschaftler (wie auch die des gesamten Forschungsteams) als homogen zu bezeichnen – vornehmlich qualitative Methoden kommen in der eigenen Forschungspraxis zum Einsatz.

Forschungsgegenstand und methodisches Vorgehen

Der Ausgangspunkt des Vorhabens ist die seit Ende der 1980er Jahre stattfindende Reorganisation von Unternehmen und deren Auswirkung auf die Arbeitssituation der Angestellten. Im Zentrum der Studie stand die Analyse kooperativen Arbeitshandelns. Fokussiert wurde demnach die informelle, möglicherweise auch implizite, Seite ‚neuer‘ Arbeits- und Organisationskonzepte, die sich in Form einer ‚diskursiven Koordinierung‘ vor allem in Gremien und Meetings zeigte. Vor dem Hintergrund solch neuer Ansätze zur Arbeitsgestaltung wurde laut den Autoren ein zentraler Aspekt bis dato weitgehend vernachlässigt: neue Anforderungen durch Kooperation und Wissenstausch (Bolte et al. 2008, 12). Vor allem aus der Sicht vieler Beschäftigter werden neue Möglichkeiten zur Kooperation „(...) nicht nur als Demokratisierung und Partizipation, sondern auch als Anforderung erfahren, die zusätzlich zur ‚eigentlichen‘ Arbeit auftritt und von dieser abhält“ (ebd., 13). Hier entstehen Ambivalenzen, welche nun untersucht wurden: Einerseits spielt informelle Kooperation und Kommunikation in der alltäglichen Arbeit eine zentrale Rolle, andererseits wird deren Funktionalität weder wahrgenommen noch vom Management unterstützt. Die in der laufenden Arbeit notwendigen situativen Abstimmungserfordernisse werden damit überwiegend zu einer verdeckten Leistung und führen, so die Grundannahme der Untersuchung, zu neuen Belastungen.

Die Forschungsergebnisse liefern praxisnahe Schlussfolgerungen, beispielsweise werden anhand ausgewählter Beispiele neue Ansätze für die Interessenvertretungen in Betrieben im Rahmen von Dezentralisierungsstrategien generiert. Empirische Grundlage der Untersuchung sind sechs Unternehmensfallstudien in verschiedenen, jeweils als klassisch geltenden, Industriebranchen mit unterschiedlichen Betriebsgrößen. In den Unternehmen werden zukunftsträchtige Bereiche fokussiert, häufig die Entwicklung (Bolte al. 2008, 41). Im Rahmen der Fallstudien finden, neben einer Sekundäranalyse bereits vorliegender Untersuchungen, ausgiebige Betriebsbegehungen, informelle Gespräche und qualitative Interviews mit Beschäftigten und Experten statt, dazu Gruppengespräche. Diese Fallstudien wurden durch Befragungen zu übergreifenden Problemen in verschiedenen weiteren Unternehmen ergänzt.

Das konkrete Vorgehen bei der Durchführung der Fallstudien unterscheidet sich zunächst nicht von dem vieler anderer Teams: Der Forschungsantrag wurde von der Projektleitung und einem erfahrenen Forschenden gemeinsam formuliert, zur Durchführung des Projekts wurden schon bekannte Mitarbeiter gewählt. Üblicherweise wurden die Interviews zu zweit durchgeführt und anschließend besprochen und reflektiert. Wo Interviews nicht im Team geführt werden konnten, wurde versucht, die Ergebnisse in Diskussionen aufeinander zu beziehen. Gleichzeitig erfolgte eine Aufteilung der Fallverantwortlichkeiten. Das methodische Vorgehen wurde jedoch (und anders als bei den weiteren Teams im Sample) stark über das generelle Forschungsinteresse und die theoretische Orientierung des Teams strukturiert, dieses bildet den gemeinsamen ‚Suchfokus‘ (Stichwort erfahrungsgeleitet-subjektivierendes und kooperatives Arbeitshandeln; Böhle 2010, siehe auch Böhle/Bolte 2002, Bolte/Porschen 2006, Bolte et al. 2008).

Grundsätzlich wird hier angenommen, dass die interessanten soziologischen Phänomene „unter der Oberfläche" (I29, 52) liegen. Gesucht wird nach Erfahrungswissen, nach subjektivierten Interessenstrukturen und Strategien, und zwar mit dem Ziel, „hinter die Fassade zu gucken" (I29, 413). Derartig implizite Strukturen können kaum explizit erhoben werden, müssen also immer auch indirekt ‚aufgedeckt' werden. Da nicht das Auffinden von objektivem Wissen im Zentrum des Vorgehens stand, konnten standardisierte Methoden auch nur begrenzt von Nutzen sein. Stattdessen wurde auf ‚entdeckendes Vorgehen' gesetzt, das auch als „detektivisch" (I29, 502) beschrieben wird: Zwar wurden für die Interviews strukturierte Leitfäden angefertigt, diese wurden aber normalerweise nicht strikt abgefragt. Hervorgehoben werden hingegen der ‚individuelle Charakter' und die Dynamik solcher Gespräche. Neben dem offiziellen Interview wird informellen Gesprächen, Eindrücken durch Beobachtung, etc. große Bedeutung zugemessen.

Die Auswertungsprozesse fanden auf der Grundlage transkribierter Interviews statt, und zwar individuell und anschließend, wo möglich, im Team. Die Analyse von Originalzitaten, „mit dem Material zu spielen" (I29, 312), war dabei zentral und ist es auch für das generelle Vorgehen der Gruppe. Dabei wurde nicht nur analysiert ‚Was' in den Interviews zu Tage kam, sondern auch ‚Wie' Dinge formuliert wurden. So zeigen die Ergebnisse auf, „(...) wie in Unternehmen kooperiert wird, welches Verständnis von Kooperation sich durchgesetzt hat und welche Folgen für die Mitarbeiter damit einhergehen" (Bolte et al. 2008, 41). Die Kapitel der Hauptpublikation zeigen sowohl theoretisch wie empirisch Alternativen zu Zusammenarbeit in Meetings auf und skizzieren konkrete Gestaltungsmöglichkeiten für Interessenvertretungen; der Fokus liegt auf den Merkmalen und Vorteilen informeller Kooperation. In dieser Publikation werden drei der sechs Unternehmensfallstudien aufbereitet, da sie, nach Meinung der Autoren, die neuen arbeitsorganisatorischen Entwicklungen und deren Folgen besonders gut zu demonstrieren vermögen (Bolte et al. 2008, 41). Die drei Fälle sollen jeweils unterschiedliche Strategien verdeutlichen, die Unternehmen im Umgang mit Strukturveränderungen entwickeln.

Kennzeichen der Zusammenarbeit

Das an impliziten Deutungen und Mustern orientierte Forschungsinteresse und die theoretische Brille des Forschungsteams setzen voraus, dass innerhalb der Gruppe ein hohes Maß an ‚gemeinsamem Verständnis' über den Forschungsgegenstand besteht. Wo Erscheinungen gesucht werden, die nur schwerlich expliziert werden können, kommt der Abstimmung im Team über diese Prozesse eine besondere Bedeutung zu. Ermöglicht wird dies in diesem Fall vor allem über eine hohe personelle Stabilität des Teams über viele Jahre hinweg, über Sozialisation von Nachwuchswissenschaftlern ‚in das Team hinein' und über eine konzeptuelle Perspektive, die strukturiert, an der man sich in der Gruppe ‚abarbeitet', die gleichwohl aber offen für Weiterentwicklung ist.

Wie auch das methodische Vorgehen, so ist die Zusammenarbeit innerhalb des Teams durch ein hohes Maß an Offenheit gekennzeichnet. Die Kooperationsprozesse sind trotz unterschiedlicher Hierarchien als egalitär zu beschreiben. Die Teamentwicklung verläuft indirekt, Projektleitung bedeutet vor allem konzeptionelle Leitung, Interpretationsgenerierung und Interpretationsstrukturierung. Die forschungspraktische Organisation wird jeweils von erfahrenen Forschenden übernommen, die Aufgabenverteilung pragmatisch gehandhabt und situativ entschieden. Nicht unüblich ist dabei die Aufteilung von Verantwortlichkeiten im Sinne von einzelnen Fallstudien (Betrieben), was unter anderem auf die enge Ressourcenausstattung in derartigen, außeruniversitären Forschungsinstituten zurückzuführen ist. Eine solche Arbeitsteilung wirkt sich laut eigener Aussage positiv auf die Gestaltungsmöglichkeiten im Unternehmen aus, birgt jedoch aus wissenschaftlicher Sicht auch Problematisches (z.B. I12). Daher wird als Grundsatz formuliert, zumindest Schlüsselinterviews gemeinsam im Team zu diskutieren und auszuwerten. Dies geschieht nicht nur mit Blick auf die Qualität der Interpretation der Einzelfälle, sondern auch um Vergleiche zu ermöglichen und die gemeinsame Perspektive herzustellen und aufrechtzuerhalten. Einer intensiven Zusammenarbeit werden Vorteile zugeschrieben (Arbeitsteilung, Wissenstausch, intersubjektive Validierung), deren Vertiefung als wünschenswert bezeichnet. Vor allem fehlende Ressourcen und die benötige Zeitintensität teaminterner Abstimmung werden als Hindernisse genannt (z.B. I19).

6.1.5.3 Forschungsstil des ‚Team 5'

Die empirisch-konzeptionelle Grundklammer hält das Forschungsteam und die einzelnen Projektteams zusammen: Subjektivierendes Arbeitshandeln und Erfahrungswissen, formelle und informelle Kooperation und Kommunikation sind die gemeinsamen Themen. Auch wenn die empirischen Felder und inhaltlichen Schwerpunkte differieren, bleibt eine weitgehend geteilte Theorieperspektive. Dieser subjektorientierte Ansatz impliziert, dass das Subjekt der ‚Kristallisationspunkt' ist, an dem Strukturen sichtbar werden. Strukturanalysen werden daher mit Blick auf subjektives Handeln angelegt. Diese Perspektive soll die Probleme des Wandels von Arbeit erfassen und kritisch beleuchten, was mit herkömmlichen Ansätzen nur begrenzt möglich scheint.

So kommt ein explorativer Forschungsstil zum Einsatz. ‚Explorativ' reicht jedoch begrifflich nicht aus, um die Vorgehensweise in diesem Team zu charakterisieren: Ausschlaggebend ist nicht nur die offene Suche, sondern das Ziel ‚hinter die Fassade zu gucken'. Wo Verfahren gering standardisiert sind (und auch kaum standardisiert werden können), ist die geteilte Einschätzung umso wichtiger. Denn nur wenn das Projektteam intern aufeinander abgestimmt ist, kann ein Verständnis darüber erarbeitet werden, wonach man sucht; andererseits ist dies Voraussetzung, um zu erkennen, wo möglicherweise etwas Forschungsrelevantes aufzudecken bleibt (man ‚hellhörig' wird), um dann auch entsprechende Nachfragen zu stellen (z.B. I29). Hier wird auch das methodische Verständnis des Teams deutlich: Qualitativ zu forschen, das heißt subjektive Wahrnehmungen ernst zu nehmen, im methodischen Vorgehen explorativ vorzugehen.

Die methodologische Verortung ist grundsätzlich qualitativ orientiert, mit ethnographischen Anleihen, die aber kaum explizit als solche thematisiert werden. Im Unterschied zu anderen Ansätzen wird sehr deutlich gemacht, dass nicht die Rekonstruktion eines ‚natürlichen' Falles in seinen (objektiv erfassbaren) Strukturen und Zusammenhängen ausschlaggebend ist, sondern das ‚nicht unmittelbar Sichtbare'. Methodisch wird in unterschiedlichen Projekten immer wieder mit Expertengesprächen, Beschäftigteninterviews und Gruppengesprächen gearbeitet. Interviews werden als ‚qualitative Tiefeninterviews' mit dem Ziel der Erfassung einer ‚ganzheitlichen Perspektive', eines tiefgehenden Zugriffs auf Strategien (individuell und betrieblich) verstanden (z.B. I26). Daneben spielen auch informelle Eindrücke durch Gespräche und Beobachtungen in der Analyse eine große Rolle. Der nicht selten praxisorientierten Forschungsförderung entsprechend, gilt es immer wieder auch Gestaltungsmethoden und -modelle zu entwickeln.

Geprägt ist das empirische Vorgehen durch die konzeptionelle Linse. Das wird nicht nur im konkreten Forschungsprozess deutlich, sondern oftmals in der Aufbereitung der Analyse in der Publikation: Statt einer Darstellung einzelner Fälle und, auf dieser Basis, einer vergleichenden Analyse, wird häufig eine theoriegeleitete Argumentation verfolgt, die durch Empirie belegt wird. Dies ist ein Vorgehen, das innerhalb der Disziplin eher unüblich ist, in diesem Team jedoch seit den 1980er Jahren immer wieder Anwendung findet. Auf eine ausführliche formale Darstellung methodischer Vorgehensweisen wird in Publikationen oftmals verzichtet. Dass ‚offene' Vorgehen entstand sozusagen als Folge einer emergierenden theoretischen Perspektive, auf der Grundlage des Forschungsinteresses. Sie wurde daher maßgeblich durch die Teamleitung entwickelt und (indirekt) an Mitarbeitende weitergegeben, die sich diese Perspektive jeweils individuell angeeignet haben.

Statt einer empirischen Generalisierung (wie in anderen Teams des Samples) wird der Ansatz durch die Verzahnung von Theorie und Empirie geprägt, die in einem Spannungsverhältnis stehen: Die Basis für Untersuchungen ist eine klare konzeptuelle Orientierung, welche als erweiterungsfähig gilt, und mit einer „(...) vergleichsweise unstrukturierten Empirie ineinander greift“ (I29, 326). Das Vorgehen kann laut eigener Aussage als ‚theoriegeleitete Empirie‘ bezeichnet werden. Trotz der qualitativen, ethnographischen Orientierung, wird rein induktives Vorgehen kritisch gesehen bzw. als Möglichkeit der Anregung in spezifischen Forschungsphasen verstanden. Denn in diesem Ansatz strukturiert das theoretische Konzept die empirische Realität, es eröffnet den Zugang zum Forschungsgegenstand. Gleichzeitig resultieren grundsätzliche Fragestellungen aus der (alltagsweltlichen) Begegnung mit empirischen Phänomenen; im Sinne eines ‚Wechselspiels‘ aus Empirie und Theorie entstehen Fragen und Anregungen, die in das Konzept einfließen, dieses abändern.

Das Ziel einer Vereinbarung von Theorie und Praxis, von grundlagen- und anwendungsorientierter Forschungsarbeit, ist zentral für die Herangehensweise. Damit geht einher, dass die Rückkopplung und Diskussion der Resultate in die Praxis als wichtiger Indikator für die Tragfähigkeit und Passgenauigkeit der eigenen theoretischen Annahmen und Modelle dient. Anders als beispielsweise in Team 4, ist die Gestaltung jedoch als separater Prozess ‚neben‘ der wissenschaftlichen Arbeit zu sehen. Insgesamt zielen die Untersuchungen des Teams darauf, in einer gesellschaftstheoretischen Perspektive neue bzw. bisher weithin verdeckte Widersprüchlichkeiten im Arbeitsprozess aufzudecken.

6.1.6 Team 6

6.1.6.1 Institutionelle Verortung

Das sechste Forschungsteam ist an der Technischen Universität Chemnitz zu verorten und zwar am Institut für Soziologie innerhalb der Fakultät für Human- und Sozialwissenschaften. Dort arbeiten circa 30 bis 35 Personen in unterschiedlichen Lehr- und Arbeitsbereichen. Ein solcher Bereich widmet sich insbesondere industrie- und techniksoziologischen Fragestellungen. Seit Mitte der 1990er Jahre hat sich eben dort ein theoretisch und methodisch singulärer Forschungsansatz herausgebildet, der im Folgenden betrachtet werden soll. Die leitende konzeptionelle Perspektive der Forschungsarbeit in diesem Arbeitsbereich ist eine so genannte ‚Subjektorientierte Soziologie‘:

> „Diese fragt nach der wechselseitigen Vermittlung von sozialen Strukturen (und deren Wandel) und dem Handeln/Denken von Personen – dabei wird aber letzteren (den „Subjekten“) als von sozialen Verhältnissen konkret Betroffene wie vor allem aber auch als aktiv zur Konstitution und Veränderung von Gesellschaft beitragende Akteure besondere Beachtung geschenkt“ (Elektronische Quelle 7).

Aktuelle inhaltliche Themenfelder sind ‚Dienstleistungsarbeit', ‚Entgrenzung und Subjektivierung von Arbeit', ‚Strukturwandel von Arbeit', ‚Verhältnis von Produktion und Konsumtion'. Methodisch ist der Arbeitsbereich auf Verfahren der qualitativen Sozialforschung spezialisiert. Neben allgemein soziologischen Fragestellungen, die wissenschaftliche Erkenntnis generieren sollen, wird auch Wert darauf gelegt, gesellschaftlich relevantes Wissen zu erzeugen.

6.1.6.2 Das Bezugsprojekt: ‚Multiple Entgrenzung der Arbeit des Flugpersonals im kommerziellen Luftverkehr'

Mit dem Fallstudienansatz, der im ‚Chemnitzer Team' verfolgt wird, wird dem Sample ein weiterer, originärer, Fallstudienstil hinzugefügt – Fallstudienforschung, die sich durch die Verknüpfung (gesellschafts-)theoretischer Konzepte mit detaillierter methodischer Analyse und einer spezifischen methodologischen Verortung auszeichnet. Wie schon die anderen Ansätze, so ist dies ebenfalls eine Herangehensweise, die über gut zehn Jahre hinweg in unterschiedlichen Projekt- und Teamkonstellationen angewendet und weiterentwickelt wurde.[52]

Auch das gewählte Bezugsprojekt ‚Multiple Entgrenzung der Arbeit des Flugpersonals im kommerziellen Luftverkehr' steht für diesen Ansatz. Es wurde von 2006 bis 2008 von der Deutschen Forschungsgemeinschaft gefördert. Beteiligt waren daran vier Forschende. In dieser Form war das Projektteam neu zusammengesetzt, auch wenn in Teilen schon in anderen Konstellationen zusammengearbeitet worden war. Deren Teamstruktur kann als typisch für universitäre Forschung beschrieben werden.

Interviewt wurden vier Wissenschaftler. Alle Interviewten haben einen vorwiegend sozialwissenschaftlichen Hintergrund. Ihre methodische Verortung ist als homogen einzustufen, denn alle vier Forschenden arbeiteten in ihrer bisherigen Laufbahn vorwiegend mit qualitativen Methoden. Innerhalb dieser gemeinsamen Orientierung an interpretativen Methoden werden in der Gruppe verschiedene Abstufungen vertreten. Das Wechselspiel von Offenheit und Strukturierung wird unterschiedlich nuanciert, ebenso die Frage der Detailliertheit von Auswertungsschemata, usw.

Forschungsgegenstand und methodisches Vorgehen

Im Zentrum des gewählten Projekts lag ein theoretisches Interesse: die Analyse von Entgrenzungsprozessen. Diese werden zunehmend als Kennzeichen der

[52] Wie bei einigen anderen Teams im Sample, hat sich die Zusammensetzung des Forschungsteams im Verlauf der vorliegenden Studie erheblich verändert.

Moderne formuliert, systematische konzeptionelle Überlegungen sind demgegenüber, so die Ausgangsthese, noch nicht ausgereift. Insbesondere die Klärung des Zusammenhangs verschiedener Dimensionen von Entgrenzung scheint noch offen. Im Projekt sollte daher ‚multiple Entgrenzung' untersucht werden. Als Beschäftigtengruppe wurden Piloten und Flugbegleiter im kommerziellen Luftverkehr ausgewählt, da diese traditionell zeitlich und räumlich entgrenzt arbeiten. Von daher ist auch ihr Privatleben tiefgreifend multilokal strukturiert (Huchler et al. 2009, siehe auch Matuschek 2008, Matuschek/Voß 2008 oder Dietrich/Huchler 2008). Im Mittelpunkt der Untersuchung standen „(...) alltäglichen Arbeitspraktiken des Flugpersonals, arbeitsorganisatorische Rahmungen sowie individuelle bzw. kollektive Bearbeitungsweisen multipel entgrenzter Arbeit" (siehe Homepage). Dieser Forschungsgegenstand legt eine Erhebung durch subjektnahe, nicht-standardisierte Methoden bzw. durch rekonstruktive Methoden qualitativer Sozialforschung nahe. Die Erhebung erfolgte durch 80 leitfadenstrukturierte Interviews, mit einer Dauer von ein bis zwei Stunden, welche durch vier Betriebsbeobachtungen ergänzt wurden. Gebündelt wurden diese Daten im Rahmen von Fallstudien über die Arrangements von Beschäftigten im Luftverkehr zwischen Mobilität und Lokalität.

In der Auswertung wurde in diesem Projekt eine abgewandelte Form der von Bohnsack geprägten ‚dokumentarischen Methode' praktiziert (siehe z.B. Bohnsack 2008). Modifiziert wurde sie, weil der Forschungsgegenstand und forschungspraktische Rahmenbedingungen es notwendig machten (z.B. leitfadengestützte Interviews statt narrative Interviews, Einzelinterviews statt Gruppendiskussionen). Der Auswertungsprozess umfasste die folgenden Schritte: Zu Beginn wurden Themen frei assoziiert und auf diese Weise festgehalten. Dazu lasen alle beteiligten Forschenden dieselben Interviews gesondert und kodierten möglichst unvoreingenommen und unstrukturiert. In einem nächsten Schritt wurden Übereinstimmungen und Differenzen geprüft. Insbesondere unterschiedliche Einschätzungen wurden in der Gruppe diskutiert, mit dem Ziel, zu einer geteilten Interpretation zu gelangen. Auf der Grundlage der ersten fünf bis zehn Interviews wurde (aufgrund der vergleichsweise hohen Interviewzahlen) ein Kategorienschema entworfen. Diese Kategorien dienten als breite Obergruppen (z.B. ‚Arbeitsorganisation', ‚Mobilität'). Innerhalb dieser (circa 20) Obergruppen, wurden wiederum Untergruppen identifiziert. Dazu wurden die Interviews wiederum erst individuell und anschließend in gemeinsamen Interpretationssitzungen ausgewertet. Im Zuge der Untergruppenkategorisierung wurden die Themen aufgebrochen und verdichtet, auf der Basis des empirischen Materials und der diskursiven Auseinandersetzungen hierüber bildeten sich Untergruppen heraus. Die folgenden Interviews wurden fallweise anhand dieses Rasters analysiert und anschließend in einem Fallvergleich gegenübergestellt. Besonders ausführlich wurden Kerninterviews vergleichend besprochen. Scheinbar uneindeutige oder widersprüchliche sowie sprachlich auffällige Interviewpassagen wurden (zeit)intensiv, unter Rückgriff auf Techniken der objektiven Hermeneutik, behandelt. Demnach verlief das Vorgehen in einem zweitstufigen Prozess, welches zu Beginn sehr induktiv und offen angelegt war und im Verlauf der Auswertung immer spezifischer wurde. Parallel dazu fand im Projektteam ein interner Angleichungsprozess statt, Interviews wurden zunehmend ähnlich kodiert und interpretiert. Nur der abgestimmte Kategorienbaum wurde in ein computergestütztes Analyseprogramm eingespeist. Die daraus generierten Schematisierungen wurden abschließend abermals interpretiert. Um Vergleichbarkeit in der Darstellung zu sichern, wurden die Fälle einzeln und synchron aufbereitet. Dazu erfolgte erst eine interne Fallanalyse und -interpretation, dann, zeitgleich und anschließend, auch fallübergreifend. Der Schreibprozess hierfür war im Wesentlichen arbeitsteilig organisiert.

Kennzeichen der Zusammenarbeit

Die Arbeitsteilung im Team (im vorliegenden Projekt wie auch in anderen Projekten) verläuft entlang differenzierter Muster der Rollen- und Aufgabenteilung: Die Projektleitung fungiert vorwiegend in einer Projektmanagement- und Führungsfunktion. Sie lenkt die Antragstellung, stellt die formalen Zusammenhänge her und ist für die ‚Außendarstellung' des Projekts zuständig. Sie nimmt außerdem an der Durchführung einzelner Interviews und zentraler Auswertungssitzungen teil und unterstützt dort verstärkt die Generierung von Interpretationen und die Zuspitzung des Materials. Die alltägliche Projektarbeit, d.h. die methodische Ausgestaltung der Studie und die Durchführung der empirischen Erhebungen obliegen im Wesentlichen den Mitarbeitern. Wie beschrieben wurde, kommt dabei ein methodisch dezidiertes Auswertungsprozedere zum Einsatz, das eine hohe Bereitschaft voraussetzt, sich auf ‚kleinteiliges' Arbeiten und intensive Auseinandersetzung mit dem Material einzulassen. Hier ist eine intensive wechselseitige Auseinandersetzung der Teammitglieder untereinander kennzeichnend. Dies ist eine Arbeitsteilung zwischen Professor und Mitarbeitern, die als typisch für universitäre Teams gelten kann (z.B. schon von Platt 1976 ausgeführt, siehe Kap. 2.2.1). Insbesondere die Konfrontation von ‚großen' theoretischen Thesen mit differenzierten, empirisch basierten, Aussagen, die Folge dieser Arbeitsteilung ist, scheint zum Merkmal dieser Forschungsgruppe in der inhaltlichen Zusammenarbeit zu gehören (z.B. I22). Je nach Projektphase kommen in der Zusammenarbeit formalisierte und egalitäre Aspekte zum Tragen.

Wie schon in den anderen Projektteams, wird auch hier hervorgehoben, dass sich die Arbeit in der Gruppe in bestimmten Situationen als besonders nützlich erweist. Beispielsweise bei der Erstellung (und Weiterentwicklung) von Leitfäden, im Rahmen der Erhebung oder der Auswertung, wenn individuelle Gedanken im Zuge intersubjektiven Abgleichs kommunikativ verdichtet werden. Teamarbeit ermöglicht Wissens- und Erfahrungsaustausch; andererseits wird auch formuliert, dass auf diese Weise eine Kontrolle von Interpretationen möglich wird, welche letztlich die Qualität der Resultate steigern kann.

6.1.6.3 Forschungsstil des ‚Team 6'

Der Themenschwerpunkt und die Forschungsarbeit in Chemnitz sind durch eine Ausrichtung an ‚subjektorientierter Soziologie' geprägt (allerdings in einer anderen Form als im vorherigen Team). Dieser theoretische Ansatz steht im Vordergrund, soll mit Blick auf verschiedene empirische Felder aufbereitet und gewissermaßen auch durch die Gegenüberstellung mit Empirie überprüft und weiterentwickelt werden. Daher finden häufig grundlagenorientierte Forschungsprojekte statt. Ziel ist es, „(...) Fallstudien zu machen, die ganz nah am Subjekt sind" (I24, 97). Um einer solchen ‚Subjektorientierung' empirisch gerecht zu werden, bieten sich qualitative Zugänge an, da quantitative Forschung schnell an Grenzen stößt, wenn es um die „Phänomenologie der Wirklichkeit" geht (I24, 73). Die eigene Forschung soll einen Beitrag leisten zur Rekonstruktion von sozialen Situationen und Dynamiken.

Die Methodenauswahl variiert je nach Frage- und Problemstellung. Obwohl Offenheit gegenüber verschiedensten Zugängen proklamiert und eine Erweiterung des Methodenspektrums als wünschenswert formuliert wird, ist ein Merkmal der Forschungsarbeit der Gruppe ihre ‚Interviewtradition'. Der Schwerpunkt liegt auf der Durchführung von qualitativen Interviews, die durch Leitfäden strukturiert werden und im Anschluss in der Regel voll transkribiert werden. Maßgeblicher methodischer Bezugspunkt in der Auswertung ist, seit mehr als zehn Jahren, eine modifizierte Version der ‚dokumentarischen Methode', die in vielen (Fall-)Studien zur Anwendung kommt (siehe z.B. Kleemann/Matuschek 2003 oder Kleemann 2005) und eine intensive gemeinsame Auswertung in der Gruppe vorsieht. In diesem Zuge haben sich in der Gruppe spezifische Muster der Arbeitsteilung herausgebildet, die Zusammenarbeit kann gleichzeitig als formalisiert und egalitär charakterisiert werden. Neben der ‚Rekonstruktiven Sozialforschung' werden auch andere methodische Zugänge anerkannt und angewendet. Ein normatives Anliegen wird für die Herangehensweise der Forschungsgruppe hervorgehoben: Soziologie soll nicht für den Elfenbeinturm betrieben werden, sondern der Gesellschaft ‚auch etwas zurückgeben'; ein gesellschaftspolitischer Anspruch wird aufrechterhalten.

6.1.7 Zusammenfassende Gegenüberstellung der Teams

Da in den vorhergehenden Teilkapiteln eine detaillierte Aufbereitung der Fälle vorgenommen wurde, erscheint eine stichpunktartige typisierende Zuspitzung an dieser Stelle zulässig und dienlich, auch wenn sie Gefahr läuft zu schematisieren.

- Team 1: Grundlagenforschungsprojekt mit empirisch breit angelegten ‚Netzwerkfallstudien', deren Ziel vornehmlich die Weiterentwicklung theoretischer Ansätze ist; großes Projekt mit vielen Mitarbeiterinnen und Mitarbeitern, die weitgehend aus unterschiedlichen disziplinären Hintergründen kommen; diverse (theoretische und) methodische Orientierungen; ‚gemeinsame Sprache' trotz Heterogenität; in der Zusammenarbeit hoher Grad an Arbeitsteilung und Rollendifferenzierung, ausgeprägte Führung, professionalisiertes Projektmanagement und explizit kommunizierte ‚Unternehmenskultur'; Forschungsverständnis, das durch strukturiert interpretative (Fallstudien-)Forschung geprägt ist, die faktenorientiert und auf empirischen Daten gegründet ist; dem renommierten Standort entsprechend mit hoher Outputorientierung; anwendungsorientiert (v.a. Politikberatung), aber weniger stark ausgeprägt als andere Teams im Sample
  → ‚strukturiert interpretativer' Forschungsstil; in der Kooperation ‚formalisiert'

- Team 2: Anwendungs- bzw. beratungsorientiertes Projekt im öffentlichen Sektor; Weiterentwicklung von Theorie spielt demgegenüber eine untergeordnete Rolle; qualitatives und quantitatives Vorgehen innerhalb einer ‚regionalen' Fallstudie; qualitatives Vorgehen sehr offen bis hin zu ethnographisch orientiert; kleines, eingespieltes Team; interdisziplinär und methodisch divers; Aufgabenteilung entlang von Inhalten und Methodenkompetenzen, nicht jedoch nach Hierarchien; exemplarisches Projektteam in einem größeren, (überwiegend) eng zusammenarbeitenden Teamzusammenhang; starke Fallstudienorientierung, aber breites und pragmatisches Verständnis von Fallstudien (Stadt, Unternehmen, Land); Standort hat seine Reputation auf Fallstudien und qualitative Forschung aufgebaut, aber inzwischen auch viel quantitative Forschung; Ziel ist die Verbindung von Theorie und Praxis, explizite Policy-Orientierung
  → ‚multimethodischer' Forschungsstil; in der Kooperation ‚egalitär'

- Team 3: Praxisorientiertes, politiknahes Projekt mit starkem empirischen Fokus; zur Evaluierung angelegte Fallstudien im Längsschnittdesign mit Erhebungen über mehrere Zeitspannen hinweg; mittelgroßes Team mit

Fluktuation im Projektverlauf; formalisierte Führung mit klaren Vorgaben; methodisch und disziplinär divers zusammengesetzt; Verbindung von qualitativen Fallstudien und schriftlicher, standardisierter Befragung; für qualitative Forschung sehr strukturiert; alteingesessenes und renommiertes Forschungsinstitut mit langer Tradition der Fallstudienforschung und, parallel dazu, quantitativer Arbeitsforschung; im Mittelpunkt steht theoretisch informierte, empiristische Forschung; häufig international vergleichende Forschung, die auch die Verknüpfung von Forschung und Beratung zum Zentrum haben kann
→ ‚formalisiert qualitativer' Forschungsstil; in der Kooperation ebenfalls ‚formalisiert'

- Team 4: Aktionsforschungs- bzw. dialogorientiertes Projekt, als ‚Gruppenfallstudie' konzipiert; mit unkonventionellem methodischen Instrumentarium bzw. der Entwicklung eigener Methoden in Erhebung und Auswertung; psychoanalytisch begründete, hermeneutische Forschung; Auswertung in Interpretationsgemeinschaften; induktives Vorgehen mit spezifischem Fallverständnis – Geschehen in Industriebetrieben von innen heraus verstehen, Arbeits- und Lebenserfahrungen von Beschäftigtengruppen rekonstruieren; politisch-normativer Anspruch: soziale Ungleichheiten verändern; theoretisch und methodische ‚Orchideenforschung'; mittelgroßes Team mit unterschiedlichen, aber vergleichbaren disziplinären Hintergründen; methodische Positionen homogen: Interpretative Sozialforschung – verstanden als eigener Zugang im Sinne einer Synthese aus Phänomenologie, Ethnomethodologie, Psychoanalyse, Kritischer Theorie und empirischer Sozialforschung
→ ‚induktiver' Forschungsstil; in der Kooperation ‚formalisiert und egalitär'

- Team 5: Anwendungsorientiertes Projekt auf der Basis von Unternehmensfallstudien; empirisch-konzeptionelle Grundklammer umrahmt das Forschungsteam; mittelgroßes Projektteam, wenig Fluktuation und eng sozialisiert, daher theoretisch und methodisch vergleichsweise homogen; methodisches Vorgehen: theoriegeleitete Empirie im Rahmen von Unternehmensfallstudien; methodisch offen, explorativ, ‚detektivisch', teilweise ethnographisch orientiert; auf der Suche nach dem ‚nicht unmittelbar Sichtbaren'; ebenso offen die Zusammenarbeit; Ziel ist die Verzahnung von Theorie und Empirie, politisch-normativer Anspruch: kritische Forschung; institutionell an einem außeruniversitären Institut verortet, daher häufig Projekte mit Praxisanteil und enger Ressourcenausstattung; Gestaltung im Unternehmen

verläuft parallel zu Forschung, nicht im Rahmen ein und desselben Prozesses, wie z.B. in Team 4
→ ‚explorativer' Forschungsstil; in der Kooperation ‚egalitär'

- Team 6: Konzeptionell orientiertes Grundlagenforschungsprojekt mit dezidierter theoretischer Rahmung; Fallstudien als ‚Arrangement-Fallstudien'; Ziel ist die Analyse von Entwicklungen der Arbeitsgesellschaft, darauf aufbauend Weiterentwicklung von Theorie (Fokus mittlere Reichweite von Gesellschaftstheorie); Soziologie nicht für den ‚Elfenbeinturm'; mittelgroßes Team mit differenzierten Rollen- und Aufgabenteilungen bei ähnlichen disziplinären Hintergründen; kleinteilige, intensive gemeinsame Interpretationen in der Gruppe vor dem Hintergrund einer spezifischen methodologischen Verortung (Rekonstruktive Sozialforschung); gemeinsame methodische Positionierung in einer phänomenologischen, qualitativen Orientierung; methodisches Instrumentarium breit, jedoch ausgeprägte ‚Interviewtradition'
→ ‚methodologisch dezidierter Forschungsstil'; in der Kooperation ‚formalisiert und egalitär'

Die eingehende fallübergreifende Analyse der Unterschiede und Gemeinsamkeiten wird in den folgenden Teilkapiteln vorgenommen. Hier kann nun zunächst festgehalten werden: Es sind gruppenspezifisch variierende Muster des Forschens zu erkennen, so genannte ‚*Forschungsstile*'. Diese werden in unterschiedlichen methodischen und sozialen Verfahrensweisen konstituiert und kommen einer jeweils teamspezifischen Institutionalisierung von (methodischen) Regeln gleich. Der ‚Forschungsstil' einer Gruppe wird charakterisiert über deren *methodische Vorgehensweisen* und die *Form der teaminternen Kooperation* (zu den ‚methodischen Praktiken' siehe Kap. 6.2, zur ‚Kooperation' siehe Kap. 6.3).

Die Teams forschen auf verschiedenste Weise mit Fallstudien. Die sechs Fälle bilden jeweils unterschiedliche Fallstudienarten ab. Im Sample finden sich ‚Netzwerkfallstudien' (Team 1), ‚Regionalfallstudien' (Team 2), ‚Evaluationsfallstudien' (Team 3), ‚Gruppenfallstudien' (Team 4), ‚Unternehmensfallstudien' (Team 5) und ‚Arrangement-Fallstudien' (Team 6). Dies macht deutlich: Die Forschungsstrategie der Fallstudie ist äußerst vielseitig und flexibel einsetzbar – von subjektiven Arbeits- und Lebenserfahrungen im Rahmen von Industriebetrieben über die ökonomische und soziale Lage eingewanderter Arbeiterinnen und Arbeiter in einer bestimmten Region, oder die Umsetzung von arbeitsrechtlichen Bestimmungen in Unternehmen bis hin zum organisatorischen Aufbau von Flughäfen, können ganz unterschiedliche Forschungsgegenstände und Forschungsfragen mit Fallstudien untersucht werden (vgl. auch Pongratz/Trinczek 2010).

Zurückzuführen ist die Vielfalt der Herangehensweisen auf ein wesentliches methodologisches Kennzeichen der Fallstudienstrategie – deren Offenheit (siehe Kap. 2). Diese macht die Entwicklung spezifischer Fallstudiendesigns erforderlich. Da dies kaum standardisiert nach lehrbuchartigen Regeln geschehen kann, ist (individuelles und gruppenspezifisches) Erfahrungswissen bei der Konzeption und Durchführung von Fallstudien von besonderer Bedeutung. Mit Blick auf den jeweiligen Gegenstand müssen Vorgehensweisen ganz unterschiedlich entwickelt werden. Diese generiert Raum für teamstrukturierte methodische Vorgehensweisen und Forschungsstile. Wenngleich die Fallstudien-Konzeption innerhalb der Forschungsgruppen oftmals als ‚selbstverständlich' wahrgenommen werden, sind es doch Konstruktionen; Konstruktionen, die kontingent sind und in einem anderen Zusammenhang auch anders aussehen können (z.B. in einem anders zusammengesetzten Team, oder in einer anderen Forschungsgruppe).

Worauf an dieser Stelle kritisch hingewiesen werden soll, ist, dass nicht systematisch geprüft werden konnte, welche Rolle der institutionelle Hintergrund, genauer, die jeweilige Universität (bzw. das Forschungsinstitut), in Bezug auf das forschungspraktische Vorgehen spielt. Zwar lassen sich Zusammenhänge vermuten, beispielsweise ein hoher Druck zur Publikation an britischen Top-Universitäten oder zur Projektakquise an außeruniversitären Instituten, kausale Aussagen diesbezüglich können auf der Grundlage der vorliegenden Daten jedoch nicht getroffen werden. Dementsprechend ist es nur begrenzt angemessen etwa von einem ‚Team Manchester' zu sprechen.[53]

Es ist darüber hinaus zu beachten, dass immer nur Teilaspekte und ausgewählte Mitglieder des Teams zu bestimmten Zeitpunkten betrachtet wurden, was eine Generalisierung verbietet. Stattdessen gilt es zu berücksichtigen, dass wissenschaftliche Teams unter anderem durch hohe Fluktuation gekennzeichnet sind. Dies spiegelt sich auch in der vorliegenden Arbeit. So sind einige Interviewpartner zum Zeitpunkt der Veröffentlichung (formal) teilweise kein Mitglied des betrachteten Teams bzw. der Institution mehr. Andererseits unterliegen die skizzierten Forschungs- und Kooperationsstile kontinuierlich Veränderungen (durch interne Rollenverschiebungen oder externe Rahmenbedingungen). Gleichwohl werden die skizzierten Vorgehensweisen dem charakteristischen Vorgehen, wie es in einem bestimmten Forschungszusammenhang über einen längeren Zeitraum zur gängigen Praxis wurde, meines Erachtens durchaus ge-

53 Das grundsätzliche Dilemma der Vergleichbarkeit unterschiedlicher Dinge bleibt bestehen (z.B. sind die Teams unterschiedlich dauerhaft, unterschiedlich groß und unterschiedlich zusammengesetzt, sie haben differente Ressourcenausstattungen, bilden verschiedene zeitliche Phasen ab, etc.). Dies sind jedoch keine ausschließlichen Probleme der vorliegenden Untersuchung, sondern typische Probleme komparativer Forschung (siehe Kap. 3).

recht. Sicherlich werden die Verfahrensweisen mit Blick auf die Anforderungen von Projektzusammenhängen und variierenden Forschungsfragen verändert, der spezifische Forschungsstil bleibt (bzw. blieb) in seiner Grundform jedoch in den betrachteten Teams in der Regel über einen längeren Zeitraum erhalten. Die folgenden Teilkapitel explizieren (auf der Basis von Fallvergleichen) jeweils einzelne Dimensionen des Forschungsstils. So widmet sich Kapitel 6.2 den methodologischen Positionen und methodischen Praktiken, Kapitel 6.3 fokussiert teaminterne Kooperationsprozesse.

6.2 Fallübergreifender Vergleich methodologischer Positionen und methodischer Praktiken

Nach dieser Vorstellung der Teams soll im Folgenden herausgearbeitet werden, welche fallübergreifenden Muster im Hinblick auf deren methodologische Positionen und methodische Praktiken zu erkennen sind.[54] Dabei wird der Begriff der ‚methodische Praktiken' breit definiert, der Begriff soll im weiteren Sinne auch forschungsstrategische Entscheidungen einschließen, wenn diese das methodische Vorgehen beeinflussen (siehe Kap. 5.1). Im Fallvergleich solcher teamstrukturierter Vorgehensweisen fällt auf, wie zu erwarten, dass sie sowohl grundlegende Ähnlichkeiten aufweisen wie auch systematische Differenzen.[55]

6.2.1 Ähnlichkeiten

Im methodischen Vorgehen zeigen sich konvergente Vorgehensweisen bzw. vergleichbare Einschätzungen der Interviewten zwischen den Teams und auch zwischen den beiden Ländern. Als grundsätzliche Analogie, team- und länderübergreifend, ist zunächst zu vermerken, dass methodische Fragen und methodologische Positionen zwar (im Team) diskutiert werden, inhaltlichen Fragen oder theoretischen Konzeptionen gegenüber jedoch eine untergeordnete Rolle spielen. Stattdessen steht ein ‚pragmatischer Umgang' mit Methoden im Vordergrund.

---

[54] ‚Muster' meint nicht ein statisches Modell, sondern prozessuale Strukturen (vgl. Bosch et al. 1999).

[55] Die Darstellung erfolgt anhand der empirisch gewonnenen Erkenntnisse, welche notwendigerweise verdichtet werden müssen. Dadurch besteht die Gefahr, dass insbesondere nationale Spezifika überzeichnet erscheinen können. Dies soll durch möglichst differenzierte Aufbereitung, auch der Widersprüche, vermieden werden.

Der fallübergreifende Vergleich zeigt auch, dass – trotz unterschiedlicher Forschungsstile der Teams – die angewendeten Forschungsdesigns vergleichsweise ähnlich sind. Auch wenn unterschiedliche Fallstudienarten (z.B. Netzwerkfallstudie, Unternehmensfallstudie, Regionalfallstudie, etc.) durchgeführt werden und in diesem Rahmen teilweise auch spezielle Einzelmethoden verwendet oder gar entwickelt werden, bleibt das Vorgehen in der Regel doch auf gängige Methoden beschränkt. Beispielsweise sind Leitfadeninterviews über den Großteil der Fälle hinweg das dominierende Erhebungsinstrument (das Bremer Team kann hierbei als Ausnahme gelten), das jeweils ergänzt wird durch ausgewählte andere Instrumente. Dokumentenanalysen und Gruppeninterviews kommen beispielsweise ebenfalls häufig vor. Weniger häufig finden sich (systematische) Beobachtungssequenzen (vgl. Pflüger et al. 2010a, deren Bilanzierung mit Blick auf die deutsche Fallstudienforschung der Arbeits- und Industriesoziologie dies bestätigen). Auch die Umsetzung der Erhebungsinstrumente folgt ähnlichen Linien, und zwar trotz individueller Stile der Interviewführung, der Anfertigung von Transkripten und Protokollen, etc. Neben der Auswahl und Umsetzung der Methoden ist zudem der Forschungsprozess durch Parallelen markiert: Es lassen sich phasenspezifisch typische Muster der Arbeitsteilung erkennen (siehe dazu Kap. 7.1.).

Insgesamt können trotz der unterschiedlichen Forschungsstile viele strukturelle Ähnlichkeiten festgestellt werden. Diese Praktiken sind in der Regel unhinterfragt und verlaufen entlang bekannter nationalspezifischer, disziplinärer Forschungstraditionen; sie werden als ‚normal‘ oder ‚natürlich‘ angesehen. Trotz der Offenheit der Forschungsstrategie scheinen sich erstaunlich routinierte Verfahren durchgesetzt zu haben, innerhalb von Teams aber auch im fallübergreifenden Vergleich. Die Gründe für diese Verfestigung (bzw. Institutionalisierung) von Praktiken werden in Kapitel 7.1 erläutert. Zunächst sollen jedoch die Divergenzen beleuchtet werden.

6.2.2 Differenzen

Insgesamt zeigen sich bezüglich der Divergenzen hinsichtlich der (methodischen) Vorgehensweisen, verglichen mit Forschungsstand und persönlichen Erwartungen, überraschend ausgeprägte nationale Pfadabhängigkeiten.

Im Allgemeinen gelten *methodologische Positionen* als ausschlaggebend für methodisches Vorgehen, daher liegt es nahe, dies zu betrachten. Deshalb wurden alle Interviewten danach befragt. Im Ergebnis tritt eine Bandbreite wissenschaftstheoretischer Auslegungen zu Tage, von realistischen über pragmatistische hin zu (sozial-)konstruktivistischen Positionen. Dabei sind nationalspezifische Gepflogenheiten zu erkennen, beispielsweise die subjektive Einordnung als ‚Critical Realist' die in Großbritannien seit einigen Jahren immer häufiger wird (und explizit methodologische Implikationen mit sich bringt), in Deutschland eine bis dato relativ unbekannte Bewegung. Die von Bohnsack geprägte ‚Rekonstruktive Sozialforschung' hingegen kann als spezifisch deutscher Ansatz gelten. Interessant für die vorliegende Arbeit ist eine Einschätzung der methodologischen Verortung der untersuchten Projektteams, d.h. derjenigen Ansicht, die für die konkrete Durchführung von empirischen Studien relevant wird. Die Einordnung der Teams anhand ihrer dominierenden methodologischen Position zeigt die folgende Tabelle (Tabelle 1). Sie macht die länderspezifischen Divergenzen schon auf den ersten Blick deutlich.

Team	**Teamzusammensetzung** (Bezugspunkt Methodologie)	**Methodologische Position**
Team 1	Heterogen	‚Mixed-methods'
Team 2	Heterogen	‚Mixed-methods'
Team 3	Heterogen	‚Mixed-methods'
Team 4	Homogen	Aktionsforschung (hermeneutisch orientiert)
Team 5	Homogen	Interpretatives Paradigma
Team 6	Homogen	Rekonstruktive Sozialforschung (phänomenologisch orientiert)

Tabelle 1: Vergleich methodologischer Positionen

Bezüglich der britischen Teams fällt auf: zwar werden individuell vielfältige methodologische Positionen vertreten, dies führt jedoch nicht zu spezifischen methodologischen Verortungen der Teams. Im Gegenteil, die hohe Vielfalt und Unterschiedlichkeit methodologischer Standpunkte in der Gruppe scheint zu Homogenität im methodischen Vorgehen zu führen, denn alle britischen Teams vertreten im wesentlichen ‚mixed-methods' Orientierungen bzw. ihre Herangehensweisen sind durch Methodenkombinationen geprägt.[56] Die britischen Forschungsgruppen unterstreichen, dass neben qualitativ-interpretativen Verfahren auch quantitativ-standardisierte Verfahren angewendet werden, die beiden Paradigmen seien als gleichberechtigt und komplementär zu verstehen. Multimethodische Verortung kann, wie ergänzende Interviews in Cardiff, Swansea oder Bristol ebenfalls gezeigt haben, in Großbritannien als Mainstream gelten. Entgegen der ursprünglichen (qualitativ geprägten) Tradition der britischen Industrial Relations Research scheinen derartige Orientierungen inzwischen sogar zu überwiegen.[57] Von den 18 interviewten Personen in Großbritannien haben mehr als zwei Drittel Forschungserfahrung mit der Durchführung von quantitativen, oder zumindest methodisch gemischten, Projekten.

Die *quantitative Orientierung* der britischen Teams kann auf verschiedene Ursachen zurückgeführt werden:

1. In der britischen Industrial Relations Forschung gibt es eine traditionell größere Akzeptanz und Wertschätzung von quantitativen Studien als dies in der deutschen Industriesoziologie der Fall ist. Während quantitative Analysen in letzterer nie heimisch werden konnten, sind sie in Großbritannien seit den 1970er Jahren eine gängige ‚Alternative' zur Fallstudienforschung, darauf hat Kapitel 3 bereits verwiesen.
2. Ein weiterer wesentlicher Aspekt liegt in der Zusammensetzung der britischen Forschungsgruppen, die typischerweise durch *Interdisziplinarität* gekennzeichnet ist (siehe Kap. 3). So sind unter den Interviewten neben Industrial Relations Forschern auch Sozial- und Politikwissenschaftler – und außerdem Betriebswirtschaftler, Volkswirte, Mathematiker und sogar Chemietechniker.[58] In disziplinär unterschiedlich zusammengesetzten Teams

[56] Zwar kann ‚Mixed-methods' im engeren Sinne kaum als ‚methodologische Position' gelten, da die wissenschaftstheoretische Grundlegung insbesondere für paradigmenübergreifende Methodenkombinationen noch aussteht. Dennoch wird dies in den Interviews als methodologische Überzeugung formuliert. Und dies ist nicht nur auf die in Großbritannien übliche, weitaus breitere Auslegung des Begriffs ‚Methodologie' zurückzuführen. Eine ebenbürtige Verwendung und Verbindung von qualitativen und quantitativen Zugängen kann im weiteren Sinne durchaus als methodologischer Standpunkt verstanden werden. Diskutiert werden dabei in jüngerer Zeit nun insbesondere die wissenschaftstheoretischen Implikationen eines solchen Vorgehens (z.B. Olsen 2004).

[57] Siehe Kapitel 3. Auch in den Interviews wird zudem berichtet, dass die IR Forschung in Großbritannien ehemals dafür kritisiert wurde, zu wenige quantitative und zu viele ‚deskriptive' und ‚journalistische' Analysen zu machen (z.B. 116).

[58] Ein Blick auf die arbeits- und industriesoziologische Forschungslandschaft in Deutschland vermittelt den Eindruck, dass solche Interdisziplinarität dort eher ungewöhnlich ist. Zwar ist beispielsweise auch das Bremer Team interdisziplinär zusammengesetzt. Interdisziplinär meint in diesem Fall jedoch immer noch mit sozialwissenschaftlicher Ausrichtung (z.B. Soziologie und

kann von unterschiedlichen Methodenkenntnissen und -präferenzen ausgegangen werden, daher sind die britischen Teams intern – mindestens mit Blick auf methodologische Positionen – als heterogen zu beschreiben. Diese Heterogenität scheint sich insofern auszuwirken, als sie die (methodischen) Möglichkeiten einerseits erweitert (Stichwort Kompetenzen) und andererseits limitiert (Stichwort Methodenkompromiss). Die methodischen Vorgehensweisen ähneln sich trotz und gerade wegen der interdisziplinären Zusammensetzung der Forschungsgruppen.

3. Außerdem liegt es nahe, zur Erklärung der nationalen Divergenzen unter anderem den in Britannien starken *Einfluss amerikanischer Theoriemodelle und Methoden* heranzuziehen. Wie in Kapitel 3 deutlich wurde, geht dieser bis in die 1950er Jahre zurück und hat bis heute Bestand. Für die theoretische Orientierung der britischen Teams bedeutet dies, dass insbesondere organisationssoziologische Ansätze in die Fallstudienforschung aufgenommen wurden. Auch ein gegenwärtiges Abklingen marxistischer Ansätze und, im Gegenzug dazu, ein Erstarken postmoderner Konzeptionen wird damit in Verbindung gebracht: „If I were to say that at the centre of my understanding of work is a Marxist analysis, now, to say that that would be shocking, it would be seen as old fashioned. It would be seen as that is the past, that's not the present. And I think it's the US influence here" (I2, 135). Die generelle Entwicklungstendenz der IR Forschung, die sich seit den 1980er Jahren zunehmend in Richtung HRM begibt, wird von den Interviewten als ‚Amerikanisierung' interpretiert. Besonders deutlich wird dies wahrgenommen hinsichtlich der Auswahl von Methoden und der Ausgestaltung von Forschungsdesigns, wo verstärkt auf quantitative Anteile gesetzt wird: „People want to get published in American Journals, so they do quantitative" (I4, 113).
4. Hier deutet sich eine empirisch wichtige Ursache für die hohe ‚Beliebtheit' von multimethodischen Orientierungen an: es wird von Befragten wird ein ‚Druck' zu derartigen methodischen Analysen verspürt. Dies ist wesentlich auf die seit den 1980er Jahren stattfindende landesweite Wissenschaftsevaluation in Britannien zurückzuführen, die (zumindest indirekt) quantitative Herangehensweisen zu begünstigen scheint. Darauf kommen wir in Kapitel 7.2 ausführlich zurück.

Demgegenüber wird in den untersuchten deutschen Teams zwar prinzipiell Offenheit gegenüber quantitativen Zugängen postuliert (im Zuge von Fallstudien-

Politikwissenschaften); ganz im Gegensatz zu Großbritannien, wo regelmäßig unterschiedlichste Paradigmen aufeinander treffen.

forschung und darüber hinaus), die Interviewten ordnen sich dennoch ganz überwiegend als ‚qualitative' Forscherinnen und Forscher ein, quantitative Zugänge werden in der Forschungspraxis kaum umgesetzt. Sie haben auch selten Forschungserfahrung mit (Fall-)Studien, welche Methoden beider Paradigmen verbinden. Quantitative Analysen stellen im Zuge von Fallstudien in Deutschland nach wie vor eher die Ausnahme als die Regel dar. Dies gilt mit Blick auf die vorliegenden drei Teams (keines arbeitet regelmäßig mit solchen Erhebungsmethoden), aber auch mit Blick auf die deutsche Arbeits- und Industriesoziologie insgesamt (vgl. Pflüger et al. 2010a).

Dies ist (neben disziplinären Traditionen) auch darauf zurückzuführen, dass die deutschen Teams, mit Blick auf Ausbildung und Sozialisation, weitestgehend *in sich homogen* sind (d.h. ganz überwiegend sozialwissenschaftlichen Ursprungs). Dies gilt ebenfalls für deren methodologische Positionierungen: es werden klar methodische – und zwar interpretativ orientierte – Prioritäten gesetzt. Gleichwohl führt dies nicht zu ähnlichen Vorgehensweisen, sondern zu unterschiedlichen Ausformungen qualitativen Vorgehens, bis hin zur ‚Orchideenforschung', die sich explizit abgrenzt. So soll an dieser Stelle festgehalten werden: *Gegenläufig zu den britischen Teams, wo die teaminterne Heterogenität an methodologischen Positionen zu homogenen methodischen Praktiken zwischen den Teams führt, zeigt sich mit Blick auf die deutschen Teams eine relative Homogenität an methodologischen Verortungen, die jedoch in heterogenen methodischen Verfahren resultiert* (wir kommen in Kap. 7 darauf zurück).

Zwischen den deutschen Teams ergeben sich Unterschiede in der qualitativen Ausrichtung (z.B. mehr oder weniger induktiv oder dialogorientiert) sowie dem Grad an Offenheit im methodischen Vorgehen der Teams – vom locker formulierten Fragebogen, der ‚normalerweise' beherzigt wird, bis hin zum detaillierten ‚Regieplan'; von offenen Interpretationssitzungen zur regelhaften Analyse nach Kodierschemata mittels computergestützten Programmen. Diese Praktiken erweisen sich als strukturiert von grundlegenden erkenntnistheoretischen und methodologischen Annahmen der Forschungsgruppe. Am stärksten ist der Zusammenhang mit Blick auf den Ansatz von Team 4 erkennbar: Die aktionsforschungsorientierte-hermeneutische Grundorientierung zeigt sich sowohl in der Auswahl des Instrumentariums der Fallstudien (neben Interviews und Beobachtung sog. ‚Forschungsseminare') wie auch der Durchführung der Feldforschung (emanzipatorischer Anspruch, weitgehende Aufhebung der Trennung von Forschenden und Beforschten) sowie der Ablehnung gängiger Gütekriterien der Auswertung (z.B. des Objektivitätspostulats). Stattdessen werden die Interpretationen kommunikativ in der Gruppe generiert und ausgehandelt. Vergleichbares wird in der Forschungsgruppe Team 6 offenbar: Die (phänomenologisch orientierte) rekonstruktive Sozialforschung begünstigt die Auswahl offener, nichtstandardisierter Erhebungsverfahren. Da diese auf der induktiven Suche nach Kernaussagen beruht, wird kleinteilig und eng an den Transkripten interpretiert. Widersprüchliche Deutungen von Teammitgliedern rücken in das Zentrum der Aufmerksamkeit und werden zeitintensiv diskutiert; daher gilt die Interpretationsgemeinschaft als zentraler Ort für die Validierung von Thesen und Erkenntnissen. Die Gruppe in Team 5 weist auf einen weiteren Aspekt hin wie die methodologische Position der Gruppe das methodische Vorgehen beeinflusst. Weil Organisationen nicht nur auf formalen, sondern auch auf informalen Strukturen basieren, gilt es auch letztere zu untersuchen. Diese Suche nach nicht unmittelbar ersichtlichen oder verborgenen Bedeutungen, die interpretativ erschlossen werden müssen, bedarf ‚detektivischen', offenen Vorgehens.

Der Vergleich der methodischen Praktiken der britischen und deutschen Teams offenbart eine hohe ‚Flexibilität' bezüglich methodischer Verfahren. Von britischer Seite wird betont, man sei als Forschender *‚nicht mit einer Methode verheiratet'* (I15, 77). Eine ganze Reihe der Interviewten haben im Verlauf ihrer Karriere mit unterschiedlichen Zugängen gearbeitet, sowohl qualitativ als auch quantitativ (z.B. I3, I6, I7, I9, I13, I15, I25, I27).[59]

Erst im Vergleich mit den deutschen Vorgehensweisen wird deutlich, dass hier durchaus ein länderspezifisches (disziplinäres) Charakteristikum zu erkennen ist. Nicht nur die Methoden werden flexibler verwendet, insgesamt lässt sich traditionell und vor allem aktuell eine weniger ausgeprägte ‚Schulenbildung' erkennen. Eine starke methodische, theoretische und/oder inhaltliche Orientierung, die vom Lehrstuhlinhabenden formuliert wird und dann durch das Team weiterverfolgt, ist dort eine Seltenheit. Bedingt ist dies unter anderem durch die Organisation der britischen Universitäten, die ohne ‚Lehrstuhlstruktur' auskommt. Während in Deutschland der Lehrstuhl als organisatorischer und inhaltlicher Bezugspunkt gesehen werden kann, ist dies in Großbritannien offener (vgl. Borgwardt 2010). Dort stellt ein Forschungsbereich oder das Department den zentralen Bezugspunkt dar. In der Folge fehlen direkte Vorgesetzte auf ‚konzeptioneller' Ebene.[60] In diesem Zuge wird zudem deutlich gemacht, dass es (heut-

---

59 Hierfür werden unterschiedliche Gründe angeführt. So werden durch die (vor allem im Master) sehr standardisierte Methodenausbildung in Großbritannien die Kompetenzen für unterschiedliche Methoden erworben. Zugleich führt das flexible Ausbildungssystem in Großbritannien (verdeutlicht z.B. durch Interviewte mit Bachelorabschluss in Chemietechnik, Mathematik oder BWL, die im Master Industrial Relations oder Ähnliches studiert haben) nach Aussagen der Interviewten zur einer weniger starken Festlegung auf bestimmte theoretische oder methodische Denkrichtungen. Außerdem wird vielen britischen Wissenschaftlern eine pragmatische Grundhaltung bescheinigt (manchmal sogar als ‚Opportunismus' bezeichnet, z.B. I21).

60 Dass die universitären in Hierarchien in Großbritannien flach sind und Forschenden früh viel (Forschungs-) Freiraum eingeräumt wird, darauf wird in den Interviews regelmäßig verwiesen (z.B. I23). Die fehlende Lehrstuhlstruktur ermöglicht laut Interviewaussagen einen ‚unabhängi-

zutage) in den Departments kaum Strategien gibt, diese inhaltlich oder methodisch kohärent aufzubauen: „*That might have been the case in Britain. But that has broken down*" (I21, 181). Inzwischen werden ‚die Guten' genommen, deren inhaltliche, theoretische oder methodische Ausrichtung ist nebensächlich (z.B. I15). Zwar werden auch von britischen Teams inhaltliche Schwerpunkte vorangetrieben, diese scheinen jedoch recht variabel. Ein dauerhafter Fokus auf beispielsweise ‚erfahrungsgeleitetes Handeln' oder ‚Entgrenzung' lässt sich in ähnlicher Form in keinem der britischen Teams erkennen. Vielmehr scheint in der Wahl der Schwerpunkte und Vorgehensweisen stärker pragmatisch auf externe Ansprüche reagiert zu werden, auf Bedürfnisse und Interessen von Forschungsförderern sowie auf den Publikationsoutput (dazu in Kap. 7.2 detaillierter). Demgegenüber werden in Deutschland inhaltliche oder methodische Fokussierungen traditionell von führenden professoralen Figuren entwickelt und an den wissenschaftlichen Nachwuchs weitergegeben. Die Abgrenzung und Entwicklung des eigenen wissenschaftlichen Ansatzes ist in Deutschland ein zentrales Mittel der Profilbildung.

Zusammenfassend lässt sich festhalten, dass sich hinsichtlich der Forschungspraxis in Großbritannien zwischen den Teams eine *‚Homogenisierungstendenz' bezüglich methodischer Vorgehensweisen* ausmachen lässt – obgleich ihre Zusammensetzung als heterogen zu bezeichnen ist. Beispielsweise beschreiben alle Teams eine multimethodische, international vergleichende Ausrichtung ihrer Forschung, es werden ähnliche Methoden verwendet und wenig (theoretische oder methodische) ‚Schulenbildung' vorangetrieben. Die deutschen Teams sind demgegenüber in ihrer Zusammensetzung als homogen zu beschreiben, mit Blick auf ihre methodischen Vorgehensweisen zeigen sich jedoch deutlich heterogenere Herangehensweisen (z.B. dokumentarische Methode, Dialogorientierung) sowie eine auf Abgrenzung zu anderen Teams formulierte Profilbildung. Dies wird in Kapitel 7, unter Erläuterung zentraler Beweggründe hierfür, ausgeführt.

Die unterschiedlichen methodischen Praktiken verlaufen jedoch nicht ausschließlich entlang der methodologischen Verortung der Teams (was zu erwarten wäre). Deshalb kommen wir nun zur zweiten Annahme: Wie vorgegangen wird, wird in teaminternen Prozessen entschieden, ist also das Resultat teamspezifischer Kooperations- und Aushandlungsformen.

gen' Aufstieg, es wird nicht erwartet, sich an theoretische oder methodische Ansätze der Professorin bzw. des Professors zu binden (wie es für deutsche System unterstellt wird) (z.B. I13).

6.3 Fallübergreifender Vergleich teaminterner Kooperation

Dieses Kapitel soll Aufklärung darüber bringen, ob bzw. in welcher Weise teaminterne Dynamiken auf die methodischen Praktiken im Zuge der Durchführung von (arbeits- und industriesoziologischen) Fallstudien wirken. In der Methodologie wird der Einfluss von sozialen Prozessen im Forschungsteam kaum thematisiert. Die Hintergrundannahme der vorliegenden Arbeit ist es jedoch, dass insbesondere Fallstudienforschung aufgrund ihrer methodologischen Kennzeichen viel Raum für teaminterne Dynamiken bietet, oder, anders formuliert, der soziale Prozess im Team eng mit deren Forschungsergebnissen zusammenhängt (wie z.B. Annahmen aus der konstruktivistischen Wissenschaftssoziologie nahe legen).

Der Begriff ‚Teamarbeit', das wird im Zuge der Untersuchung offenkundig, kann ganz unterschiedlich ‚gefüllt' werden. Das bezieht sich nicht nur auf die Intensität der Zusammenarbeit, sondern auch auf die Form dieser, welche sich mit der Zusammensetzung und Struktur der Gruppe unterscheiden kann. Im Zuge des fallübergreifenden Vergleichs wird, erstens, erkennbar, dass etwa die Größe der Gruppe oder Statushierarchien nicht nur die Zusammenarbeit innerhalb der Einheit prägt, sondern auch Auswirkungen auf Forschungsprozesse hat (Kap. 6.3.1). Zweitens wird deutlich, dass der Abstimmungsbedarf im Zuge unterschiedlicher ‚Kooperationsformen' unterschiedlich geklärt wird (Kap. 6.3.2). Im Mittelpunkt der folgenden Kapitel steht die Frage, wie und unter welchen Voraussetzungen der hohe Abstimmungsbedarf im Zuge von (verhältnismäßig) offenen Forschungsprozessen, wie der Fallstudienforschung, geklärt wird.

6.3.1 Zusammensetzung und Struktur der Forschungsgruppen

Auf der Grundlage der empirischen Erhebung können verschiedene Variablen identifiziert werden, die für die Zusammenarbeit innerhalb der Forschungsgruppe jeweils einen Effekt haben. Daher sollen diese dargestellt werden, bevor die Kooperationsformen herausgearbeitet werden. Zu den empirisch relevanten Dimensionen gehören die Größe, der Grad der Sozialisation und gemeinsamen Forschungserfahrung, der disziplinäre Hintergrund, sowie die (hierarchische) Struktur der Gruppe. Zu verstehen sind diese Faktoren vor dem Hintergrund der (national geprägten) institutionellen Einbettung solcher Teams.

Größe der Gruppe

Durchaus naheliegend ist festzustellen, dass kleinere Teams eine intensive Zusammenarbeit in Form von wechselseitigem Austausch über das Forschungsthema und den -prozess begünstigen. Der Arbeit in der Dyade wird die größte Erkenntnismöglichkeit zugeschrieben: „I always work in pairs, or in threes, where we can generate real discussion, real thought, real critical insight" (I21, 125). Hier könne intensiv diskutiert und Wissen generiert werden, der Schreibprozess kann gemeinsam statt arbeitsteilig erfolgen, diese Meinung trifft man nicht selten in den Interviews. In der Literatur wird hingegen eine ‚ideale' Größe von drei bis vier Personen konstatiert (siehe Kap. 2). Diese ‚Idealgröße' haben einige Teams im Sample auch für sich erkannt und versuchen nach Möglichkeit in kleinen Teams zu arbeiten, um Kohärenz aufrecht zu erhalten. Hier wird ein zentraler Punkt sichtbar – gerade im Zuge von Fallstudienforschung stellt sich das Problem, in der Gruppe eine geteilte Perspektive zu entwickeln. Dies wird mit einer wachsenden Zahl an Forschenden immer schwieriger. Besonders große Projektteams bringen deshalb eine erhöhte Konfliktwahrscheinlichkeit mit sich, es wird immer schwieriger, einen ‚gemeinsamen Nenner' zu finden. Häufig wird in Interviews auch berichtet, dass in großen Teams die Möglichkeit ‚sich zu verstecken' größer wird, divergente Wege eingeschlagen werden oder persönliche Differenzen zum Tragen kommen. Bis zu einem gewissen Grad kann ein Team demgegenüber auch von der Anzahl ihrer Mitglieder profitieren (z.B. umfassende Forschungserfahrung, etc.).

Die Größe des Forschungsteams kann sich demzufolge in ganz unterschiedlicher Weise auf den Fallstudienforschungsprozess auswirken. Auf der Hand liegt, dass Mitglieder in kleinen Teams im Forschungsalltag intensiver wechselseitig kommunizieren als Mitglieder großer Teams. Hier bilden sich wiederum kleinere Forschungszusammenhänge. Für den Forschungsprozess scheint ein kleines Team eher von Vorteil zu sein: Die wechselseitige Abstimmung ist organisatorisch einfacher, die sozialen und methodische Funktionen eines Teams (siehe Kap. 7.1) bleiben trotzdem erhalten – in kleinen (status- und disziplinähnlichen Teams) ist der Austausch und die Interpretation der Ergebnisse in der Regel am gangbarsten zu bewerkstelligen.[61]

[61] Dies soll nicht darüber hinweg täuschen, dass vor allem auch die ‚persönliche Chemie' für ein funktionierendes Team wichtig ist (siehe Kap. 2).

Sozialisation in der Gruppe

Damit in Zusammenhang steht die teaminterne Sozialisation. Die in Kapitel 2 skizzierte methodische Offenheit der Fallstudienstudienstrategie findet ihren Ausdruck an verschiedenen Stellen: In der Gestaltung der Forschungsdesigns aber auch in der Ausgestaltung der sozialen Kooperation in der Gruppe. Durch die methodischen Kennzeichen von Fallstudien ist weder die Auswahl der Erhebungsinstrumente oder ähnliches vorgegeben, noch eine Arbeits- oder Aufgabenteilung vorstrukturiert. Beides muss mit Blick auf den Gegenstand, die Förderungsbedingungen und die Zusammensetzung des Teams bestimmt werden.

Nicht nur weil Fallstudienforschung bisher wenig systematisch Einzug in die Methodenlehre und Ausbildung gehalten hat, erfolgt die Erlernung des Verfahrens häufig in der Forschungsgruppe. Besondere Bedeutung erhält teaminterne Sozialisation im Zuge von Fallstudienforschung, da (wiederum durch den hohen Grad an Offenheit bedingt) ein ‚gemeinsames Verständnis' als wesentlich empfunden wird. Für ein Projekt neu zusammengesetzte Gruppen brauchen mehr Zeit, um sich im Forschungsprozess zu verständigen, diese Wahrnehmung wird in den Interviews häufig hervorgehoben. Andererseits können ‚eingespielte' Teams mit geringerem Zeitaufwand zielstrebiger den Forschungsprozess vorantreiben. Dies führt dazu, dass versucht wird, immer wieder in Kollaborationen zu forschen, die sich als erfolgreich bewiesen haben. Auch wenn Mitglieder das Projektteam nach Abschluss eines Projekts verlassen, wird die Zusammenarbeit, wenn möglich, über institutionelle Grenzen hinweg weitergeführt. Zugleich zeigen sich auch Anzeichen, dass über eine Anlernung und Förderung von Studierenden oder des wissenschaftlichen Nachwuchses passende Teammitglieder ‚herangezogen' werden. Die Folgen solcher Entwicklungen werden durchaus konträr bewertet: Positiv aufgrund von Effizienzaspekten, negativ, da eingefahrene Strukturen Innovation eher hindern als unterstützen.

Die Interviews machen außerdem deutlich, dass die Art, wie Fallstudien konzipiert, durchgeführt und ausgewertet werden, einerseits von der Vorerfahrung des Einzelnen mit Fallstudienforschung abhängt, und, andererseits auch davon, ob in dieser (oder einer ähnlichen) personalen Forschungskonstellation schon einmal eine Studie durchgeführt wurde; (gemeinsames) Erfahrungswissen wird als zentral formuliert.

Disziplinärer Hintergrund

Gravierende Auswirkungen auf Fallstudiendesigns und die Interpretation der Ergebnisse haben die disziplinären Hintergründe der Teammitglieder. Im Gegensatz zu Deutschland, wo Fallstudien in der Arbeitsforschung überwiegend von recht einheitlich (soziologisch) zusammengesetzten Gruppen produziert werden, sind, wie schon skizziert, in Großbritannien heterogene Teams die Regel. Heterogen meint an dieser Stelle interdisziplinär. Solche Teams gehen mit speziellen Anforderungen und Möglichkeiten einher. Auf der Seite der Herausforderungen weisen Interviewpartner darauf hin, dass die Verständigung über Forschungsprozesse (zumindest in neuen Projektteams) wiederum zeitaufwendiger ist, und teilweise Schwierigkeiten bestehen, den ‚gemeinsamen Nenner' zu erreichen. Auch die Konfliktwahrscheinlichkeit nimmt in solchen Konstellationen tendenziell zu, so eine übliche Meinung. Verschärft wird dies, wenn Vertreter unterschiedlicher methodischer Paradigmen zusammenarbeiten. Auf der anderen Seite wird interdisziplinär zusammengesetzten Gruppen auch besonderes Potenzial zuschrieben: „Heterogeneous teams take a lot longer to form and work well together. But it depends on the task you're doing. If your task is a complex task and there aren't any right answers to what you're doing and you need creativity and innovation, then heterogeneous team are probably better" (116, 84). ‚Komplementarität' (hinsichtlich Expertise) wird vielfach als erstrebenswertes Kriterium in solchen Forschungsgruppen unterstrichen.

Hierarchische Struktur

Wie eine Gruppe in Bezug auf Status und Qualifikationsstufen aufgebaut ist, kann sich ebenfalls auf die Art der Fallstudienforschung auswirken: an verschiedener Stelle wird in den Interviews erwähnt, dass in statusähnlichen Gruppen (insbesondere, wenn diese klein sind) eine besonders intensive Zusammenarbeit möglich ist. Wünschenswert sei dies vor allem in der Phase der Interpretationsgenerierung, da intensiver wechselseitiger Austausch ein Analysepotenzial ermöglichen kann, welches alleine oder in weniger ähnlichen Gruppen kaum erreicht werden könne (z.B. I17).

Alle bisher genannten Faktoren – die Größe der Gruppe, deren Sozialisationsgrad, die gemeinsame Vorerfahrung bei der Durchführung von Studien, deren disziplinärer Hintergrund, aber, vor allem auch, deren hierarchische Zusammensetzung – stehen im engen Zusammenhang mit der Frage, wie in der Gruppe im alltäglichen Forschungsprozess kooperiert wird, d.h. welcher Kooperationsstil vorherrscht. Dies wird, unter Berücksichtigung der Konsequenzen, im nächsten Teilkapitel fokussiert.[62]

---

[62] In der Literatur werden weitere sozialstrukturelle Faktoren genannt, die den Forschungsprozess in der Gruppe beeinflussen können (z.B. die geschlechtliche oder ethnische Zusammensetzung).

6.3.2 Teamspezifische Kooperationsformen

Wie in wissenschaftlichen Teams kommuniziert und koordiniert wird, ist in Zusammenhang mit ihrem Aufbau zu sehen. In der einschlägigen Literatur wird üblicherweise zwischen ‚demokratischen' (oder ‚egalitären') und ‚hierarchischen' (oder ‚arbeits- und aufgabenteilig') organisierten, Kooperationsformen unterschieden (siehe Kap. 2). Vor dem Hintergrund des fallübergreifenden Vergleichs lassen sich diese Unterscheidungen für die vorliegenden Teams nur bedingt übernehmen. Einerseits zeigt sich, dass auch egalitäre Teams arbeits- und aufgabenteilig arbeiten (z.B. Team 2), andererseits sind einige Teams nicht im engeren Sinne durch Statushierarchie geprägt, wohl jedoch über ein stark professionalisiertes Vorgehen und formalisierte Kooperation, die maßgeblich ‚top down' vermittelt sind.

Die begriffliche Unschärfe soll vermieden werden, wenn die Kooperationsformen der untersuchten Teams entlang der Achse ‚egalitär' und ‚formalisiert' angesiedelt werden. Dies sind zwar strenggenommen keine Gegenpole, scheinen allerdings treffend[63]:

- ‚Formalisiert' (Team 1 und Team 3): hoher Grad an Arbeitsteilung und Rollendifferenzierung, ausgeprägte Führung und professionalisiertes Projektmanagement, Zentralisierung, top down kommunizierte Vorgaben zum (methodischen) Vorgehen
- ‚Egalitär' (Team 2 und Team 5): demokratische Aushandlung des (methodischen) Vorgehens, Konsens statt Kompromiss, kaum Arbeitsteilung im Sinne von Empirie/Theorie, Aufgabenteilung entlang von Inhalten und Kompetenzen, nachrangig entlang von Qualifikationsstufen; partizipativ
- ‚Formalisiert und egalitär' (Team 4 und Team 6): Entstehung und Aufrechterhaltung von Praktiken sowohl durch Konsens wie auch Kompromiss und Führung geprägt; stärkere Rollen- und Aufgabenteilung als in ‚egalitären' Teamstrukturen, jedoch geringere Rollendifferenzierung als in ‚formalisierten' Kooperationsformen[64]

Dies sind Aspekte, die im Rahmen der vorliegenden Untersuchung nicht systematisch betrachtet wurden bzw. nicht in den Interviews formuliert wurden.

63 So angemessen wie Schematisierungen sein können; sie dienen der Komplexitätsreduktion und nehmen in Kauf, dass Feinheiten subsumiert werden.

64 Für die detaillierte Beschreibung der Teams und ihrer Kooperationsweisen siehe die Einzelfallanalysen in Kapitel 6.1.

Je nach Kooperationsform unterscheidet sich die Gestaltung des Fallstudienforschungsprozesses. So können eher formalisierte Teams beispielsweise durch Strukturierung punkten (konkret z.B. Zwischenziele, Abgabefristen, etc.), aufgrund ihrer arbeits- und aufgabenteiligen Organisation effizient arbeiten und von klaren Rollenverteilungen profitieren. Wie schon Jennifer Platt (1976) beschreibt, werden der professoralen Rolle typischerweise Tätigkeiten wie Öffentlichkeitsarbeit, Personalrekrutierung und Teamentwicklung sowie klassische Führungsaufgaben zugeschrieben. Mit Bezug auf die Durchführung von Fallstudienprojekten bedeutet dies häufig auch die Strukturierung von Arbeitsteilung, die Begleitung des Forschungsprozesses (z.B. bei zentralen Interviews oder Interpretationssitzungen), die Vorgabe von theoretischen und/oder methodischen Leitlinien bzw. die Projektleitung. Viele Aufgaben des alltäglichen Projektmanagements und die Organisation und Durchführung der Feldforschung sind auf der Ebene der Mitarbeitenden angesiedelt. Diese erledigen die methodische (Fein-)Arbeit, setzen sich mit inhaltlichen und organisatorischen Einzelheiten auseinander und zeigen Präsenz im Feld. Teams, die durch eine ausgeprägte Formalisierung und Arbeitsteilung gekennzeichnet sind, können effektiv arbeiten, ihre Struktur wird (vor dem Hintergrund des typischen ‚egalitären Pathos' in der Wissenschaft, Bahrdt 1971) jedoch problematisch gesehen. Forschungsgruppen mit egalitären Kooperationsformen sind der Einschätzung nach ‚legitimer', sie bringen aber Dysfunktionalitäten bezüglich der Entscheidungsfindung mit sich (vgl. Platt 1976). Allerdings ist zu beachten, dass Rollen und Beziehungen sich im Verlauf von Projekten häufig verändern, teilweise bilden sich ‚informelle' Hierarchien und implizite Arbeitsteilung heraus. Neben typischen Machtstrukturen zeigt sich im Zuge von Fallstudienforschung die Bedeutung von Erfahrungswissen. Wer sich letztlich durchsetzen kann, dies kommt auch auf die Phase im Forschungsprozess und die Zusammensetzung des Teams an; nicht immer folgt dies hierarchischen Mustern.

Um der Offenheit von qualitativen Forschungsprozessen, wie sie auch für die Fallstudienforschung typisch ist, zu begegnen, gibt es demnach unterschiedliche Wege. Einerseits kann versucht werden, den Forschungsprozess über Formalisierung zu strukturieren, andererseits kann die Offenheit sozusagen ‚angenommen' werden.

Dass dies jeweils von vielen verschiedenen Faktoren abhängig ist, versteht sich von selbst (z.B. der Zusammensetzung des Teams, dessen Dauer und Größe, etc.). Die Kooperationsformen sind unter anderem auch von nationalspezifischen Kooperationskulturen und institutionellen Bedingungen gerahmt. Insbesondere der Einfluss von Forschungsförderung wird von den Interviewten unterstrichen: Deren Erwartungen geben den ‚Rhythmus' des Forschungsprozesses vor (z.B. durch Deadlines für Zwischenberichte, die unter anderem eine Strukturierung des

Forschungsprozesses nach diesen Kriterien nötig machen). Gravierender noch, sie beeinflussen methodische Ausrichtungen und deren Darstellung (z.B. I6). An dieser Stelle besonders interessant ist, dass hier auch Veränderungen in der Teamförmigkeit solcher Forschung zuerkennen sind: beispielsweise hin zu großen, überuniversitären Kollaborationen und internationaler Zusammenarbeit, wie sie beispielsweise in EU-geförderten Projekten üblich ist. Darauf wird in Kapitel 7 ausführlich eingegangen.

6.4 Fazit

Kapitel 6.1 hat die untersuchten Teams und ihre Forschungsstile beschrieben, in Kapitel 6.2 und 6.3 erfolgte eine fallübergreifende Analyse ihrer methodischen Vorgehensweisen vor dem Hintergrund von methodologischen Positionen und teaminternen Kooperationsprozessen. Die Analyse dieser beiden Aspekte ist, auf der Grundlage bestehender Literatur, naheliegend, wenn man verstehen möchte, wie und durch welche Faktoren teamförmige methodische Fallstudienpraktiken strukturiert sind. Da hier nicht alle empirischen Ergebnisse aufgegriffen werden können, wird nur ein zentrales Resultat des Fallvergleichs wiederholt: weder der Rückgriff auf ‚Methodologie' noch auf ‚Teamzusammensetzung und Kooperationsform' reichen aus, um die Unterschiede zwischen den methodischen Praktiken (insbesondere die Differenzen zwischen den Teams in Großbritannien und Deutschland) gänzlich begreifbar zu machen.

Stattdessen stellt sich heraus, dass es nötig ist, den ‚Kontext zu erweitern' und systematisch institutionelle Bedingungen in die Analyse einzubeziehen. Denn, wie die Erhebung zeigt, kommt beispielsweise den länderspezifischen Forschungsbedingungen ein maßgeblicher Stellenwert für die methodischen Verfahren zu – und zwar über zu erwartende Differenzen hinaus. Weder bestehende wissenschaftssoziologische Studien noch methodologische Diskussionen ließen derartig systematische Unterschiede vermuten; im Gegenteil, dort wird eine Universalität von Methoden vertreten bzw. werden Varianzen in deren Umsetzung nicht untersucht. Daher gilt es im Folgenden, eine Kontextualisierung von Fallstudienforschungspraxis vorzunehmen.

7 Arbeits- und industriesoziologische Fallstudienforschung im Kontext

Wie das vorherige Kapitel gezeigt hat, wird das methodische Vorgehen im Zuge arbeitssoziologischer Fallstudienforschung nicht ausschließlich durch die Methode bestimmt, sondern auch durch ‚Kontextfaktoren' geprägt. Einerseits hat die Forschungsgruppe (z.B. deren methodologische Position oder deren Kooperationsstil) einen Effekt auf Forschungsprozesse. Andererseits ist zu erkennen, dass disziplinspezifische Normen sowie das nationale Wissenschaftssystem auf methodische Praktiken durchschlagen.

Im Folgenden werden die Ergebnisse vertieft und mit Blick auf die Forschungsfragen der vorliegenden Arbeit zueinander in Beziehung gesetzt. Dazu wird, erstens, die (methodische) Bedeutung des Forschungsteams im Zuge von Fallstudienforschung analysiert, vor dem Hintergrund bestehender Überlegungen dazu diskutiert und theoretisch eingeordnet (Kap. 7.1). Zweitens, erfolgt eine neo-institutionalistische und wissenschaftssoziologische Interpretation der teamförmigen Praktiken vor dem Hintergrund des institutionellen Kontexts (Kap. 7.2). Auf diese Weise werden sowohl die (länderspezifischen) Differenzen im methodischen Vorgehen der Teams verständlich, ebenso wie die Gleichartigkeiten und die Stabilität von Forschungsstilen. Das wird unter anderem in einem Fazit hervorgehoben (Kap. 7.3).

7.1 Die (methodische) Bedeutung des Forschungsteams in der Fallstudienforschung

Kapitel 2 hat zu Beginn in den Stand der Forschung zu wissenschaftlicher Teamarbeit eingeführt. Als Zwischenfazit konnte festgehalten werden, dass innerhalb eines spärlich untersuchten Felds zwar die Vor- und Nachteile einer derartig organisierten Forschung verstärkt Aufmerksamkeit auf sich ziehen, aber die Bedeutung der Gruppe in empirischen Forschungsprozessen kaum untersucht wird. Dieses Kapitel dient nun dem Abgleich bestehender Reflexionen mit den erhobenen Ergebnissen.

7.1.1 Phasenspezifische Arbeitsteilungsmuster teamförmiger Fallstudienforschung

Die Literatur der internationalen Case Study Methodology gibt keine Hinweise darauf, dass die Kennzeichen der Fallstudienmethodik eine bestimmte Arbeitsteilung in der Forschungsgruppe nahe legen bzw. sinnvoll oder gar nötig machen. Der Blick auf die Forschungspraktiken der Teams eröffnet demgegenüber *phasenspezifische Arbeitsteilungsmuster*. Trotz unterschiedlicher Forschungs- und Kooperationsstile weist die Empirie der vorliegenden Arbeit darauf hin, dass sich die wissenschaftliche Zusammenarbeit im Zuge von arbeitssoziologischer Fallstudienforschung in Art, Intensität und Zweckmäßigkeit je nach Forschungsprozess unterschiedlich gestaltet. Dies mag fallstudienerprobte Wissenschaftlerinnen und Wissenschaftler kaum überraschen, bleibt bislang in der Literatur allerdings unterbelichtet. Dementsprechend sind die Folgen einer solchen Phasenspezifik nur unzureichend reflektiert. Dabei ist insbesondere aus den Phasen intensiver Zusammenarbeit etwas über die Vor- und Nachteile wissenschaftlicher Teamarbeit zu lernen; die Phasenspezifik generell deutet darauf hin, wie in verschiedenen Projektphasen effizient mit (Personal-)Ressourcen umgegangen werden kann.

In einer Zusammenführung von Aussagen, die einzeln schon in den Fallanalysen in Kapitel 6 aufgetaucht sind, werden im Folgenden die *phasenspezifischen Muster teamförmiger Fallstudienforschung* ausgeführt: Übereinstimmend wird von den befragten Forschern formuliert, dass die am Projekt beteiligten Personen im Bestfall auch schon bei der *Antragstellung* involviert sind. Dies minimiert später zeitintensives Einarbeiten und unterstützt das für Fallstudien in ihrer Offenheit so wichtige ‚gemeinsame Grundverständnis' des zu Erforschenden. In der Regel werden die Projektanträge jedoch nicht deckungsgleich vom späteren Projektteam, sondern unter anderem von der Projektleitung in spe, formuliert. Im Antrag wird das inhaltliche Anliegen skizziert und der adäquat erscheinende methodische Zugang erläutert. Dieser wird im Laufe des (Fallstudien-)Projekts umgesetzt bzw., genauer, innerhalb dieser Rahmung wird das methodische Vorgehen ausgestaltet (und ggf. verändert). Dazu muss in der Forschungsgruppe im Zuge des Forschungsverlaufs immer wieder eine gemeinsame Linie gefunden werden, was, nach Meinung der Interviewten, insbesondere die Konzeption und den Beginn von Erhebungen zu einer kritischen Phase der Teamarbeit macht. Nicht nur müssen sich in der Anfangsphase (neu zusammengestellter Teams) unterschiedliche theoretische oder methodische Hintergründe annähern, sondern auch Kohärenz entwickelt werden. Dies gilt nicht nur bezüglich der Frage, welcher Fall in welchem Zusammenhang untersucht wird, sondern auch mit Blick auf möglicherweise implizite individuelle Erfahrungen und die Klärung gemeinsamer Vorgehensweisen und Zielsetzungen (z.B. Art der Interviewführung). Für den Feldzugang wird Teamarbeit als nützlich beschrieben, da sich bestehende Unternehmenskontakte addieren und die nicht selten nervenaufreibende Arbeitstätigkeit gemeinsam erledigt werden kann. Auch für konzeptionelle Arbeiten, wie die Erstellung (und Weiterentwicklung) von Interviewleitfäden, wird die Zusammenarbeit in der Gruppe als zweckdienlich hervorgehoben.

Insbesondere auf die Bedeutung des Teamzusammenhangs *'im Feld'* wird hingewiesen: beispielsweise bei der Durchführung der Interviews, von Gruppendiskussionen oder Forschungsseminaren. Die Erhebung in der Gruppe wird immer wieder als sinnvoll artikuliert. In der Hauptsache werden drei Gründe genannt: erstens, können unterschiedliche Kompetenzen genutzt werden. Zweitens, kann Aufgabenteilung betrieben werden (z.B. während gemeinsamen Interviews). Drittens, können Eindrücke zwischen den Forschenden wechselseitig abgeglichen werden, zum Beispiel in direktem Anschluss an Erhebungen. Neben diesen drei Vorteilen wird hervorgehoben, dass (Feld-)Forschung ein einsamer Prozess sein kann und die Arbeit im Team soziale Vorteile hat (dazu später). Die konkrete Arbeitsteilung während des Erhebungsprozesses wird in den untersuchten Teams unterschiedlich organisiert: So werden die Zuständigkeiten für Untersuchungsfälle (z.B. Betriebe) aufgeteilt oder, konträr dazu, gilt der Grundsatz, den Erhebungsprozess über alle Fallstudien hinweg in vereinter Verantwortung umzusetzen. Wenn in der Forschungspraxis die Autorität für einzelne Fälle aufgeteilt wird, wird die Rückkoppelung von Zwischenergebnissen in den Kollegenkreis als umso wichtiger wahrgenommen, weil die einzelnen Forschenden auf diese Weise die eigene Perspektive absichern können. Ähnliches gilt hinsichtlich der Vergleichbarkeit der zur Verfügung stehenden Daten und der Konsistenz zu produzierender Ergebnisse. Insbesondere die Phase der Datengewinnung, d.h. der Feldforschung, wird demnach als wichtige 'soziale' Phase charakterisiert. Dies liegt auch methodologisch nahe: Vor allem qualitativ orientierte Feldforschung ist ein inhärent soziales Unterfangen – man begibt sich als Forschender auf die Suche nach Deutungs- und Handlungsmustern, die sozial strukturiert sind, und muss sich dabei immer auch auf soziale Begegnungen einlassen (vgl. Hoffmann-Riem 1980).

Neben der Erhebungsphase wird die Nützlichkeit eines Forschungsteams ausdrücklich in der Phase der *Auswertung und Interpretation* gesehen. Typischerweise erfolgt ein erster Interpretationsschritt im Rahmen von Fallstudienforschung schon früh, nämlich direkt im Anschluss an die empirische Erhebung, wenn etwa nach der Interviewführung im Austausch der beteiligten Forschenden eine erste 'kommunikative Verdichtung' stattfindet, die der Schärfung des Falls und der theoretischen Linse dient. Auch die systematische Auswertung qualitativer Daten in der Gruppe ist zumeist durch Kommunikation geprägt. Die Idee, dass ein Gedanke von Person A formuliert, von Person B verändert, von Person A wieder aufgegriffen und abermals verändert wird, dass Interpretationen also diskursiv entstehen, wird als zentrales Kennzeichen eines solchen Auswertungsprozesses verstanden; Interpretation wird intersubjektiv hergestellt. Dass dies gewöhnlich nicht ‚ohne Abstriche' passiert, wird in den sprachlichen Formulierungen der Interviewten deutlich – Interpretation gilt als *‚Aushandlung'*, als Versuch, sich wechselseitig zu überzeugen. Wie in den einschlägigen Lehrbüchern abgebildet, finden Auswertungen in den untersuchten Teams dabei üblicherweise zunächst fallweise, dann fallübergreifend statt. Häufig trifft man auf eine Arbeitsteilung, in der die erste Einzelfallanalyse individuell durchgeführt wird und der Fallvergleich in der Gruppe verläuft. In vielen Interviews taucht auf, dass insbesondere die Diskussion problematischer oder widersprüchlicher Fallpassagen oder Fälle im Team Erkenntnisfortschritt bringen kann. Selbiges gilt, wenn divergierende Meinungen innerhalb der Forschungsgruppe herrschen. Wenn auf Daten zurückgegriffen wird, die nicht selbst erhoben worden sind, wird ausdrücklich betont, dass der Teamzusammenhang angemessene Interpretationen unterstützt. Bekräftigt wird, dass ‚vier Augen mehr sehen als zwei'. Dass Teamarbeit im Rahmen von gültigen Interpretationen eine gravierende Rolle spielen kann, darauf weisen Veröffentlichungen zum Thema hin – für die Analyse kommunikativ generierter Daten scheint kommunikativ strukturierte Interpretation besonders geeignet zu sein. Auch die Interviewten heben dies hervor – Teamarbeit kann in der Auswertungsphase nicht nur der diskursiven Validierung dienen, sondern als auch ‚Unsicherheitskompensator' (dazu detailliert in 7.1.3).

Demgegenüber scheint die Reziprozität des Teams in Phasen mit einer geringeren Dichte an sozialen Kontakten (z.B. Antragstellung, Schreibprozess) einen weniger ausgeprägten Vorteil mit sich zu bringen. Für verschiedene Projektphasen gelten folglich Situationen schwächerer Integration (z.B. die individuelle Einarbeitung in den Forschungsgegenstand) und stärkerer Integration (vor allem die gemeinsame Feldarbeit und Interpretation). Im Zuge von Fallstudienforschung wird dem Forschungsteam vor allem in Erhebung und Auswertung ein besonders hoher Stellenwert beigemessen. Im Gegensatz zu diesen intensiven Phasen der Zusammenarbeit wird etwa der Schreibprozess häufig arbeitsteilig strukturiert. Nur in wenigen Fällen, beispielsweise in sehr eingespielten, kleinen, Teams entsteht eine Veröffentlichung durch ‚paralleles' Schreiben. Phasen wie die Antragstellung oder Schreibprozess werden (in unterschiedlichem Ausmaß) als durchaus wünschenswert im Team beschrieben, aber die Zusammenarbeit wird hier nicht als vergleichbar wesentlich erachtet. Dies führt uns zu folgender Beobachtung: *Teamarbeit wird dann bedeutungsvoll, wenn soziale Prozesse kompensiert werden sollen.* Ein dezidierter Blick auf die Vorteile teamförmiger Fallstudienforschung gegenüber Einzelarbeit unterstützt dies (Kap. 7.1.3).

7.1.2 Vor- und Nachteile teamförmiger Fallstudienforschung

Aus der Notwendigkeit in vergleichsweise offenen Forschungsprozessen ein gemeinsames Verständnis des zu untersuchenden Falles und des hierzu passenden Untersuchungsverfahrens zu entwickeln, ergeben sich eine Reihe von Herausforderungen und Chancen wissenschaftlicher Zusammenarbeit im Rahmen von Fallstudienforschung. Diese können kaum allgemein festgeschrieben werden, vielmehr entstehen sie abhängig von zahlreichen Faktoren, zum Beispiel mit Blick auf die Frage nach der Entstehung, Zusammensetzung und Größe des Teams, nach der Teamfähigkeit der Mitglieder, nach internen Konkurrenzen und persönlichen Beziehungen, usw.

Beginnen wir mit den *Nachteilen*. Negativ wird in den Interviews angemerkt, wissenschaftliche Teamarbeit sei gegenüber der Einzelarbeit:

1. zeit- und ressourcenintensiv

Teamarbeit bedingt, dass Ressourcen für Personal aufgewendet werden müssen. Nicht immer ist eindeutig, inwiefern Aufwand und Ertrag hier in einem sinnvollen Verhältnis stehen. Die alltägliche Koordinations- und Forschungsarbeit in der Gruppe ist aufwendig, Verständigungs- und Abstimmungsprozesse benötigen Zeit.

2. potenziell konfliktreich

In einer Gruppe von Forschenden (insbesondere in großen Teams) steigt die Wahrscheinlichkeit von Konflikten. Diese können fachlich bedingt sein, etwa durch unterschiedliche theoretische, methodologische oder disziplinäre Hintergründe oder durch divergierende Ansichten und Bewertungen in Erhebung und vor allem Auswertung (z.B. hinsichtlich der Frage, wie rigoros methodische Verfahren verfolgt werden). Ein unterschiedliches Maß an Forschungserfahrung kann ebenfalls zu Schwierigkeiten im gemeinsamen Forschungsprozess führen. Auch Rollenkonflikte, unklare Verantwortlichkeiten und abweichende Erwartungen werden als mögliche Ursache für Auseinandersetzungen genannt. Bemerkt wird zudem, dass eine unterschiedlich hohe Motivation und Arbeitsbereitschaft zu Konflikten führen können. Nicht immer konfliktfrei verläuft außerdem die Aufteilung von Arbeitsbereichen, selbiges gilt für die Frage nach der Autorschaft. Weiterhin wird in den Interviews dargelegt, dass die ‚Chemie' zwischen den Teammitgliedern stimmen muss.

3. nicht zwangsläufig qualitätssteigernd

Eine Gleichsetzung von Teamarbeit mit einer höheren Qualität der Resultate scheint nicht angemessen. Es gibt Forschende, die berichten, *alleine* bestmögliche Ergebnisse erzielen zu können. Nicht jede Gruppenarbeit ist ‚automatisch' erfolgreicher als individuelle Forschungsarbeit. Im Gegenteil, Teamarbeit wird teilweise auch als nicht zielführend beschrieben. Die Ergebnisse können, nach Aussage der Interviewten, (auf der Suche nach dem kleinsten gemeinsamen Nenner) hinter dem zurück bleiben, was möglich gewesen wäre. Ein kritischer Aspekt von Teamarbeit in diesem Rahmen ist auch, dass die Sozialisation von Nachwuchswissenschaftlern in ein bestehendes Team zu einheitlichen Sichtweisen führen kann, so dass Innovativität gefährdet sein kann.

Als Zwischenfazit zu den Nachteilen von teamförmiger Fallstudienforschung kann festgehalten werden, dass sich vor dem Hintergrund der bestehenden Literatur (siehe Kap. 2.2) kaum Überraschungen ergeben. Die erwähnten Probleme sind zudem nicht als Spezifika von Fallstudienforschung zu werten, sie treffen auf wissenschaftliche Teams im Allgemeinen zu. Neben den Nachteilen wird in den Interviews auch eine Reihe von *Vorteilen* teamförmiger Fallstudienforschung angesprochen. Dabei werden die folgenden Punkte genannt:

1. Aufgabenteilung

Grundsätzlich können Studien durch die Zusammenarbeit mehrerer Forschender davon profitieren, dass unterschiedliche (theoretische oder methodische) Kompetenzen eingebracht werden. Aufgrund komplementärer Fähigkeiten und Projekterfahrungen können sich ergänzende Perspektiven auf den Forschungsgegenstand ausgetauscht und entwickelt werden. Verständlich ist außerdem, dass insgesamt mehr Daten erhoben und ausgewertet werden können, denn große Datenmengen sind nur in großen Teams handhabbar. Auch im konkreten Forschungsprozess von Konzeption, Erhebung und Auswertung spielt der Teamzusammenhang immer wieder eine Rolle (wie schon skizziert) – nicht nur der Aufwand in Erhebung und Auswertung kann aufgeteilt werden (z.B. Durchführung der Interviews oder der Kodierung), sondern auch inhaltliche Schwerpunkte. Arbeitsteilung erfolgt im Zuge von Fallstudienforschung entweder inhaltlich (z.B. nach thematischen Schwerpunkte), methodisch (z.B. entlang von Erhebungsinstrumenten oder -schritten) oder organisatorisch (z.B. nach Betriebsverantwortlichkeiten). Dies wird als effizient beschrieben, da man sich gewissermaßen nur in Teilaspekte vertieft einarbeiten muss und so in diesem Rahmen Expertenwissen aufbauen kann. Wenngleich die Aushandlung der Aufgaben- und Rollenverteilung teilweise spannungsreich verläuft, wird Arbeitsteilung als positives Merkmal von Teamforschung beschrieben. Auch methodologisch können sich dadurch Vorzüge ergeben, etwa im Rahmen der Interviewführung.[65]

2. Kollegiale Supervision und wechselseitige soziale Unterstützung
Die Interviews zeigen, dass die Arbeit in der Gruppe als Chance wahrgenommen wird, um Distanz zum Feld aufrechtzuerhalten bzw. die eigene Rolle und Perspektive im Feld zu hinterfragen. Nicht nur fachliche oder methodische Aspekte werden als vorteilig an der Arbeit von Forschungsgruppen gesehen, sondern auch ‚soziale' Faktoren. Feldforschung kann eine persönlich anspruchsvolle und intensive Erfahrung sein, die durch die Unterstützung von Kolleginnen und Kollegen bzw. die Zusammenarbeit mit diesen angenehmer wird. Isolation gilt als (negatives) Kennzeichen wissenschaftlicher Arbeit, dieser kann durch den Gruppenzusammenhang vorgebeugt werden. Ausdrücklich wird Formen der ‚kollegialen Supervision' großer Wert zugeschrieben. Teamarbeit bietet darüber hinaus die individuelle Möglichkeit voneinander zu lernen. In solchen Zusammenhängen wird einerseits Wissen explizit weitergegeben, auf der anderen Seite wird ‚Lernen am Vorbild' möglich. Diese Möglichkeit, sich forschungspraktische Strategien anzueignen, spielt insbesondere im Rahmen von Fallstudienforschung eine maßgebliche Rolle, da hier nur in seltenen Fällen auf universitäre Ausbildung zurückgegriffen werden kann und die methodische Literatur dazu erst kürzlich einen Aufschwung erlebt.

Es lässt sich zusammenfassen, dass Teamarbeit (im Rahmen von Fallstudienforschung) durch die Befragten mit Vor- und Nachteilen wahrgenommen wird. Dabei schließen sich die Vorzüge und Probleme nicht wechselseitig aus, vielmehr wird wissenschaftliche Teamarbeit als ambivalent eingestuft; dies deckt sich beispielsweise mit den, schon vorgestellten, frühen Überlegungen von Bush und Hattery zu wissenschaftlicher Teamarbeit (Bush/Hattery 1956). Die Bewertungen unterscheiden sich graduell zwischen den Interviewten. Über die genannten, pragmatischen oder sozialen Aspekte hinaus, werden in den Interviews spezifische *methodische Vorzüge* teamförmiger Fallstudienforschung hervorgehoben, dazu nun.

[65] Die Vorteile von beispielsweise ethnisch oder geschlechtlich gemischten Interviewergruppen in bestimmten Situationen sind bekannt (siehe z.B. Stanley/Slattery 2003).

7.1.3 Das Forschungsteam als ‚sozialer Raum'

Auf der Basis der Interviews können vor allem drei Dimensionen identifiziert werden, die teamförmige Forschung von Einzelforschung unterscheiden (und als positiv bewertet werden): Erstens, die Forschungsgruppe als diskursiver *‚Erkenntnismotor'*, zweitens, als *‚Kontrollmacht'* und, drittens, als *‚Unsicherheitskompensator'*.

Wie erwähnt, wird im Zuge der Interviews als Vorteil von Teamarbeit häufig formuliert, dass durch wechselseitigen Wissens- und Perspektivenaustausch in der Gruppe neue Thesen und Erkenntnisse generiert werden, die möglicherweise durch einen Forschenden allein unentdeckt geblieben wären. In diesem Sinne wird Teamarbeit, d.h. die Interaktion zwischen Forschenden, auch als kreativitätsförderlich ausgelegt. In eine etwas andere Richtung gehen Interpretationen der Interviewten die besagen, dass Wissen in diskursiven Gruppenzusammenhängen schneller entsteht, oder, dass ‚andere' Formen von Wissen generiert werden können (Stichwort ‚dichteres Wissen'). Dem Team wird damit eine zentrale Rolle bei der Gewinnung von Erkenntnis zugeschrieben, es wird gleichsam als *‚Erkenntnismotor'* beschrieben, der wesentlich zu Innovation und Wissensproduktion beiträgt (prägnant etwa bei I1, I17 oder I21).

Ferner, und scheinbar gegenläufig, dient der Zusammenhang der Forschungsgruppe im Rahmen der (qualitativen) Forschungsprozesse als Korrekturfunktion, d.h. das Team wird als *‚Kontrollmacht'* wahrgenommen. Es wird immer wieder darauf verwiesen, dass teamförmige Forschung sowohl das Forschungsdesign als auch die Interpretation der Daten verbessern kann. Die Qualität von Ergebnissen profitiert nach Aussage der Interviewten durch teamförmige Zusammenarbeit, beispielsweise weil die ‚Stimmigkeit' von Befunden gemeinsam überprüft werden kann und weil Verzerrungen durch individuelle Wahrnehmungen minimiert werden können. So können im Team individuelle und subjektive Einflüsse kontrolliert werden (z.B. I13, I19, I26; vgl. Kap. 2).

Darüber hinaus ist das Team hilfreich, um mit der Kommunikationsgebundenheit von qualitativer Sozialforschung umzugehen. Insbesondere während Datengewinnung und -interpretation ist die soziale Reziprozität des Teams förderlich, um Unsicherheiten, die ein Bestandteil methodisch offener Forschungsverfahren sind, zu kompensieren; das Forschungsteam kann als *‚Unsicherheitskompensator'* gelten (z.B. I4, I6, I22).

Damit bestätigen sich Aussagen der bestehenden Literatur. Allerdings überwiegen dort Aussagen zur ‚Kontrollmacht'. Wie beispielsweise bei Barry und anderen, die konstatieren, dass teamförmige Forschung „(...) enabling sounder methodological design, increasing rigor, and encouraging conceptual analysis and interpretation" (Barry et al. 1999, 27). Vergleichbar argumentieren auch

Liggett und andere, sie verstehen Teamwork „(...) as a suggestion for counteracting individual bias and adding credibility to research findings" (Liggett et al. 1994). Das Team wird als Möglichkeit der ‚Qualitätssteigerung' bzw. zur ‚diskursiven Validierung' gesehen, da Zusammenarbeit robustere Forschungsergebnisse produziere (vgl. Finch/Mason 1990; dazu auch Oevermann et al. 1979 bzw. Seale 1999). Weniger prominent finden sich Überlegungen zu den anderen Kennzeichen, der intersubjektiven Gewinnung von Erkenntnis und der Kompensation von Unsicherheit. Nur äußerst selten werden diese Bedeutungen von wissenschaftlicher Teamarbeit *wechselseitig in Beziehung gesetzt* und mit Analysen methodologischer Charakteristika von Forschungsprozessen verknüpft. Wichtige Aspekte bleiben daher implizit.

Erstens: Wissenschaftliche Teamarbeit ermöglicht *Multiperspektivität*. Dabei ist die Gewinnung von Multiperspektivität keine Nebensächlichkeit. Insbesondere für die arbeits- und industriesoziologische Fallstudienforschung hat sie einen besonderen Stellenwert – sie gilt als zentrales Charakteristikum und Qualitätskriterium (siehe Kap. 2). Üblicherweise werden verschiedene Akteure oder Akteursgruppen und deren Handlungs- und Deutungsmuster unter Zuhilfenahme mehrerer Erhebungsinstrumente untersucht, um dies zu erreichen. Nun zeigt sich, dass Multiperspektivität nicht nur auf der Seite der Beforschten relevant ist, sondern auch auf Seiten der Forschenden. Wasser und Bresler beschreiben diesen ausdrücklichen Vorteil von Teamarbeit im Zuge von Forschungsprozessen: „(...) researchers bring together their different kinds of knowledge, experience, and beliefs to forge new meanings through the process of the joint inquiry in which they are engaged" (Wasser/Bresler 1996, 13). Weil speziell der Prozess der Interpretation in seiner Beschaffenheit als durch Interaktion gekennzeichnet gelten kann, wird die Forschungsgruppe zu einem zentralen ‚Ort' der Konstruktion und Produktion wissenschaftliche Erkenntnisse. Wasser und Bresler bezeichnen das Forschungsteam deshalb als *‚interpretative Zone'*. Ein wesentliches Bestimmungsmerkmal der ‚Zone' ist die Multiperspektivität, die dort erreicht werden kann, denn „(...) the nature of zone infers more than one party – at least two if not more – competing, negotiating, interacting from different perspectives" (ebd., 13). Für sie gilt die Forschungsgruppe dann auch als *‚critical methodological tool'* – als methodisches Instrument, das Interpretationen strukturiert und daher aktiv reflektiert werden muss.

Aus der Empirie der vorliegenden Arbeit wird ein zweiter Aspekt ersichtlich, der mit Blick auf Teamförmigkeit bis dato nur wenig thematisiert wird: Intersubjektive Arbeit ist durch *‚Reflexivität'* gekennzeichnet, d.h. durch individuelle und gruppenspezifische Dynamiken der Kontextualisierung und Relationierung von Forschungsprozessen und Forschungsergebnissen (z.B. bei I1, I17, I21). Wie auch Siltanen und andere auf der Basis ihrer eigenen Forschungserfahrungen berichten, kann wissenschaftliche Teamarbeit gegenüber der Einzelarbeit einen solchen, methodologischen Vorteil haben:

> „We are suggesting that working reflexively as a team brings a unique dynamic to the construction and interpretation of research materials. There is a dynamic that flows between the reflexivity of separate individuals and the 'reflexive togetherness' of the team that can be used as a creative interpretive resource" (Siltanen et al. 2008, 48).

Siltanen und andere konnten demnach ebenfalls feststellen, dass die Reflexivität der Gruppe eine ‚spezifische Dynamik' im Forschungsprozess ermöglicht, d.h. ein Wirkungsvermögen in Erhebung und Auswertung darstellt, das der Teamarbeit gegenüber der Einzelarbeit vorbehalten ist. Reflexivität verstehen die Autoren im Einklang mit anderen post-positivistischen Positionen nicht als Form der Meta-Analyse der Beziehung von Forschenden und Forschungsprozess, sondern (im Sinne einer ethnomethodologischen Tradition des Begriffs) als inhärentes Merkmal von Forschung, als „(…) continuous and fundamental feature of research practice" (Siltanen et al. 2008, 47). Die spezifische Reflexivität der Gruppe kann ihre Vorteile jedoch nicht immer entfalten, daran muss laut den Autoren gearbeitet werden. Beispielsweise durch direktes Adressieren des Anderen als Anderen, d.h. als individuellen Forschenden.

> „But, the positioning of researchers as active subjects in the construction of research knowledge suggests that interpretive creativity and strength can be gained though explicitly acknowledging and using the researchers' own subjectivity and personal history as an interpretive resource. Indeed, authors have argued that researchers' personal biographies are an inevitable presence in the construction of the research subject/object, and that part of good research practice is to be aware of and accountable for this presence (…). In our experience, the interpretive benefits of an embedded reflexive process are enhanced many times over when all team members offer their own experience of the research issues, as well as their perceptions of the experience of others within and outwith the team, for inter-subjective exploration" (Siltanen et al. 2008, 48).

‚Reflexivität' ist ein bekanntes theoretisches und methodologisches Konzept, das im Rahmen qualitativer Forschung vor allem in den letzten Jahren verstärkt diskutiert wird (vgl. Alvesson/Sköldberg 2000). Daraus ergeben sich Potenziale; allerdings bleiben eine Reihe offener Fragen, beispielsweise existieren systematisch unterschiedliche Verwendungen des Begriffs (die auf unterschiedlichen theoretischen Verortungen beruhen, siehe Langenohl 2009). Problematisch scheint auch, dass ungeklärt ist, welcher Stellenwert ‚Reflexivität' im methodischen Forschungsprozess zukommt. Prominent konnte sich Bourdieus Vorstellung durchsetzen, der ,wissenschaftliche Reflexivität' als Forschungsstrategie versteht, die im laufenden Forschungsprozess den Einfluss dieses auf den Forschungsgegenstand problematisiert und damit die Auswirkungen der Forschungspraxis zu kontrollieren versucht (Bourdieu 2004). Solche Überlegungen sind bisher wenig kaum für teamförmige Forschung expliziert worden. Es scheint naheliegend, dass diese, gegenüber der Einzelforschung, angewiesen ist auf die individuelle Reflexivität des Forschenden *und* auf die Reflexivität des gesamten Teams (vgl. auch Barry et al. 1999). Reflexivität im Zuge teamförmiger Forschung ist demnach ein zweistufiger Prozess: zunächst erfolgt die individuelle, bewusste Auseinandersetzung des Forschenden mit seiner Rolle im Forschungsprozess und seinen subjektiven Einstellungen und Präferenzen (sowie der Risiken die damit einhergehen) und, auf einer übergeordneten Ebene, die Thematisierung der ,intersubjektiven Reflexivität' der Gruppe. Auf diese Weise kann die Wirkung des Einzelnen und der Gruppe auf den Forschungsprozess eingeordnet werden bzw. wie Finlay dies ausdrückt *„(...) to begin to unravel the richness, contradictions, and complexities of intersubjective dynamics"* (Finlay 2002a; vgl. Finlay 2002b). Teamförmige Forschung kann durch die zweifache Wahrnehmung und Thematisierung der Beziehung von Forschungsprozess und Forschungsgegenstand profitieren.

Dass solche, abstrakteren Überlegungen kaum aufgegriffen werden, liegt unter anderem daran, dass bislang vorwiegend einzelne Funktionen von wissenschaftlichen Teams betrachtet wurden. Es bestehen kaum Konzepte, die versuchen, die Bedeutung von wissenschaftlicher Teamarbeit integrativ und allgemein zu begreifen. Der Ansatz von Wasser und Bresler, die die Forschungsgruppe als ,interpretative Zone' bezeichnen, ist dabei eine Ausnahme (Wasser/Bresler 1996). Sie verdeutlichen damit einen wichtigen Aspekt. Wenn sie allerdings das Team als ,methodological tool', als ,methodisches Werkzeug' verstehen, dann impliziert dies eine Statik, die für derart dynamische Prozesse wie sie ein wissenschaftliches Team im Zuge von Fallstudienforschung kennzeichnen, kaum zutreffend ist (wie schon an verschiedener Stelle schon festgestellt wurde, siehe z.B. Kap. 2).

In eine grundsätzlich ähnliche Richtung geht der Entwurf von Pflüger, Pongratz und Trinczek, die allerdings speziell die Fallstudienforschung fokussieren. Sie beschreiben die Forschungsgruppe als *,sozialen Raum'*:

> „Das Team wird nicht nur als notwendig für die arbeitsteilige Durchführung des Projekts erachtet, sondern zugleich als Voraussetzung für die Überprüfung verschiedener Interpretationsmöglichkeiten durch den Abgleich der voneinander abweichenden Forscherperspektiven. In der Methodenlehre äußerst selten als relevanter Faktor erwähnt, gilt das Forscherteam in Fallstudienprojekten häufig als notwendiges Korrektiv: als ,sozialer Raum' gewissermaßen, in dem sich Verfahrensfragen klären,

> Deutungen konsolidieren und generell methodische Erfahrungen ausbilden" (Pflüger et al. 2010a, 56).

In Anlehnung daran wird, vor dem Hintergrund der vorliegenden Studie vorgeschlagen, diese Konzeption zu erweitern und das Forschungsteam (vor allem in methodisch durch Offenheit gekennzeichneten Forschungsprozessen, wie der Fallstudienforschung) als solch einen ‚sozialen Raum' zu verstehen, allerdings stärker zu betonen, dass dieser bestimmte Spezifika mit sich bringt. Das Team ist im Zuge von Fallstudienforschung als *multiperspektiver, reflexiver sozialer Raum* zu verstehen. Aufgrund dieser Kennzeichen können derartige Forschungsteams verschiedene Aufgaben erfüllen, sie sind zugleich ‚Erkenntnismotor', ‚Kontrollmacht' und ‚Unsicherheitskompensator'.

Insgesamt machen diese Ausführungen deutlich, dass weder die Qualität der Erhebung noch die Qualität der Auswertung ‚zwangsläufig' durch Teamarbeit (im Zuge von Fallstudienforschung) verbessert wird. Soziale Entitäten eignen sich jedoch, um mit sozialen Situationen und Prozessen ‚umzugehen'. Wissenschaftliche Teamarbeit hat nicht immer eine Steigerung von Kreativität oder Innovation zur Folge, aber sie kann aufgrund ihrer Multiperspektivität und Reflexivität zu umfassenden und angemessenen Forschungsergebnissen beitragen und so kreative und robuste Forschung ermöglichen. Das wissenschaftliche Team ist zudem verantwortlich für die Ausgestaltung methodischer Leitlinien in der Forschungspraxis, d.h. für die Entwicklung des methodischen Vorgehens vor dem Hintergrund methodologischer Grundsätze, wie im Folgenden dargestellt wird.

7.1.4 Das Forschungsteam als ‚Institutionalisierungsraum'

Obwohl methodische Regeln prinzipiell handlungsleitend sind, wurde in Kapitel 6 deutlich, dass zwischen den betrachteten Teams unterschiedliche Forschungsstile bestehen, die wiederum differente methodische Fallstudienpraktiken beinhalten. Diese variieren, wie schon erläutert, nach Kriterien wie der methodologischen Verortung des Teams und der Art der Kooperation im Team. Die Frage, wie solche Praktiken (in methodisch vergleichsweise offenen Forschungsprozessen und vor dem Hintergrund institutioneller Forschungsbedingungen) entstehen und aufrechterhalten werden bzw. wann sich diese verändern, blieb dabei unbestimmt – dabei ist dies eine Kernfrage, wenn man die teamförmige Strukturierung empirischer Forschungspraxis untersucht. Denn so kann nachvollzogen werden, warum dennoch recht stabile Ähnlichkeiten zu erkennen sind. Genau solche Themen behandelt der soziologische Neo-Institutionalismus, wenn dieser danach fragt, „(…) how social choices are shaped, mediated, and channeled by institutional arrangements“ (DiMaggio/Powell 1991a, 2). Daher erfolgt in diesem Teilkapitel die Auseinandersetzung darüber, was neo-institutionalistische Überlegungen dazu beitragen können, um die Entstehung und Aufrechterhaltung bzw. Institutionalisierung von methodischen Praktiken zu erklären. Deren Veränderung, d.h. die Frage des institutionalen Wandels, wird in Kapitel 7.2 behandelt.

Wie schon in Kapitel 4 dargestellt, meint Institutionalisierung sowohl den Prozess als auch das Ergebnis und die Voraussetzung des Prozesses. Es geht um den Vorgang, durch den sich soziale Beziehungen und Handlungen zu nicht mehr zu hinterfragenden entwickeln, zu einem Bestandteil einer Situation werden, die als ‚objektiv gegeben‘ betrachtet wird. Im Neo-Institutionalismus wird Institutionalisierung maßgeblich über die Angleichung an Erwartungen institutioneller Umwelten erklärt: Weil Organisationen einem hohen Druck zu Erreichung und Aufrechterhaltung von Legitimität unterliegen, passen sie sich an die Umwelt an, da auf diese Weise weniger ‚Angriffsfläche‘ entsteht. Daher sind organisationale Handlungen nicht ausschließlich zweckrational; die Angleichung kann auch unabhängig von tatsächlichen Effizienzkriterien erfolgen. Die Rationalitätsvorstellungen, an welche eine Annäherung erfolgt, sind dabei durch Leitbilder und Normen geprägt. Über diese Anpassungsleistung an das organisationale Feld, werden Organisationen letztlich durch die gesellschaftliche Umwelt (mit-)konstruiert. Sie können sich den Umwelteinflüssen nur bedingt entziehen.

Vor dem Hintergrund unterschiedlicher Ansprüche der Umwelt wissenschaftlicher Teams (z.B. des nationalen Wissenschaftssystems) lassen sich in den untersuchten Teams verschiedene Verfahren zur Herstellung methodischer Routine erkennen. In unterschiedlichem Ausmaß erfolgt die Institutionalisierung, das zeigen die Fallanalysen in Kapitel 6.1, über drei differente Mechanismen: durch *‚top-down‘ Prozesse*, d.h. durch Weitergabe bestehender Praktiken, durch *‚bottom-up‘ Prozesse*, d.h. durch Aushandlung methodischer Vorgehensweisen oder durch ‚organische‘ Prozesse, d.h. durch implizite Sozialisation und Aneignung.

Mit Blick auf die Teams im Sample können im Wesentlichen zwei unterschiedliche Bezugspunkte für die Legitimation von methodischen Praktiken ausgemacht werden:

- *‚Methodologie‘* (in den Dimensionen ‚Weiterentwicklung‘, ‚Veränderung‘ und ‚Ablehnung‘ von mainstream Methodenstandards; Teams 4, 5, 6)
- *‚Leistungsfähigkeit‘* (d.h. das Vorgehen wird vornehmlich über bisherige Erfolge gerechtfertigt, z.B. über Mittelakquise oder Publikationserrungenschaften; Teams 1, 2, 3)

Es fällt auf, dass sich der Orientierungsrahmen, an welchem die Legitimation ausgerichtet wird, zwischen den Teams der beiden Länder unterscheidet. In Deutschland erfolgt vornehmlich eine Orientierung an der ‚Methodologie'. Demnach dient ein ‚wissenschaftsinternes Kriterium' als Basis für Legitimierung. In der Folge dieser Orientierung wird wechselseitige Abgrenzung zwischen den Teams, d.h. Profilbildung, zum wesentlichen Legitimationsmechanismus. In Britannien erfolgt demgegenüber eine Legitimation der methodischen Verfahren weniger über die Durchsetzung oder Weiterentwicklung gängiger Methodenstandards, sondern durch Verweis auf deren ‚Leistungsfähigkeit'. Diese wird wiederum maßgeblich an ‚wissenschaftsexternen' Faktoren, wie dem Publikationserfolg, gemessen. Folglich wird die Abgrenzung zu anderen Teams nicht zum ausschlaggebenden Legitimationsmechanismus. Dies spiegelt sich in den geführten Interviews nachdrücklich: während in Deutschland immer wieder auf die Spezifika der teamspezifischen Forschungsstile und Inhalte hingewiesen wird (z.B. bei I12, I14, I24), werden von den britischen Interviewten Unterschiede zwischen den Teams als zu vernachlässigen eingeschätzt (z.B. I2, I15, 121) (dazu auch 7.2).

Mit einer neo-institutionalistischen Perspektive werden vor allem zwei zentrale Erkenntnisse generiert: Die Institutionalisierung von Verfahren wird, auf der Basis von zwei unterschiedlichen Strategien der Legitimation, in den Teams vorgenommen. Das Team ist gleichsam als ‚*Institutionalisierungsraum*' zu verstehen; dort werden methodische Regeln – auf der Basis interner und externer Legitimationserwartungen – umgesetzt und auf Dauer gestellt, d.h. institutionalisiert. Es wird nachvollziehbar, warum wissenschaftliche Praktiken verhältnismäßig stabil sind, wenn sie sich erst einmal in einem Team durchgesetzt haben. Einmal zur Routine geworden entwickeln die Praktiken gleichsam eine Eigendynamik, sie gelten als ‚natürlich' und ‚rational'. Über Legitimationsprozesse werden methodische Praktiken zu ‚taken-for-granted beliefs', die eine durch kulturelle Elemente geprägte symbolische Bedeutung haben, welche nicht immer mit tatsächlichen Effizienzkriterien übereinstimmt. Das wird auch in den Interviews mehrfach deutlich gemacht. Besonders gilt dies für die *Aufrechterhaltung* von methodischen Praktiken. Sie folgt einer Art ‚Verselbstständigung' – Institutionen bestehen

> „(...) weniger, weil sie durch bewusste Handlungen produziert und reproduziert werden, sondern vielmehr, weil sie durch routinemäßig reproduzierte Verfahren, d.h. quasi-automatische Verhaltensabläufe (Skripte), unterstützt und aufrecht erhalten werden" (DiMaggio/Powell 1991, 15).

Solche Pfadabhängigkeiten werden mit Blick auf die vorliegende Empirie deutlich, wenn beispielsweise bestimmte Methoden oder Verfahren immer wieder zum Einsatz kommen, ohne, dass dies hinterfragt wird. Die Entstehung von institutionalisierten Routinen ist nicht (ausschließlich) als direkte Folge einer Aggregation individueller, bewusster und zweckrationaler Motive zu verstehen. Als ‚Ergebnis' der Anpassung an die Umwelt werden institutionelle Arrangements zu unhinterfragten Gegebenheiten, die häufig als alternativlos wahrgenommen werden. Institutionalisierung als Zustand beruht auf verschiedenen Anreizen. War man etwa mit der Vorgehensweise bei vorheriger Projektakquise erfolgreich und konnte zufriedenstellende Ergebnisse mit dieser Herangehensweise erzeugen, ist ein profunder Wandel (ohne ausschlaggebendes Ereignis) unwahrscheinlich. Veränderungen ‚kosten' etwas, sie können sich häufig aus ‚Bequemlichkeit' oder ‚Gewohnheit' nicht durchsetzen. Wenn der teamspezifische Stil im Sinne einer Objektivation routinisiert wird (‚This is the way we do things' wird zu ‚This is how things are done'), trägt dies ebenfalls maßgeblich zu einer Institutionalisierung bei. Objektivierte Skripte werden in materielle Artefakte eingeschrieben und verfestigen sich auf diese Weise weiter (beispielhaft dafür sind Strukturen in MAXQDA, Protokollformen, Leitfäden, die im nächsten Projekt abgewandelt wieder verwendet werden usw.). Schlussendlich ‚produziert', wenn man neo-institutionalistischen Überlegungen folgt, jedoch die Sedimentation institutionalisierte Praktiken – nämlich indem eine Vorgehensweise an Dritte weitergegeben wird.[66]

Zweitens, wird verständlich, warum sich wissenschaftliche Praktiken (im Zuge arbeits- und industriesoziologischer Fallstudienforschung) zwar prinzipiell ähneln und dennoch systematische länderspezifische Differenzen erkennbar sind. Dies ist unter anderem über isomorphistische Tendenzen zu erklären: Es erfolgt eine wechselseitige Strukturangleichung zwischen den Teams (bewusst oder unbewusst), allerdings vor dem Hintergrund unterschiedlicher Rationalitäts- und Legitimitätsvorstellungen, welche maßgeblich durch die Erwartungen der Umwelt überformt sind. Dazu nun ausführlich.

7.2 Teamförmige Fallstudienforschung in Zeiten von Wissenschaftsevaluation

Wie Kapitel 7.1 veranschaulicht hat, sind die Teams in Großbritannien und Deutschland mit unterschiedlichen Legitimationsanfordernissen konfrontiert. Deren Strategien der Legitimation sind wesentlich an den Erwartungen relevan-

[66] Nicht zu vernachlässigen ist, dass Institutionalisierung nicht immer widerstandslos oder harmonisch vonstattengeht, sondern nicht selten von Konflikten begleitet ist. Dies soll jedoch in diesem Rahmen nicht ausgeführt werden, da es für die Argumentation keine zentrale Rolle spielt.

ter Bezugseinheiten oder Umwelten ausgerichtet. Da sich diese national unterscheiden, werden die gravierenden Varianzen in der Fallstudienpraxis der Teams beider Länder verständlich, wenn man, wie im Folgenden, die länderspezifischen wissenschaftspolitischen Voraussetzungen in die Analyse einbezieht. Die britischen Fallstudien demonstrieren zudem nachdrücklich, wie sich methodische Praktiken und Forschungsstile wandeln, wenn sich der institutionelle Kontext wandelt. Gerade in den letzten Jahren haben sich die wissenschaftspolitischen Rahmenbedingungen an den Universitäten in Großbritannien stark verändert. Zentraler Angelpunkt ist dabei die Einführung einer nationalen Wissenschaftsevaluation vor gut 20 Jahren, welche diverse direkte und indirekte Auswirkungen auf Forschung hat, so auch für das methodische Vorgehen der Industrial Relations Forschung.

Im Anschluss werden nun die grundlegenden Eigenschaften der britischen Forschungsevaluation skizziert. Deren Folgen für die (methodische) Forschungspraxis arbeits- und industriesoziologischer Fallstudienforschung werden, anhand der vorliegenden Daten und unter Gegenüberstellung mit der deutschen Entwicklung, rekonstruiert. Sodann werden die Konsequenzen dieses Prozesses neo-institutionalistisch und wissenschaftssoziologisch interpretiert, jedoch ohne den Blick für die teamförmige Fallstudienforschung der Arbeits- und Industriesoziologie zu verlieren.

7.2.1 Die ‚Research Assessment Exercise' und ihre Folgen für arbeits- und industriesoziologische Fallstudienforschung

In Europa gehören Wissenschaftsevaluationen seit den 1980er Jahren zum festen Bestandteil der Hochschullandschaft. Während Deutschland sich mit den Rankings durch den Wissenschaftsrat noch in einem vergleichsweise frühen Stadium befindet, gibt es in Großbritannien mit der so genannten *‚Research Assessment Exercise'* (im Folgenden: RAE) bzw., wie es ab 2014 heißen wird, dem *‚Research Excellence Framework'* (im Folgenden: REF) seit 1986 ein ausgeklügeltes System der Bemessung von Forschungsleistung, das in regelmäßigen Abständen durch den Higher Education Funding Council for England (HEFCE), den Scottish Higher Education Funding Council (SHEFC), den Higher Education Funding Council for Wales (HEFCW) und das Department of Education Northern Ireland (DENI) durchgeführt wird.[67]

[67] Die Evaluation hat bisher in den Jahren 1986, 1989, 1992, 1996, 2001 und 2008 stattgefunden. Die nächste Runde ist für 2014 geplant.

Entwickelt wurde die nationale Forschungsevaluation im Zuge einer grundlegenden Umstellung der Finanzierung britischer Hochschulen Mitte der 1980er Jahre, in welcher unter anderem die Finanzierung von Lehre und Forschung getrennt wurden. Die RAE unterliegt dabei kontinuierlichen Veränderungsprozessen. So haben sich seit seiner Einführung nicht nur die Evaluationszeiträume verändert, auch die Indikatoren wurden spezifischer und neu gewichtet die Verteilungsmengen und -mechanismen modifiziert (vgl. Barker 2007).[68] Während Gelder für den Lehrbetrieb seither anhand der Studierendenzahl der jeweiligen Universität ermittelt werden, werden die Forschungsmittel auf der Grundlage des Forschungsoutputs verteilt. Dies macht es notwendig, die Forschungsleistung von Universitäten und Forschungsbereichen zu bemessen, oder wie ein Interviewter es interpretiert:

> „Because funding is limited, there has to be some, so it's argued, there has to be some kind of set of criteria, which decide if research is worthy of being funded. Ultimately, of course, to reduce the amount of research that is funded from a small pot" (I29, 72).

Beurteilt wird der Forschungserfolg der Institutionen im Rahmen der RAE maßgeblich über die Qualität der Veröffentlichungen. Dazu reichen Forschende innerhalb des relevanten Zeitraumes deren beste Veröffentlichungen zur Evaluation ein. Als entscheidende Kriterien für die Bewertung deren Qualität wurden drei Prinzipien festgelegt: ‚Originality', ‚Significance' und ‚Rigor'. Das Verfahren beruht auf Peer Review, die Reviewer werden nach offengelegten Kriterien ausgewählt und kommen aus der jeweiligen Community. In der Praxis erfolgt die Bewertung stark geleitet durch die Einordnung des Journals, in dem veröffentlicht wurde (vgl. Bence/Oppenheim 2004).[69] Die Leistungen der Organisationseinheiten werden anhand einer fünfstufigen Skala klassifiziert, die von ‚weltweit führend' (4*) bis ‚unter dem nationalen Standard liegend' (unclassified) reicht (Elektronische Quelle 8, siehe auch Hartmann 2010).

Insbesondere da über das Evaluationsverfahren in Großbritannien inzwischen die gesamten Forschungsmittel verteilt werden, hat die RAE vielfältige *Konsequenzen* nach sich gezogen, welche teilweise schon recht breit in der Literatur erörtert werden. Beispielsweise werden Veränderungen in der gesamten Hochschullandschaft verzeichnet. Da der neue Verteilungsmodus zu einer erheb-

[68] Hinter diesen Anpassungen verbergen sich konfliktreiche Aushandlungen zwischen Forschungsschwerpunkten (z.B. grundlagen- versus anwendungsorientiert), Disziplinen und Universitäten.

[69] Die Bedeutung von peer-reviewed Zeitschriften (und wiederum deren Impactfaktoren) ist in diesem Zusammenhang erheblich gestiegen. Ob Impactfaktoren die Qualität von Zeitschriften angemessen erfassen können, steht dabei auf einem anderen Blatt (vgl. Kieser 2010).

lichen Konzentration von Forschungsmitteln auf einzelne Universitäten geführt hat, wird hier eine Monopolisierungstendenz diagnostiziert, die schon bestehende Hierarchisierungstendenzen zwischen Universitäten verstärkt (Barker 2007, auch Münch 2009).

Prominent betrachtet wird zudem der Wandel innerhalb von Hochschulen, wie eine stärkere institutionelle Trennung zwischen Forschung und Lehre:

> „Da die Gelder für die Forschung nach dem RAE-Ranking, für die Lehre rein nach Studierendenzahl vergeben werden, gilt eine einfache Regel: Um die finanzielle Lage einer Hochschule oder eines Departments zu sichern, muss entweder die Forschung deutlich oberhalb des nationalen Durchschnitts liegen oder aber, falls das misslingt, die Studierendenzahl entsprechend angehoben werden. Lehren wird damit gewissermaßen zur Strafe für schlechte oder vielleicht auch nur schlecht bewertete Forschung. Das führt auf Dauer zu einem Teufelskreis aus schlechtem Abschneiden beim RAE, wenig Forschungsmitteln, mehr Lehrverpflichtungen, den daraus dann wieder resultierenden geringen Chancen, die Forschungsleistung zu verbessern" (Hartmann 2010, 382).[70]

Für die Ebene des wissenschaftlichen Personals beschreibt Münch diesen Teufelskreis:

> „Das überwiegend in der Lehre tätige Personal nimmt gar nicht mehr am Evaluationsverfahren teil und muss dafür mit einem höheren Lehrdeputat bezahlen. Im Gegenzug werden die besonders produktiven Forscher mit einer kräftigen Senkung des Lehrdeputats belohnt" (Münch 2008, 68 f.).

Dass Differenzen zwischen Universitäten und Forschenden in diesem Zuge verfestigt werden, wird kritisch gesehen. Meier und Schimank interpretieren diese Entwicklungen als *„Abwärtsspirale"* (Meier/Schimank 2009, 53).

Zum ‚*Erfolg*' des Rankings bestehen insgesamt konträre Meinungen. Von Befürwortern der Evaluation werden deren Vorteile hervorgehoben: Sie belohne gute Forschungsleistung und fördere auf diese Weise meritokratische Prinzipien (und damit ‚faire' Mittelverteilung); sie schaffe Anreize, die individuelle Forschungsleistung zu steigern, dies werde unterstützt durch einen neuen ‚konkurrentiellen Geist'; sie habe zu besserem Forschungsmanagement geführt (vgl. Hare 2003). Außerdem werden Belege dafür angeführt, dass die RAE die Forschungsqualität erhöht habe. Dies wird wiederum auf drei höchst unterschiedliche Faktoren zurückgeführt: Erstens, „Grade inflation, which is well known in

[70] Dabei zeigt die Praxis auch, dass ‚underachiever' mit gravierender Reorganisation, bis hin zu Schließungen von Departments, rechnen müssen (Barker 2007, 7).

peer review when resources are constrained“, zweitens, „Strategic behaviour and ‘game-playing’, that is weaker researchers not included“ und, drittens, „Actual improvement in research due to the incentive of the evaluation system and research output management in universities“ (Bence/Oppenheim 2004).[71]

Andererseits wird häufiger konstatiert, dass anfängliche (finanzielle) Vorteile durch die RAE sich inzwischen ins Gegenteil verkehrt haben: Immer professionellere Vermarktungsstrategien von Forschenden und Universitäten haben zu erhöhten Kosten geführt, so dass, weil Durchführung und Verwaltung der Evaluation aufwändig und kostenintensiv ist, die finanziellen Belastungen inzwischen dem Nutzen überwiegen könnten (vgl. Geuna/Martin 2001). Weiterhin wird bemängelt, dass die Evaluation zu einer Zentralisierung von Forschungsmitteln geführt haben, obgleich es kaum Evidenz gibt, dass eine solche Konzentration die Qualität befördert; sie belohne ‚sichere‘ und schnelldurchführbare Forschung und benachteilige langfristige und möglicherweise riskante Forschung, da deren Output weniger sicher ist. Weniger Diversität in der Forschung sei die Folge. Sie lasse außerdem eine straffe Nachfrage nach produktiven Forscherinnen und Forschern entstehen und führe so zu enormer Fluktuation zwischen Institutionen, was nicht ausschließlich positive Auswirkungen hat (vgl. Hare 2003). Kontrovers geführte Diskussionen zu den intendierten und nicht intendierten Folgen einer solchen Leistungsbewertung begannen schon bald nach der ersten Evaluation (vgl. Elton 2000). In derartigen Beurteilungen überwiegen meist negative Diagnosen, wie die folgenden Aufsatztitel wohl verdeutlichen können: *‚The Art of Punishing: The RAE and Ritualising Power in Higher Education‘* (Broadhead/Howard 1998) oder *‚Behavioural modification of academics‘* (Talib 2001).

Ungeachtet der Probleme von Rankings im Allgemeinen und den methodischen Schwächen der RAE im Besonderen[72] fließen viel Zeit und Geld in die Strategien der Universitäten, um bei der nächsten Evaluation erfolgreich abzuschneiden. Denn ein gelungenes Abschneiden wird breit wahrgenommen: Es soll nicht nur im innerwissenschaftlichen Diskurs Forschungsqualität symbolisieren, sondern auch mögliche Projektpartner aus der Praxis und solvente Studierende aus Übersee anziehen (vgl. Kieser 2010, Maasen/Weingart 2006).

71 Selbst diese Zunahme wird jedoch teilweise in Zweifel gezogen werden. So argumentiert beispielsweise Münch, dass Großbritannien mit Blick auf die performanzbasierte Verteilung von Forschungsmitteln im Output von Fachzeitschriftenaufsätzen, wie er vom Science Citation Index und Social Science Citation Index gemessen wird, gegenüber Deutschland seit der Einführung an Boden verloren hat (Münch 2010, 257).

72 Zum Beispiel gab es bisher die Möglichkeit unter bestimmten Umständen Mitglieder der Organisation durch eine Klassifikation als ‚research inactive‘ von der Evaluation auszuschließen, was vermutlich zu einer Verzerrung des Rankings geführt hat (siehe McNay 1997).

Als unumstritten gilt, dass die RAE einen massiven Einfluss auf Forschungspraxis und Forschungskultur hat. Das spiegelt sich dementsprechend auch in den vorliegenden Interviews mit britischen Wissenschaftlerinnen und Wissenschaftlern. Die gravierenden Konsequenzen der nationalen Wissenschaftsevaluation für den gesamten Forschungsprozess werden immer wieder thematisiert – auch, wenn nicht danach gefragt wurde. Dies kann als deutlicher Hinweis für dessen Auswirkung gelten. Ein Befragter hebt hervor: *„There is a reality to the context in which we function in"* (I13, 124) – und diese Realität wird in der Wahrnehmung der Interviewten vor allem durch die Vorgaben der Research Assessment Exercise geprägt. Hauptsächlich wird dabei betont, dass die Evaluation Forschung *‚strategischer'* und *‚ähnlicher'* gemacht habe. Dies zeigt sich in den verschiedenen Phasen des Fallstudienforschungsprozesses und insbesondere mit Blick auf das methodische Vorgehen bzw. auf die methodischen Praktiken im weiteren Sinne, Veränderungen in der teamförmigen Durchführung solcher Forschung eingeschlossen. Im Folgenden werden die Aussagen der Interviewten, vor allem zu den Folgen der zunehmenden Evaluation für die industriesoziologische Forschungspraxis, zu zwei Thesen verdichtet und theoretisch eingebettet.

‚Playing the Game': Strategisierung von Fallstudienforschungspraxis

a. ‚Playing the Game' mit Blick auf methodische Praktiken

Die Interviewten weisen darauf hin, dass sie ihre Forschung verstärkt an deren erwartetem Erfolg ausrichten, dass Forschung sozusagen ‚strategischer' wird. Dies beginnt bei der *Auswahl der inhaltlichen Themen und konkreten Untersuchungsgegenstände*. Weil Wissenschaftsevaluation erfolgreichen Output erzwingt und damit risikolose Forschungsthemen belohnt, wird berichtet, dass dies auch in der Forschungspraxis vermehrt berücksichtigt wird (z.B. I20, I28). Zwar ist es eine in der Literatur bekannte Vermutung, dass der verschärfte Wettbewerb um schwindende Fördergelder die Konzentration auf (politisch) opportune Themen fördert, dass sich dies jedoch bis auf die Ebene der alltäglichen Forschungspraxis auswirkt, wird bisher kaum nachgewiesen.

Insbesondere die *Gestaltung des Forschungsdesigns* und die *Wahl der Erhebungsinstrumente* im Zuge von Fallstudienforschung werden außerdem zielgerichtet auf die Verwertbarkeit der Ergebnisse hin ausgelegt. Ein wesentliches Indiz hierfür kann in der *Zunahme von quantitativen (oder zumindest multimethodischen) Zugängen* gesehen werden. Zwar wird die britische Industrial Relations Forschung auch von den Interviewten als traditionell fallstudienorientiert verstanden (in Übereinstimmung mit der bestehenden Literatur, siehe Kap. 3), allerdings wird ebenfalls hervorgehoben, dass die Fallstudie als Forschungsstrategie deutlich an Gewicht verloren hat. Es wird betont, dass sich für qualitative Arbeitsforschung, wie etwa Fallstudienforschung, die Forschungsbedingungen gravierend erschwert haben. Diese Entwicklung wird der RAE zugeschrieben und überaus kritisch bewertet:

> „For me as a qualitative researcher, but not just me, it really is a rather unfortunate, distorting process. What it is doing, it is pushing research in a direction of US research. Quantitative survey work gets papers out quickly" (I8, 40).

Große Surveys und quantitative Auswertungen haben demgegenüber einen Aufschwung erfahren, mehr noch, sie scheinen qualitative Forschung zu ‚überholen': „IR researchers who do qualitative stuff nowadays are under serious pressure" (I27, 67). Eine pragmatische Reaktion auf diese Veränderungen ist die zunehmende Kombination qualitativer und quantitativer Erhebungsmethoden im Zuge von Fallstudienforschung bzw. die in Interviews sehr häufig formulierte ‚mixed-methods' Orientierung (z.B. I7, I9, I10, u.a.), die es zulässt, Fallstudien durch quantitative Anteile anzureichern oder zu ergänzen. Eine ‚*Strategisierung*' von (methodischen) Verfahren wird mit Blick auf die Auswahl der Methoden offenkundig: Weil sich ausschließlich qualitativ angelegte Fallstudien ‚schlechter verkaufen' lassen, gehört es heutzutage zum Standard auch quantitativ zu forschen.

Insgesamt scheint es kaum einen Zweifel zu geben, dass in der Disziplin von einer ‚Quantitativisierung' auszugehen ist, welche nicht nur positiv bewertet wird (siehe auch 6.2). In vielen Interviews wird berichtet, dass eine bewusste oder unbewusste Anpassung an externe Kriterien vorgenommen wird: „You sort of change your goals. So they fit the scheme" (I28, 268). Eine Metapher wird in diesem Zuge sehr prominent verwendet: Die des ‚*Game Playing*' (I2, I13, I16) – man hält sich an Regeln, obgleich man deren Sinn bezweifelt. Dies bezieht sich zum Beispiel auf die Methodenwahl, die Publikationsstrategien untergeordnet wird:

> „Personally for me, I think documentary evidence and the interviews would be fine. But if you are going to get published, and it's a game we all have to play in the academic sector in the UK now, you'll find it much more difficult, MUCH more (without a quantitative part, J.P.)" (I2, 67).

Demnach werden strategische Gründe als wichtige Ursache für derartige Wandlungstendenzen ausgemacht, wie auch ein Interviewter diagnostiziert: „It's true, most people do both. (…) Even so they might prefer the qualitative stuff, they also do quants stuff“ (I10, 78; vgl. auch I2, I13, I16, I21, I25).

Nicht nur die Wahl der Methoden scheint sich zu ‚regulieren‘. Ähnliches ist auch hinsichtlich der *Auswertungsstrategien* zu erkennen. Diese werden (nach Aussage der Befragten) inhaltlich immer stärker fokussiert, das heißt zum Beispiel, schon früh auf verwertbare Aspekte hin ausgelegt: „You need to talk from an early stage what you think the outputs are gonna be. Not before you collect the data, but once you started to analyse the data“ (I7, 265). Dementsprechend werden ‚schlaglichtartig‘ einzelne Ideen ausgewertet, und zwar vom Resultat her gedacht, der Publikation (z.B. bei I7, I18, I20). Auch der Prozess des Interpretierens scheint sich aufgrund enger werdender Forschungsfinanzierung zu verändern. Es wird berichtet, dass Interpretationen aus zeit- und ressourcentechnischen Gründen arbeitsteilig vorgenommen werden, der Prozess der Auswertung (wie der gesamte Forschungsprozess) absichtsvoll formalisiert und professionalisiert wird, d.h. er läuft nach institutionalisierten Regeln ab, die unter anderem der Komplexitätsreduktion dienen. Ziel ist die Steigerung von Effizienz.

Als Ursachen für diese Entwicklung werden verschiedene Faktoren genannt – vor allem jedoch der steigende Druck in hochrangigen Journals zu publizieren. Weil diese quantitativ belegte Analysen bevorzugen, wird das ‚Game Playing‘ aus Sicht der Interviewten notwendig:

> „It's hard for people who do case study work to know how to get into this (journals, J.P.). And you almost feel like you have to compromise what you do. You have to play a strategic game just to get into those journals. Sometimes people will just bring in a quants person into their team, just to do a little bit of a survey“ (I16, 25).

Ganz ähnlich beschreibt dies ein weiterer Forschender: „There is some journals that you will find it very difficult to get into without a quantitative element. You have to know that and accept that“ (I2, 199). Entweder man spielt das Spiel oder dies hat problematische Folgen.

‚Strategisierung‘ meint damit auch, dass der gesamte Forschungsprozess stringent auf die Publikation ausgerichtet wird: „In our case, I don't know if it's an extreme case, but it's certainly gone down the route of using journal ranking lists to inform what you should be doing in a very prescriptive way“ (I6, 181). Legitimität wird von den britischen Teams stark über Publikation in ‚A-Journals‘ definiert, die Veröffentlichung wird als dominantes Kriterium für gelungene Forschung kommuniziert. Es erfolgt eine zunehmende Ausrichtung des Forschungsprozesses an den Erwartungen der Journals, welchen die Deutungsmacht über Qualität und Qualitätskriterien zu Teil geworden ist.[73]

Das Gewicht dieser Prozesse ist erst vor der erheblichen Zunahme der Journalorientierung gänzlich zu verstehen. Bezüglich der Publikationsstrategien werden massive Veränderungen geäußert. Dies bezieht sich auf mehrere Ebenen. Einerseits erscheint es den Befragten immer sinnvoller, Aufsätze anstelle von Büchern zu schreiben. Zwar werden Bücher auch in der Evaluation erfasst, allerdings nach weniger klaren Anhaltspunkten bewertet als Journalaufsätze, für die es eindeutige Rankings gibt. Daher wird der Einfluss der RAE auf die Publikation von Büchern auch als negativ gesehen, da das Schreiben von Fallstudienmonographien nicht die verdiente Anerkennung bekommt und demotiviert wird: „People don't really write books anymore. You've GOT to have the articles and then you can do a book“ (I16, 114). Von Relevanz ist dies aus einer methodischen Perspektive, da die Publikation von Fallstudienempirie aufgrund ihres Anspruches, soziale Prozesse in ihrem Kontext zu analysieren, für Monographien besonders geeignet scheint: „Those pressures have an effect on case study analysis, the great cases are books“ (I21, 67). Aufsätze erzwingen eine Reduzierung der Komplexität und Dichte des Materials – sie können darüber hinaus durch die formalisierten Richtlinien auch Kreativität und Innovativität einschränken (z.B. I16).

Dies wird auch in der einschlägigen Literatur diskutiert, wo als Folge der RAE „(...) die Einschränkung des Wissens auf den begutachteten Standardaufsatz“ konstatiert wird (Münch 2008, 69). Wiederum als Konsequenz dieser Konzentration auf den ‚Standardaufsatz‘ wird regelmäßig deklariert, dass Forschungsvielfalt verloren geht. Häufig wird als Folge eine Fragmentierung von Forschungsergebnissen ausgemacht. Dies gilt nicht nur für die Fallstudienforschung, sondern wird in der Literatur als ‚Salamitaktik‘ der Stückelung größtmöglicher Datensätze in kleinstmögliche Publikationseinheiten diskutiert (Frey 2006; vgl. Münch 2008) (dazu auch Kap. 7.2).

b. ‚Playing the Game‘ mit Blick auf teamförmige Zusammenarbeit

Auch in der *teamförmigen Kooperation* im Zuge von Fallstudienforschung zeichnen sich Tendenzen der ‚Strategisierung‘ ab: Erstens, werden von den Interviewten Veränderungen auf der Ebene alltäglicher Teamarbeit im Zuge empirischer Erhebungsprozesse formuliert, die auf dem Wandel von Forschungsförderung basieren. Mit Blick auf die Zusammenarbeit in den Teams kann eine Ten-

[73] Dass diese Gütekriterien nun ‚extern‘ durch die RAE oder Journals definiert werden, kann durchaus kritisch gesehen werden.

denz zur *Formalisierung von Kooperation* bzw. zur *Professionalisierung des Forschungsprozesses* festgestellt werden – und zwar trotz oder möglicherweise aufgrund der hohen Heterogenität in der Zusammensetzung der britischen Teams (vgl. Kap. 6.2). Von hoher Bedeutung sind strukturierte Vorgaben im Forschungsprozess (z.B. Leitfäden, Deadlines für Zwischenberichte und Falldarstellungen; vor allem in Team 1 und 3).

Zweitens, wird eine *Veränderung der Kooperationsformen* berichtet, hin zu lockeren, netzwerkartig strukturierten Kooperationen, die häufig überuniversitär sind. Zwar spielen Netzwerke über Universitäten hinweg und gemeinsame Konferenzen auch in Deutschland eine Rolle, aber bis dato in anderem Ausmaß als dies in Großbritannien der Fall zu sein scheint:

> „What you get is clusters of individuals in institutions. But then you have conference networks, journal editorial boards, personal networks and another whole range of processes. Although there is Warwick, LSE, Cardiff, the truth is, it's much broader and a mobile set of teams and networks that interact with each other much more" (I21, 174).

Kooperationsnetzwerke werden langfristig aufgebaut und aufrechterhalten – und sie werden vielerorts als stabiler beschrieben als die organisatorische Einheit an der Universität: „So it's not institutionally bound in a traditional sense" (I21, 177). Diese ‚inter-universitären' Netzwerke in der britischen IR Forschung sind sehr hoch zu bewerten, das wird mehrfach deutlich gemacht. Teilweise wird konstatiert, dass solche persönlich-fachlichen Allianzen für die eigene Forschung wichtiger eingeschätzt werden als die universitäre Zugehörigkeit und der Kollegenkreis vor Ort: „You're making the assumption that the institution matters. Whereas I could say to you that the institution is almost irrelevant" (I27, 134). Dies scheint zumindest indirekt durch das nationale Evaluationsverfahren begünstigt zu werden. Regelmäßig wird von den britischen Universitäten *vor* der Evaluation Personal rekrutiert – ‚leistungsstarkes' Personal, welches die Bewertung der Universität (oder des Departments) durch hohen Publikationsoutput positiv beeinflussen soll. Das inhaltliche, theoretische oder methodische Passungsverhältnis mit den (zukünftigen) Kolleginnen und Kollegen spielt dabei eine untergeordnete Rolle. Folglich ergeben sich häufig kaum übereinstimmende Arbeits- oder Interessensgebiete, so dass Forschungsnetzwerken eine hohe Bedeutung zukommt.

Dies beinhaltet durchaus Aspekte einer Strategisierung, denn die RAE wertet die Zusammenarbeit von Kolleginnen und Kollegen aus derselben Institution, vor allem demselben Forschungsbereich, ab; solche Ko-Autorschaften bieten aufgrund der geringen Anerkennung durch die RAE keinen Vorteil. Gleichzeitig wird die ‚lockere' Kooperation oder strategische Schreibgemeinschaft mit Forschenden anderer Universitäten durch das Evaluationsverfahren belohnt (z.B. I2). Da die RAE bisher Einreichungen von Forschenden unterschiedlicher Institutionen für alle Ko-Autoren vollständig anrechenbar macht, hat dies Auswirkungen auf typische Kooperationskulturen und -strukturen in Großbritannien: „So it's a lot of horse trading there" (I16, 53).[74]

Die Institution, die demnach die zentrale Rolle spielt, ist die Research Assessment Exercise. Zwar findet in Deutschland arbeits- und industriesoziologische Fallstudienforschung auch über verschiedene Universitäten oder Forschungsinstitute hinweg statt. Gleichwohl scheint dies im Vergleich zu Britannien eher einen ‚ergänzenden' Charakter im Rahmen einzelner Projekte zu haben. In der Regel wird in den Interviews das organisatorische Team als Kernbezugspunkt formuliert, auch wenn hier ebenfalls ein Netzwerkcharakter festzustellen ist.

Zusammenfassend lässt sich mit Blick auf die methodischen Praktiken der britischen Teams in Design, Erhebung, Auswertung, Darstellung und Zusammenarbeit eine *Strategisierung von Verfahren* erkennen, deren Ursache beträchtlich auf die RAE (und in diesem Zusammenhang die wachsende Bedeutung von Publikationen) zurückzuführen ist. Ähnliches gilt auch für die Zusammenarbeit und Kooperation im Team. Neben dem ‚Game Playing' lässt sich eine weitere Folge ausmachen: eine ‚Homogenisierungstendenz' zwischen den Verfahren der Teams.

(Methodische) Homogenisierung zwischen Teams

Äußerst auffällig im internationalen Vergleich ist, dass den Forschungsstandorten oder Forschungsteams zwar wechselseitig durch die Interviewten Unterschiede attribuiert werden, diese jedoch von den Interviewten als relativ ‚unerheblich' eingeschätzt werden. So wird berichtet, dass Fallstudienforschung beispielsweise in Team 3 tendenziell an breiten empirischen Erhebungen interessiert ist, das Team 2 eher Policy orientiert (und damit methodisch pragmatisch) und der Forschungszugang in Team 1 interpretativ und komparativ. Gleichzeitig werden aber deren Ähnlichkeiten unterstrichen. Die Abgrenzung zu inhaltlichen Schwerpunkten oder methodischen Verfahrensweisen anderer Forschungsgruppen fällt jedoch in der Regel schwer; es werden keine starken Varianzen wahrge-

74 Unter anderem auf diese Weise kann vermutlich auch der wissenschaftssoziologisch schon länger beobachtete Trend zur Vervielfachung von Ko-Autorschaften erklärt werden - lassen sich doch mit einer solchen Strategie erhebliche Produktivitätssteigerungen erzielen, solange nicht nach Seiten- und Autorenzahl relativiert wird (vgl. Münch 2008, 70).

nommen (z.B. I2, I6, I21, I27). Im Gegensatz zu früher (siehe Kap. 3, sehr dezidiert auch I21) seien kaum inhaltliche, theoretische oder methodische Schulen zu erkennen. Wenn Unterschiede festzustellen sind, dann sind diese institutioneller Natur: „(XXX) is seen as one of the better universities in the UK. They are very tough to work for as an academic. They push publications, pressure very hard" (I2, 163) (anonymisiert, J.P.).

Grundsätzlich wird in den Interviews sehr deutlich gemacht, dass alle Teams ähnlich methodisch Vorgehen – sie forschen pragmatisch, mit (international) vergleichender Perspektive, multimethodischen Orientierungen und einem vereinheitlichten Methoden-Set. Oder auch etwas lapidar durch einen Interviewten ausgedrückt: *„People do quite similar things"* (I3, 144). Zwischen den britischen Teams und ihren Ansätzen ergeben sich nur feine Abstufungen. Die deutschen Teams legitimieren und profilieren sich demgegenüber stark über die Abgrenzung von anderen (siehe Kap. 7.1).

Diese Entwicklung in Großbritannien wird von den Interviewten selbst als Angleichungsprozess verstanden – als *‚methodische Homogenisierung'*. Die Standardisierung der Verfahren wird von den Befragten auf Veränderungen in ihrer ‚Umwelt' zurückgeführt – explizit wird die nationale Wissenschaftsevaluation dafür verantwortlich gemacht:

> „Almost everyone seems to do stuff that is internationally comparative, multimethod, a bit policy oriented, a bit theory oriented. (...) But we are being pushed in a direction, by funding. It is an institutionalism" (I8, 204).

Ganz ähnlich wird dies in anderen Interviews gesehen (z.B. I6). Zwar werden auch weitere Gründe für die gegenseitige Anpassung genannt, etwa, dass man wechselseitig die Arbeit der anderen liest, sich immer wieder auf Konferenzen trifft oder die Mobilität von Forschenden; letztlich wird die Homogenisierungstendenz, d.h. die Entstehung von (methodischer) Gleichartigkeit, auf externe Bedingungen zurückgeführt. Unterdessen werden diese Entwicklungen nicht immer als sinnvoll oder effektiv eingeschätzt; dennoch werden sie für das eigene Arbeiten als leitend wahrgenommen (was unter neo-institutionalistischer Perspektive auch keineswegs überraschend ist, dazu gleich).

Homogenisierungstendenzen sind nicht nur in der Auswahl der Erhebungsinstrumente zu erkennen, sondern zum Beispiel auch hinsichtlich der Darstellung der Vorgehensweisen und den Methodenbegründungen. Dies beschreibt ein Interviewter wie folgt:

> „We just finished a paper (...) and took out most of the interview quotes, because the referees weren't really that bothered about them. You find a lot of American publications like this now, they'll write in a way that the quotes are implicit or between

the lines. You know, you've got 5 quotes that suggested a certain idea. But you don't report the data. But you could do. That's quite common in American journals. So we adopted that style. Which is a shame, because you lose the quality, the richness of the data you collected" (I9, 124).

Nicht nur Fallbeschreibungen werden ‚auf das Wesentlichste' konzentriert, sondern ebenso die Ausführungen zur Methodik. Dafür werden abermals ‚wissenschaftsexterne' Faktoren als Ursache genannt. Die Beschreibung methodischer Praktiken in Veröffentlichungen knapp zu halten, das ist nicht nur zeitsparend, es trifft die Anforderungen einiger Publikationsorgane, die formalisierte (und teilweise minimierte) Beschreibungen zum methodischen Vorgehen befördern. Intensive Methodenreflektion findet daher, wenn überhaupt, an anderer Stelle statt: „I think with the pressure to publish the methodological discussions do get sidelined or they end up in methods journals" (I6, 193).[75] Andererseits führen diese Leitlinien dazu, dass bestimmte methodische Angaben in Veröffentlichungen inzwischen ‚Pflicht' sind. Dies scheint deutlich standardisierter zu sein, als dies in Deutschland der Fall ist.

Mit Blick auf die deutschen Teams gilt demgegenüber, dass entsprechend ausgeprägte Tendenzen des ‚Game Playing' nicht (bzw. nicht im selben Ausmaß) ausgemacht werden können. Weder lässt sich eine vergleichbare Output- und Journalorientierung erkennen, noch sind Kooperationsformen und Kooperationsmuster vergleichbar professionalisiert. Ebenfalls kaum zu erkennen sind methodische Angleichungsprozesse zwischen den Praktiken der deutschen Forschungsteams. Im Gegenteil, die Legitimierung der eigenen Vorgehensweise erfolgt maßgeblich in Orientierung an Methodologie und Abgrenzung zu anderen Teams (vgl. I17, I22, I29). Wie schon festgehalten wurde, verorten sich die deutschen Interviewten ausdrücklich im qualitativen Paradigma; daher können die Teams intern als methodologisch homogen gelten. Dennoch kommen in vergleichender Perspektive ganz unterschiedliche (qualitative) Verfahren zum Einsatz, sodass es angemessen ist, von einer Heterogenität der Praktiken zu sprechen (siehe Kap. 6.2).[76]

Ob analog (und konträr) zu Großbritannien bezüglich der methodischen Verfahrensweisen zwischen deutschen Fallstudienteams auch von einer *‚Hetero-*

---

[75] Gleichzeitig kann dies vermutlich nicht der alleinige Grund hierfür sein, da sich eine ähnliche Tendenz in Deutschland auch ohne RAE zeigt. Pflüger et al. (2010a) sehen dafür eine Art ‚Basiskonsens' innerhalb der Disziplin als grundlegend.

[76] Ganz ähnlich sehen dies übrigens Meier und Schimank (2010). Sie vergleichen das Wissenschaftssystem in Großbritannien und Deutschland und kommen dabei zu dem Schluss, dass ‚Profile Building', sozusagen eine top-down Heterogenisierung, ein für Deutschland typisches Merkmal ist.

genisierungstendenz' gesprochen werden kann, ist fraglich und aufgrund der Fallauswahl mit Vorsicht zu betrachten. Dagegen spricht etwa die traditionell starke Schulenbildung wie auch die Profilierung der Teamidentitäten über wechselseitige Demarkation. Zudem lassen sich mit Blick auf die untersuchten Teams hierzulande keine klaren Anzeichen dafür erkennen, dass der an internen Kriterien orientierte Legitimationsmechanismus der Verfahren einer ausgeprägten Orientierung auf externe Aspekte (wie ‚Publikationsfähigkeit') weicht, wie das in Britannien zu erkennen ist. Allerdings muss angemerkt werden, dass der untersuchte Forschungsstil des Bremer Teams in seiner ‚Reinform' in den 1980er Jahren zu verorten ist und deren methodisches Vorgehen gegenwärtig etwas ähnlicher zu den anderen Gruppen ist. Die ‚Verschlankung' des Verfahrens wird auf verknappte Forschungsressourcen heutzutage zurückgeführt (siehe Kap. 6.1.4). Dies könnte als vorsichtiger Hinweis darauf gewertet werden, dass sich die Heterogenität der deutschen Teams möglicherweise abschwächt.

Das jüngst in Deutschland durchgeführte Rating des deutschen Wissenschaftsrats ist der RAE nicht völlig unähnlich, die Folgen bisher jedoch noch kaum auszumachen.[77] Selbst wenn sich auch in Deutschland ein vergleichbares nationales Evaluationsverfahren durchsetzt, bedeutet dies nicht notwendigerweise ähnliche Konsequenzen für die (arbeitssoziologische) Fallstudienforschung. Wie Frege (2007, 2008) deutlich gemacht hat, ist sozialwissenschaftliche Forschung, wie die betrachtete, in breitere nationalspezifische Kulturen eingebettet. Theorien, Methoden und Vorgehensweisen werden nicht nur übernommen, weil sie Erklärungskraft besitzen, sondern auch weil sie in einen bestimmten nationalen Kontext passen. Sie kann auf der Grundlage ihrer breit angelegten Sekundäranalyse mit Blick auf die Arbeitsforschung in Großbritannien und Deutschland kaum Angleichungstendenzen erkennen, obwohl im Zuge einer Internationalisierung von Wissenschaft häufig Konvergenzen erwartet werden; daher kommt sie zu dem Fazit, dass nationale Forschungsmuster und Charakteristika in Großbritannien und Deutschland stabil bleiben (Frege 2008, 43).

Um diese Frage mit Sicherheit zu beantworten, reicht das Forschungsdesign der vorliegenden Arbeit letztlich nicht aus. Allerdings können dazu theoretische Überlegungen angeführt werden. Besonders sinnvoll scheint es, danach zu fragen wie die methodische Homogenisierung zwischen den britischen Forschungsteams zu erklären ist – und auf dieser Grundlage eine Bewertung vorzunehmen. Wie also kommt es zu dieser Homogenisierungstendenz, insbesondere wenn die britischen Teams in ihrer (disziplinären und methodologischen) Zusammensetzung als heterogen einzuschätzen sind?

---

[77] Schon behaupten allerdings manche Autoren für Deutschland einen ‚akademischen Kapitalismus' (Dörre/Neis 2010).

Um dies zu beleuchten, wird die neo-institutionalistische Logik herangezogen. Wie schon in Kapitel 4 skizziert, weisen viele wissenschaftssoziologische Studien darauf hin, dass die soziale Organisation wissenschaftlicher Gemeinschaften und wissenschaftliche Kommunikationsstrukturen grundsätzlich erstaunlich *isomorph* sind. Dies ist auch in der vorliegenden Arbeit unverkennbar (hinsichtlich der Teams beider Länder). Verantwortlich dafür sind einerseits strukturelle Ähnlichkeiten, aber andererseits auch (möglicherweise implizite) Werte und Traditionen, d.h. kulturelle Faktoren, die bestimmen, welche Verhaltensnormen als legitim innerhalb einer Community definiert bzw. institutionalisiert werden.

Diese ‚Power of Shared Cultural Models' (vgl. Knorr-Cetina 1985) ist nicht zu vernachlässigen, sie wird jedoch überformt von äußeren Einflüssen, das haben neo-institutionalistische Überlegungen schon früh hervorgehoben. Organisationales Handeln wird durch die gesellschaftlich relevante Umwelt von Organisationen beeinflusst. Diese Umwelteinflüsse sind ein Grund für die überraschende Homogenität von Praktiken und Arrangements in unterschiedlichen Organisationen (und Organisationstypen) und verantwortlich für eine Angleichung zwischen diesen. Die Strukturangleichung von an sich unterschiedlichen Einheiten, die mit vergleichbaren Umweltbedingungen konfrontiert sind, geschieht nach DiMaggio und Powell (1991) auf der Basis von drei (schon ausgeführten) Mechanismen: Erstens, der Anpassung durch formellen oder informellen Zwang, d.h. weil andere (eventuell konkurrierende) Organisationen Druck ausüben. Im vorliegenden Fall kann das Einhalten von bestimmten methodischen Leitlinien (z.B. ‚angemessene' Erhebung und Auswertung von Daten) als ein solcher Zwang verstanden werden. Bei einer Nichtbeachtung der Leitlinien werden, zum Beispiel, in Peer Review Prozessen Projektanträge nicht bewilligt oder Ergebnisse nicht in einschlägigen Journalen veröffentlicht. Damit schränken Forschungsförderung und Publikationsorgane die Vielfalt wissenschaftlichen Handelns teilweise (implizit) ein. Zweitens, gilt die Anpassung durch Nachahmung von Strukturen oder Handlungen als Basis für isomorphistische Prozesse. Mimetische Verfahren spielen vor allem dann eine Rolle, wenn die Erwartungen der Umwelt heterogen und unklar sind. Dies wird im vorliegenden Fall besonders deutlich: Um die Unsicherheit des offenen Fallstudienforschungsprozesses zu kompensieren, erfolgt eine (bewusste oder unbewusste) Orientierung am Vorgehen anderer Teams, insbesondere an solchen, die als erfolgreich wahrgenommen werden. Unbewusste mimetische Angleichung wird begünstigt durch hohe Personalfluktuation, wie sie im vorliegenden Feld ebenfalls charakteristisch ist. Der ‚normative Isomorphismus' gilt als dritte Variante der Anpassung, die vor allem durch Professionalisierungsprozesse, beispielsweise im Rahmen von Berufsverbänden, gekennzeichnet ist. Anzeichen dafür sind vor allem in Großbritannien offensichtlich, etwa in der zunehmenden Vereinheitlichung der Methodenausbildung, der Ausformulierung von Methodenstandards oder der Professionalisierung von Forschungsprozessen – allesamt Prozesse, die Homogenisierung begünstigen.

Als Folgen dieser isomorphistischen Tendenzen im betrachteten Feld ist festzustellen, dass (laut Aussage der Befragten) nicht immer die am sinnvollsten Verfahren eingesetzt werden, sondern häufig ein Kompromiss mit Erwartungen der Förderer etc. eingegangen wird. Besonders oft wird dies bezüglich der Methodenwahl erwähnt (beispielweise werden u.a. deshalb kaum ethnographische Methoden angewendet) oder auch hinsichtlich der konkreten Ausgestaltung der Erhebungsinstrumente (beispielsweise wird häufig eine große Zahl an Interviews durchgeführt). Die Anpassung an diese Erwartungen schafft Legitimität und damit Wettbewerbsvorteile oder bringt wachsende Ressourcen mit sich. Problematisch ist daran, dass diese Rationalitätsmythen mit tatsächlichen Effizienzerfordernissen konfligieren können; außerdem können Mythen in unterschiedlichen Umweltbereichen der Organisation entstehen und daher in Widerspruch zueinander stehen.

Dies ist nun jedoch noch keine Erklärung dafür, warum sich zwischen den Teams in Britannien eine ausgeprägte *Tendenz* der Homogenisierung erkennen lässt. Ausgehend von der Annahme, dass der Einfluss von Umwelterwartungen für isomorphistische Tendenzen ausschlaggebend ist, liegt es nahe, für diesen Angleichungsprozess eben die nationale Wissenschaftsevaluation als Erklärungsfaktor heranzuziehen. Wie die Interviews gezeigt haben, wird diese als *der* prägende Kontext von Forschungspraxis wahrgenommen. Die klaren Vorgaben der RAE unterstützen Homogenisierung.

In Deutschland wiederum spiegeln sich externe Erwartungen in den Vorgehensweisen schwach ausgeprägt wider. Dafür können zwei unterschiedliche Gründe vermutet werden: Erstens, sind auf der Ebene der Forschungspraxis die Erwartungen des organisationalen Felds hierzulande weniger eindeutig – eine vergleichbar anerkannte landesweite Wissenschaftsevaluation hat sich bis dato nicht durchsetzen können. ‚Qualität' von Forschung und ‚Forschungsleistung' sind in der Folge vielfältiger definiert, die ‚Spielräume' sind größer. Zweitens, ist bekannt, dass Organisationen und Institutionen auf ähnliche Situationen unterschiedliche Reaktionen zeigen können bzw. mit unterschiedlichen Formen und Graden der Adaption reagieren können. Ähnliche kontextuelle Rahmenbedingungen (z.B. institutionelle Zwänge) münden nicht zwangsläufig in Konvergenz. Wie Organisationen die gesellschaftliche Umwelt mit deren Forderungen für die eigene Situation ‚übersetzen', kann variieren (vgl. Hasse/Krücken 1996, Scott 2008a; siehe Kap. 4). Dies erfolgt in Abhängigkeit von organisationalen Eigenschaften. Die Tradition deutscher Arbeits- und Industriesoziologie beruht auf einem wissenschaftshistorischen ‚Sonderweg': „Sie hat sich als institutionelles

Arrangement erfolgreich verselbstständigt, und sich gleichzeitig von allgemeinen theoretischen und methodischen Entwicklungen der Soziologie abgekoppelt“ (Pongratz 2005, 22). Diese ‚erfolgreiche Verselbstständigung‘ kann als ein weiterer Grund dafür vermutet werden, warum externe Anforderungen nur langsam Eingang finden. Demzufolge sind (auf der Grundlage der Erhebung) nur begrenzte Anzeichen für eine zunehmende methodische Homogenisierung der deutschen Teams zu erkennen; allerdings kann auch nicht endgültig geklärt, werden, ob demgegenüber möglicherweise von einer zunehmenden Heterogenisierung auszugehen ist (z.B. weil im Zuge von Veränderungen des Wissenschaftssystems, die auch hierzulande stattfinden, eine Konzentration auf den eigenen Ansatz und wiederum dessen Profilierung stattfindet).

7.2.2 Die ‚Research Assessment Exercise‘: Ausdruck zunehmender Ökonomisierung von Wissenschaft?

Abschließend sollen die skizzierten Entwicklungen der britischen Forschungspraxis kurz in die wissenschaftssoziologische Diskussion eingeordnet werden. Auf diese Weise können allgemeinere Schlussfolgerungen über Veränderungen im Wissenschaftssystem gezogen werden, die wiederum auch Implikationen für Deutschland haben.

Die landesweite Wissenschaftsevaluation in Britannien hat für die betrachteten Teams gravierende Auswirkungen, dies akzentuiert zum Beispiel ein Interviewter: „The RAE changed the culture of doing research. Very much so“ (I28, 56). Dieser Wandel von ‚Forschungskultur‘ wird von Befragten ausdrücklich als *Werte- und Normenwandel* gedeutet und mit einem Mentalitätswechsel hin zu instrumentellen Orientierungen in Beziehung gebracht: „People want to get in the US journals, so they do survey-based analysis, they are extremely out-put driven“ (I21, 196). Der Grund für diese Entwicklung wird in institutionellen Zwängen gesehen. Diese Tendenzen, die sich in der RAE manifestieren, werden äußerst kritisch bewertet. So konstatiert ein Befragter: „The rule of the RAE is tyrannical. You can quote that, it really is“ (I28, 37).

Wie zu Beginn des Kapitels skizziert, werden auch in der Literatur die ambivalenten Folgen von bisherigen Wissenschaftsevaluationen unterstrichen. Nicht nur produzieren diese durch ihre Bürokratisierung neue Kosten. Die Implementierung von (systemexternen) Leistungs- und Qualitätskriterien, von Benchmarking und Konkurrenzmechanismen, wird als Veränderung akademischer Aufgaben und auch akademischer Kultur problematisiert. Beispielweise wird davon ausgegangen, dass die Research Assessment Exercise akademische Werte wie wissenschaftliche Autonomie unterminiert hat (z.B. Hare 2003).

Solche Entwicklungen im Wissenschaftssystem werden in der Wissenschaftssoziologie aktuell gemeinhin unter dem Stichwort ‚Ökonomisierung' von Wissenschaft diskutiert. Dabei wird festgestellt, dass die Universität zunehmend zur ‚unternehmerischen Universität' wird (sehr früh: Clark 1998). Die Einführung von Evaluationsverfahren mit dem Ziel der Bemessung von Forschungsleistung und -qualität gilt dabei als wesentlicher Mechanismus. In diesem Zuge gewinnen ökonomische Praktiken an Bedeutung (z.B. Rechenschaftslegung, Transparenz, Effizienz), die Implementierung von Marktmechanismen soll Wettbewerb, Effizienz und Exzellenz fördern (siehe Maasen/Weingart 2006).

Anzeichen hierfür finden sich auch in den vorliegenden Interviews. Berichtet werden zum Beispiel erhöhter Leistungsdruck und verstärkte Konkurrenz. Dies drückt sich vor allem in einem starken Publikationsdruck aus und wird von einem Interviewpartner beispielsweise (auf der Basis von internationalen Forschungserfahrungen) als Kontrast zu deutschen Forschenden formuliert: „They never thought to publish anywhere. (...) They were writing stuff. We were saying: you ought to get it published, but there wasn't any pressure. They focussed on getting their report ready, but not anything else" (I16, 70). Dies mag überspitzt wirken, trifft aber grundsätzlich zu – in der deutschen Arbeits- und Industriesoziologie kann der Publikationsdruck kaum mit derjenigen Kultur in Großbritannien verglichen werden, das machen auch andere Interviews deutlich. Publikationen sichern in Großbritannien den Status, sie sind die Messlatte der Erfolgs- und Leistungsbewertung.

Die Auswirkungen der RAE gehen nach Aussagen der Interviewten noch in eine andere Richtung: sie verstärken die Mobilität des wissenschaftlichen Personals. Die RAE ermutigt und belohnt Forschung über (disziplinäre und) universitäre Grenzen hinweg. Letztlich kann dies zu einem Wechsel des Arbeitgebers, d.h. der Universität führen. Daher wird vermutet, dass die RAE einen neuen ‚Transfermarkt' von Wissenschaftlern geschaffen hat:

> „The RAE/REF to some extend introduced a bit of a transfer market in academics. I suspect, I can't prove it, but I suspect it prompted more transfer of researchers between institutions than it has traditionally been the case. As universities are keen to buy in high profile researchers with good research records, general publications and so on, with half an eye on boosting the RAE performance" (I18, 59).

Es können folglich eine Reihe von empirischen Aspekten identifiziert werden, die die These der ‚Ökonomisierung' von Wissenschaft unterstützen. Zusammenfassend, nehmen die Interviewten Folgendes wahr: eine wachsende Bedeutung von Leistungsbemessung, steigenden Leistungsdruck und verschärfte Konkurrenz zwischen Kolleginnen und Kollegen, aber auch um Forschungsmittel sowie auf universitärer Ebene; Antworten auf diese Entwicklungen beinhalten etwa zunehmende strategische Orientierungen von Individuen und Einheiten und ausgeklügelte Kosten-Nutzen-Kalküle mit Blick auf Forschungsgegenstände und methodisches Vorgehen (,Game Playing') sowie verstärkte Formalisierung von (teamförmigen) Forschungsprozessen zu Gunsten von Effizienz.[78] Auch aus neoinstitutionalistischer Perspektive lässt sich mit Blick auf das betrachtete Forschungsfeld ein solcher Wandel erkennen – von einer professionspolitisch geprägten Logik hin zu einer Logik des Markts und Wettbewerbs (Thornton/Ocasio 2008).

Gleichwohl kann deshalb nicht ohne Weiteres von einer ,Ökonomisierung' der Wissenschaft' ausgegangen werden, zumindest mit Blick auf die britische Industrial Relations Forschung. Es zeigen sich Tendenzen der ,Manageralisierung' (wie auch Krücken et al. 2012 hervorhebt) und der ,Vermarktlichung' (Schmoch 2009), dies kann bestätigt werden. Daneben verweisen die Ergebnisse allerdings auf eine etwas andere Tendenz, nämlich die der ,Standardisierung' (im methodischen Vorgehen, der Organisation von Forschungsprozessen, der Zusammenarbeit).

Der Befund einer ,Standardisierung' ist nur scheinbar gegenläufig zu anderen aktuellen wissenschaftssoziologischen Zeitdiagnosen. Wenn Hartmann (2010) beispielsweise ,Differenzierung' als neues Leitmotiv für Hochschulen sieht, so bezieht er sich auf Hochschulsysteme, auf Makrostrukturen. Dies ist wiederum typisch für die gegenwärtige Wissenschaftsforschung, sie betrachtet die Veränderungstendenzen in der Wissenschaft vorwiegend aus einer Makroperspektive. Im Mittelpunkt stehen die vertikale Stratifizierung und Hierarchisierung der Hochschullandschaft und der Strukturen der Forschungsförderung (z.B. Teichler 2012, Münch 2010). Vor dem Hintergrund der hier durchgeführten Studie und deren mikrosoziologischem Fokus auf alltägliche Forschungspraxis, kann der Prozess der Ökonomisierung von Wissenschaft aus einer anderen Perspektive beleuchtet werden. Mit der Betrachtung von konkreter Forschungspraxis bzw., genauer, methodischen Praktiken bei der teamförmigen Durchführung von Fallstudien, wird ersichtlich, dass, vor dem Hintergrund der RAE in Britannien, vor allem von *Strategisierung* und *Homogenisierung* auszugehen ist, beides scheint auf eine *,Standardisierung' wissenschaftlicher Praxis* hinzudeuten.

Unabhängig davon, ob die Entwicklungen als ,Ökonomisierung' oder als ,Standardisierung' interpretiert werden, bleiben die Gefahren ähnlich (siehe dazu auch Kap. 8). Rankings regen zu Profilbildung an, verhindern diese aber zu-

---

[78] Ob alle Effekte linear auf die RAE zurückzuführen sind, oder auch von anderen Veränderungen der Forschungslandschaft geprägt, kann dabei nicht mit Sicherheit gesagt werden. Gleichwohl stellt die RAE aktuell in der Wahrnehmung der Interviewten die maßgebliche Bezugsgröße in der Orientierung dar.

gleich. Profilbildung nach Maßgabe der Rankings heißt nicht, ein anderes Profil auszubilden als konkurrierende Organisationen, sondern das gleiche Profil mit größerer Perfektion anzustreben:

> „Das totale Benchmarking aller Personen und Einheiten führt tendenziell zur Verstärkung ‚erfolgreicher Strategien' auch in der Forschung. Ein System, in dem sich alle Akteure an den gleichen externen Indikatoren orientieren, läuft Gefahr, seine Diversität und Innovativität zu verlieren" (Maasen/Weingart 2006, 41, auch Kieser 2010).

Dies würde bedeuten, dass die Homogenisierungstendenz der britischen Teams als kritisch einzuschätzen ist. Veränderungen der ‚akademischen Kultur' konnten auf der Grundlage der vorliegenden Untersuchung nur angeschnitten werden, zeigen allerdings unterschiedliche Formen und Ausprägungen, die es zu untersuchen gilt.

7.3 Fazit

Aufgabe von Kapitel 7 war es, arbeits- und industriesoziologische Fallstudienforschung zu kontextualisieren – erst auf diese Weise werden die (in Kapitel 6 vorgestellten) Ähnlichkeiten und Differenzen zwischen den methodischen Verfahren der Teams verständlich.

Die Kontextualisierung geschieht auf zweierlei Art: zunächst wird die Forschungspraxis in ihrem üblichen ‚Produktionsmodus', der wissenschaftlichen Teamarbeit, betrachtet. Obwohl ein Großteil von Fallstudienforschung teamförmig durchgeführt wird, wird dies meist nicht systematisch reflektiert. Demgegenüber wird hier die (methodische) Bedeutung des Forschungsteams fokussiert. Die vorgelegte Analyse gibt Aufschluss über die teamförmige Strukturierung von arbeits- und industriesoziologischer Fallstudienforschung. Teamarbeit kommen demzufolge gegenüber der wissenschaftlichen Einzelarbeit spezifische Vor- und Nachteile zu; diese unterscheiden sich phasenspezifisch. Insbesondere in ‚sozialen Phasen', wie Erhebung und Auswertung, wird der Forschungsgruppe eine hohe Bedeutung zugeschrieben. Neben organisatorischen und sozialen Aufgaben sind methodische Aufgaben von wissenschaftlichen Teams zu erkennen, die Forschungsgruppe wird als ‚Erkenntnismotor', ‚Kontrollmacht' und ‚Unsicherheitskompensator' verstanden. Daher kann das Forschungsteam als *multiperspektivischer, reflexiver sozialer Raum* gelten. Dort werden Interpretationen generiert, aber auch Verfahrensfragen geklärt, d.h. das Spannungsverhältnis von Methodologie und Forschungspraxis ‚aufgelöst'.

Es wird erkennbar, warum die methodischen Vorgehensweisen relativ stabil sind: Erst einmal routinisiert, werden sie zu unhinterfragten Annahmen. Die (dauerhafte teamtypische) Umsetzung methodologischer Regeln, d.h. die Institutionalisierung methodischer Praktiken, wird von den Forschungsgruppen dabei über unterschiedliche Legitimierungsstrategien gelöst. Diese werden unter anderem durch die (national spezifischen) Erwartungen des organisationalen Bezugsfelds geprägt, was wiederum nachvollziehbar macht, warum sich zwischen den Praktiken der Teams der beiden Länder systematische Differenzen ergeben.

Die britischen Fallstudien demonstrieren zudem, wie sich methodische Vorgehensweisen und Forschungsstile als Reaktion auf Veränderte institutionelle Rahmenbedingungen und Umweltanforderungen ändern. Dies konnte insbesondere der Blick auf die britische Research Assessment Exercise und ihre Folgen erläutern. Die nationale Forschungsevaluation bringt in Großbritannien gravierende Veränderungen auf der Ebene (methodischer) Fallstudienforschungspraxis mit sich. Es lassen sich Tendenzen des ‚Game Playing', d.h. der *Strategisierung*, sowie der *methodischen Homogenisierung* erkennen. Diese können im Zuge aktueller wissenschaftssoziologischer Debatten teilweise als *Ökonomisierung* gewertet werden, gleichwohl sind Aspekte einer *Standardisierung von Forschungspraxis* ersichtlich.

8 Resümee: Für eine kontextsensible Analyse teamförmiger Forschungspraxis

An dieser Stelle soll ein Resümee erfolgen. Dazu findet eine Rückschau statt auf die Forschungsfragen und Ziele, auf das Vorgehen im Rahmen der empirischen Studie sowie die Hauptergebnisse der vorliegenden Arbeit. In einem nächsten Schritt wird die Untersuchung einer (kritischen) Reflexion unterzogen. Dies führt zu einem Ausblick auf zukünftige Forschung.

Die vorgestellte Studie beschäftigt sich mit der Forschungspraxis teamförmiger Fallstudienforschung in der britischen und deutschen Arbeitsforschung. Obwohl methodologische Annahmen der empirischen Sozialforschung nahe legen, dass methodische Regeln universell gelten, sind (alltagsempirisch) Unterschiede zwischen fallstudienforschenden Teams festzustellen, die nicht ausschließlich auf verschiedenen Forschungsgegenständen und Erkenntnisinteressen beruhen (‚Spannungsverhältnis von Methodologie und Forschungspraxis'). Daher macht es sich die vorliegende Arbeit zur Aufgabe die *methodischen Praktiken* von sechs ausgewählten Fallstudiengruppen systematisch zu beschreiben und auf diese Weise nachzuvollziehen, welche *Differenzen* sich zeigen. Wichtiger noch, soll analysiert werden, *warum* diese Praktiken (teamspezifisch) variieren bzw. wie sie entstehen und aufrechterhalten werden.

Es wird angenommen, dass ein Grund für die Unterschiedlichkeiten in den jeweiligen Forschungsteams liegt (z.B. in deren methodologischer Zusammensetzung). Damit beleuchtet die Arbeit die Frage, welche *Spezifika wissenschaftlicher Teamarbeit im Zuge von qualitativer Sozialforschung* (insbesondere von Fallstudienforschung) bestehen. Vor dem Hintergrund der Tatsache, dass ein großer (und zunehmender) Teil sozialwissenschaftlicher Forschung in Gruppen erfolgt (vgl. Mauthner/Doucet 2008 oder Hunter/Leahey 2008), wird die *Bedeutung des Forschungsteams* thematisiert. Diesen kommen im Rahmen qualitativer Sozialforschung spezielle Aufgaben zu. Denn solche Forschung ist methodologisch maßgeblich durch einen relativ hohen Grad an ‚Offenheit' sowie ‚Kommunikationsgebundenheit' gekennzeichnet (vgl. Hoffmann-Riem 1980). Damit generiert sie ‚Spielraum' für Teamprozesse und macht diese zudem verstärkt notwendig. Qualitative Forschung untersucht soziale Prozesse und findet dabei selbst auch als soziale Praxis statt; Kommunikation gilt als ‚Strukturelement' solcher Forschung (siehe Kap. 2.1).

Diese soziale Strukturiertheit wissenschaftlicher Teamarbeit bleibt in der einschlägigen Literatur allerdings unterbelichtet: Dass hier spezifische Voraussetzungen und Implikationen bestehen, wird weder in der Wissenschaftssoziologie noch in der Methodendiskussion systematisch betrachtet. Dies ist ein allgemeiner Mangel – obschon sich teamförmig organisierte Forschung in vielen Wissenschaftsdisziplinen als Norm herauskristallisiert hat, stehen grundlegende Reflexionen über Merkmale und Stellenwert der wissenschaftlichen Zusammenarbeit noch weitgehend aus. Zwar deuten Überlegungen aus der Wissenschaftstheorie darauf hin, dass Wissenschaft ein ‚sozialer Prozess' ist (vgl. Kuhn 1973); außerdem ist seit den einschlägigen wissenschaftssoziologischen ‚Laborstudien' der 1970er und 1980er Jahre bekannt, dass wissenschaftliche Tatsachen als Konstruktionsleistungen von Forschenden zu sehen sind (vgl. Knorr-Cetina 1981). Dennoch wird ‚Scientific Teamwork' in der wissenschaftlichen Literatur nur sporadisch behandelt (siehe Kap. 2.2).

Die vorliegende Studie rückt *wissenschaftliche Teamarbeit im Zuge von empirischen Forschungsprozessen* in den Mittelpunkt. Untersucht wird dies am Beispiel *arbeits- und industriesoziologischer Fallstudienforschung*. Diese bietet sich aufgrund ihrer methodologischen Kennzeichen an. Die ‚Forschungsstrategie' der Fallstudie ist im Rahmen qualitativer Sozialforschung zu verorten; sie wird insbesondere durch ihre Flexibilität charakterisiert (vgl. Yin 2009) (siehe Kap. 2.3). Die Arbeitssoziologie wiederum ist geeignet, da sich Fallstudien insbesondere in diesem Feld über lange Zeit als dominantes Untersuchungsdesign durchsetzen konnten (vgl. Pongratz/Trinczek 2010). Ein internationaler Vergleich erscheint sinnvoll, da erst auf diese Weise nationalbasierte Ergebnisse als ‚typisch' oder ‚untypisch', als strukturelle Regelmäßigkeiten oder historisch kulturelle Spezifika, eingeordnet werden können. Für den Ländervergleich werden Großbritannien und Deutschland gegenübergestellt, weil, einerseits, systematische Ähnlichkeiten zwischen den (industriesoziologischen) Forschungstraditionen der beiden Länder bestehen und, andererseits, bezeichnende Differenzen (vgl. Frege 2008). Dies macht den Vergleich gleichsam angemessen und interessant (vgl. Maurice 1991) (siehe Kap. 3).

Um wissenschaftliche Teamarbeit im Zuge von Fallstudienforschung zu untersuchen, wird, unter anderem aufgrund der bis dato spärlichen Informationslage, ein exploratives Untersuchungsdesign gewählt. Es werden *Fallstudien* durchgeführt. Diese beruhen auf *leitfadenstrukturierten Interviews* mit britischen und deutschen Fallstudienforscherinnen und Fallstudienforschern aus jeweils drei Teams in beiden Ländern. Als weiteres wichtiges Instrument können die *Literaturanalysen* gelten. Beide Erhebungsmethoden werden systematisch miteinander in Beziehung gesetzt beziehungsweise trianguliert. Die *Auswertung* der Daten wird geleitet durch eine Orientierung an Prämissen der *Grounded Theory* sowie *Eisenhardts Fallanalyse* (siehe Kap. 5).

Interpretiert werden die gewonnenen Daten auf der Grundlage *neo-institutionalistischer Überlegungen* und vor dem Hintergrund *wissenschafts-soziologischer Erkenntnisse und Debatten*. Mit diesen beiden Perspektiven kann jeweils der Entstehungszusammenhang von Forschungsprozessen fokussiert werden, allerdings aus unterschiedlichen Blickwinkeln. Während auf der Basis der wissenschaftssoziologischen Annahmen interne Dynamiken und Mechanismen der Wissenschaft (bzw. von Forschungsgruppen) analysiert werden, kann der Neo-Institutionalismus externe Zusammenhänge und Wechselwirkungen, sozusagen den Kontext der Forschungsgruppen, erfassen (siehe Kap. 4).

Die Aufbereitung der empirischen Ergebnisse sowie deren Interpretation und theoretische Einordnung erfolgen in Kapitel 6 und Kapitel 7. Zunächst werden dort die untersuchten Teams im Rahmen von Fallanalysen präsentiert. In ihrer Gegenüberstellung zeigen sich – trotz differenter ‚Forschungsstile' – sowohl *Ähnlichkeiten* wie auch *Differenzen zwischen den methodischen Vorgehensweisen der untersuchten Teams*. Besonders bemerkenswert sind dabei die überraschend deutlich ausgeprägten länderspezifischen Unterschiede: Beispielsweise beschreiben alle britischen Teams eine multimethodische, international vergleichende Ausrichtung ihrer Forschungspraxis, es werden ähnliche Methoden verwendet und wenig (theoretische oder methodische) ‚Schulenbildung' vorangetrieben. Diese *Homogenität der Verfahren* zwischen den britischen Teams ist erstaunlich, da ihre interne *Zusammensetzung durch Heterogenität* gekennzeichnet ist (u.a. aufgrund der Interdisziplinarität des Forschungsfelds). Die *deutschen Teams* sind demgegenüber in ihrer *Zusammensetzung als homogen* zu beschreiben, hinsichtlich ihrer methodischen Vorgehensweisen zeigen sich jedoch *heterogene Praktiken* (z.B. dokumentarische Methode, Aktionsforschung) sowie eine auf Abgrenzung zu anderen Teams basierende Profilbildung.

Die Unterschiede zwischen den methodischen Praktiken, die insbesondere zwischen den Teams der beiden Länder stärker ausfallen als zu erwarten war, sind erklärungsbedürftig. Sowohl in der Methodologie wie auch der Wissenschaftstheorie wird prinzipiell von Universalität von Wissenschaft ausgegangen. Eine Ursache für diese Unterschiede bezüglich der (Fallstudien-)Praktiken liegt, verständlicherweise, in den methodologischen Positionen der Gruppen. Allerdings, so eine Ausgangsthese der Arbeit, reicht deren Betrachtung nicht aus, um zu verstehen, weshalb die Teams methodisch so vorgehen wie sie vorgehen. Deshalb werden teamspezifische Strukturen und teaminterne Kooperationsprozesse in ihrer Wirkung auf den Fallstudienforschungsprozess analysiert.

Es zeigen sich verschiedene Bedeutungen und Folgen der wissenschaftlichen Teamarbeit im Zuge solcher Forschungsprozesse. Von den Interviewten wird hervorgehoben, dass wissenschaftliche Teamarbeit gegenüber der Einzelforschung Vorteile aufweisen kann. Das Team wird als ‚*Erkenntnismotor*', ‚*Kontrollmacht*' und ‚*Unsicherheitskompensator*' bezeichnet. Abstrakter formuliert, so ein zentrales Ergebnis, ist das wissenschaftliche Team als *multiperspektivischer, reflexiver sozialer Raum* zu verstehen, der, in verhältnismäßig offenen Forschungsprozessen, wie der Fallstudienforschung, kreative und robuste Forschung unterstützt. Die Forschungsgruppe ist darüber hinaus für die ‚Auflösung' des Spannungsverhältnisses von Methodologie und Forschungspraxis zuständig, d.h. sie ist der Ort, an welchem methodische Regeln institutionalisiert werden (*Institutionalisierungsraum*). Die Untersuchung lässt erkennen, dass die Institutionalisierung dabei nicht ausschließlich auf Kriterien beruht, die wissenschaftsintern als legitim gelten (z.B. Orientierung an Methodologie). Stattdessen wird methodisches Vorgehen in einem Zusammenspiel mit kulturellen Legitimitäts- und Normalitätsvorstellungen des ‚organisationalen Bezugsfelds' routinisiert.

So offenbart sich, dass es ebenfalls nicht ausreicht, ‚interne' Bedingungen und Kennzeichen der Forschungsgruppe zu fokussieren, wenn man die Entstehung, Aufrechterhaltung und Veränderung von Forschungspraktiken verstehen möchte. Methodische Praktiken werden im Zuge von Fallstudien nicht ausschließlich durch methodische Kriterien bestimmt, sondern werden auch die Erwartungen der ‚Umwelt' beeinflusst. Insbesondere die Unterschiede zwischen den methodischen Vorgehensweisen der Teams in Großbritannien und Deutschland weisen darauf hin, dass es für ein umfassendes Verständnis nötig ist, kontextuelle Relevanzen in die Analyse einzubeziehen, wie beispielsweise nationale institutionelle Bedingungen.

Insbesondere Voraussetzungen der Forschungsförderung spielen, das wird von den Interviewten explizit artikuliert, eine zentrale Rolle hinsichtlich der Art und Weise, wie das (teamförmige) methodische Vorgehen im Zuge von arbeitssoziologischen Fallstudien organisiert und gestaltet wird. Die vergleichende Analyse teamförmiger Fallstudienpraxis in Großbritannien und Deutschlang gibt damit auch Aufschluss bezüglich der Frage, wann sich einmal institutionalisierte Praktiken wandeln: beispielsweise wenn sich die Erwartungen der ‚Umwelt' verändern. In Großbritannien bringt die sich zunehmend durchsetzende nationale Wissenschaftsevaluation erhebliche Veränderungen mit sich, die bis auf die Ebene (methodischer) Fallstudienforschungspraxis wirken. Die so genannte ‚Research Assessment Exercise' wird von den britischen Interviewten als *der* zentrale Bezugspunkt ihrer Forschung und Vorgehensweisen unterstrichen. Auf der Basis der Interviews können mit Blick auf die britischen Teams Tendenzen des ‚Game Playing', d.h. der *Strategisierung* von Forschungspraxis, sowie der *methodischen Homogenisierung* zwischen Teams identifiziert werden. Gerade letzteres ist – vor dem Hintergrund der skizzierten strukturellen internen Heterogenität der Forschungsteams – bemerkenswert. Interpretiert werden können diese Entwicklungen im Zuge einer wissenschaftssoziologischen Analyse als *Standardisierung von Forschungspraxis* (inklusive teaminterner Zusammenarbeit).

Diese Ergebnisse sprechen für die Notwendigkeit einer stärkeren *Kontextualisierung von Forschungspraxis*: Wissenschaftliche Denksysteme und Forschungspraktiken können nur in ihrer lokalen und historisch bedingten Entstehung, Durchsetzung und Geltung begriffen werden (vgl. Bonß et al. 1993). Sozialforschung nicht ohne ihren gesellschaftlichen Rahmen verstanden werden, sie ist in breitere, nationalspezifische Kulturen eingebettet ist (vgl. Frege 2008).

Damit kommen wir zu einem wissenschaftspolitisch heiklen Punkt. Problematisch an den festgestellten Entwicklungen in Großbritannien (die nur teilweise für Deutschland zutreffen) ist Folgendes: Gerade teamförmige qualitative Forschung, wie die arbeits- und industriesoziologische Fallstudienforschung, braucht Ressourcen in Form von Personal und Zeit. Weil der zu untersuchende soziale Prozess inhärent mit dem Prozess der Durchführung von Fallstudien zusammenhängt, ist dies kein ‚Luxusfaktor' im Zuge solcher Studien. Diese Art von Forschung kann (ohne Qualitätsverlust) kaum anders gemacht werden, weil Kommunikation ein methodologisches Kennzeichen solcher Verfahren ist. Wenn dies nun, wie in Großbritannien der Fall, durch das Wissenschaftssystem nicht unterstützt oder gar beschnitten wird, dann bedeutet dies eine Gefahr für die Qualität solcher Forschung. Gerade für die Fallstudienforschung, deren wesentlicher Vorteil in ihrer Flexibilität liegt, bedeutet ‚Homogenisierung' erhebliche Herausforderungen, die ihr Potenzial beschränken können.

Darüber hinaus kritisch zu bewerten ist, dass die skizzierten Tendenzen eine Veränderung ‚akademischer Kultur' andeuten. Zwar haben neben dem generellen Ziel der Institution ‚Wissenschaft', der Generierung von Wissen, auch schon immer andere, disziplin- oder personenspezifische Absichten existiert. Wissenschaft ist nicht ausschließlich, wie Merton das idealtypisch skizziert hat, über die Normen des Kommunitarismus, des Universalismus, des Skeptizismus und der Neutralität gekennzeichnet (Merton 1973/1942); stattdessen ist strukturelle Rivalität ebenfalls charakteristisch für dieses Feld. Wissenschaft ist unter anderem geprägt durch spezifische Hierarchiestrukturen und Formen der Arbeitsteilung (vgl. Collins 1985 oder Felt et al. 1995). Allerdings liegt die Vermutung nahe, dass ausgeprägte Tendenzen der ‚Strategisierung' die Konkurrenz verstärken. Dass dies unter anderem zu Problemen im Rahmen wissenschaftlicher Teamarbeit führen kann, liegt auf der Hand.

In der Literatur wird davon ausgegangen, dass wissenschaftlicher Fortschritt maßgeblich über interne Mechanismen der ‚Scientific Community' strukturiert wird (z.B. Merton 1973/1968). Die vorliegende Erhebung signalisiert demgegenüber, dass (zumindest teilweise) ‚äußere' Faktoren den wissenschaftsinternen Evaluationsmechanismus überlagern. Die methodischen Vorgehensweisen werden von den Teams nicht ausschließlich vor dem Hintergrund interner disziplinärer Legitimitätsauffassungen ausgestaltet. Es erfolgt (besonders im Falle der britischen Teams) eine Anpassung an wissenschaftsexterne Kriterien, etwa der Forschungsförderung oder der Journals. Dies führ dort zu einer ‚Standardisierung' von Forschungspraxis.[79]

Diese Ergebnisse der Arbeit weisen auch über Methodologie und Wissenschaftssoziologie hinaus. In der modernen Wissensgesellschaft wird professioneller Expertise und wissenschaftlichem Wissen eine hohe Bedeutung zugemessen; Wissenschaft und Gesellschaft stehen in einem Wechselverhältnis. Wenn wir nun in der Wissenschaft Standardisierungstendenzen erkennen, wirft das die Frage auf, welche Folgen dies für andere Bereiche der Gesellschaft hat. So wie die wissenschaftliche Forschungspraxis durch Erwartungen und Vorgaben deren ‚Umwelt' mit strukturiert wird, beeinflusst Wissenschaft als ‚Umwelt' wiederum andere gesellschaftliche Teilbereiche. Dies verdeutlichen beispielsweise Drori und andere (2003), wenn sie Wissenschaft als ‚Weltinstitution' einer globalisierten Welt postulieren. Sie verstehen Wissenschaft als Motor weltweiter Institutionalisierung und Standardisierung. In diesem Rahmen sind auch Diskussionen zu verorten, die Standardisierung als übergreifendes Merkmal unserer Zeit sehen (z.B. Timmermans/Epstein 2010). Dahingehend könnte auch eine Aussage eines britischen Interviewten interpretiert werden: *„I think that culture type which fits society at large, manifests itself within academia"* (I21, 222).

Hierüber kann die vorliegende Arbeit jedoch keine näheren Aussagen treffen. An dieser Stelle soll abermals darauf hingewiesen werden, dass aufgrund des qualitativen Forschungsdesigns keine numerische Generalisierung von Aussagen möglich ist. Die formulierten Entwicklungen sind als empirisch informierte und theoretisch begründete Thesen zu verstehen, die einer weiteren Analyse bedürfen. Auch die Frage, inwieweit die festgestellten Kennzeichen und Tendenzen über die arbeits- und industriesoziologische Fallstudienforschung in Großbritannien (und Deutschland) hinaus aussagekräftig sind, zum Beispiel in anderen Disziplinen oder Ländern mit profilierter Wissenschaftsevaluation, kann hier nicht betrachtet werden.

Zudem muss angemerkt werden, dass aufgrund des Samples einige Einschränkungen gelten. Einerseits ist die Auswahl der untersuchten Teams von forschungspraktischen Gegebenheiten überformt; das Sample entspricht daher

[79] Inwieweit Forschungsförderung und Journals im engeren Sinne als ‚wissenschaftsextern' gelten können, steht dabei auf einem anderen Blatt.

nicht einem ‚perfekten' Theoretical Sampling (was jedoch häufig der Fall in derartigen Untersuchungen ist). Andererseits ist die Aussagekraft des Samples mit Blick auf einige Fragen eingeschränkt. Die Aussagen zu den teamspezifischen ‚Forschungsstilen' bleiben mit Vorsicht zu genießen, da immer nur einzelne Mitglieder zu einem bestimmten Zeitpunkt interviewt wurden. Dem kann auch die intensive Dokumentenanalyse nur begrenzt entgegen wirken.

In diesem Zusammenhang sind auch die Folgen der Theorieauswahl kritisch zu benennen: sowohl die wissenschaftssoziologische Analyse wie auch die neo-institutionalistische Perspektive werden für ihre systematische Unterschätzung von Machtprozessen angegriffen. Dies lässt sich auch in der vorliegenden Arbeit nicht leugnen, denn die Akteure, die die Tendenzen der Strategisierung und Standardisierung initiieren bleiben zu einem großen Teil verdeckt; ähnliches gilt für die Frage, wer von diesen Entwicklungen profitiert.
Es ergeben sich Potenziale für zukünftige Forschung:

Als *theoretische Implikation* offenbart sich, dass eine ausdrücklichere Einbindung neo-institutionalistischer Annahmen in wissenschaftssoziologische Analysen ergiebig scheint, wenn auch derzeit noch nicht allzu häufig praktiziert. Dies verweist auf eine generelle Aufgabe zukünftiger Wissenschaftsforschung: Die Anreicherung von wissenschaftssoziologischen Analysen durch andere theoretische Ansätze ist überfällig. Wünschenswert wäre in diesem Zusammenhang beispielsweise eine stärker arbeitssoziologisch geleitete Analyse der Wissenschaft. ‚Wissenschaft' wird bislang kaum als ‚Erwerbsarbeit' thematisiert. Die Erhebung der vorliegenden Studie deutet wesentliche Veränderungen in der Arbeitsorganisation wissenschaftlicher Tätigkeit, den Beschäftigungsformen oder des Arbeitsbewusstseins von Wissenschaftlerinnen und Wissenschaftlern an; deren Analyse könnte zu einem profunderen Verständnis des Strukturwandels von Erwerbsarbeit beitragen. Indes würde die Wissenschaftssoziologie von einer Integration arbeitssoziologischer Perspektiven und Konzepte profitieren (z.B. könnte im Zuge der Debatten zur Ökonomisierung von Wissenschaft die Einbindung des Subjektivierungsdiskurses fruchtbar sein).

Auch für weitere *methodologische Auseinandersetzungen* liefert die vorliegende Arbeit Anstoß. Sie stellt heraus, dass es grundlegend sinnvoll wäre, wissenschaftliche Teamarbeit als relevante Kategorie in den wissenschaftlichen Diskurs aufzunehmen. Mit ‚Scientific Teamwork' gehen nicht nur besondere Voraussetzungen und Anforderungen einher, sie hat augenscheinlich auch Konsequenzen für den Forschungsprozess und dessen Resultate. Diese sind bisher nur in Ausschnitten untersucht, stattdessen ist die Teamarbeit von Forschenden geradezu ein unterhinterfragter Bestandteil wissenschaftlicher Arbeit. Wenn nun teamförmige Forschung in zahlreichen Disziplinen zur Norm wird, scheint eine breitere Reflektion ihrer Merkmale, Herausforderungen und Folgen dringlich.

Zwar liefert die vorliegende Arbeit hier wertvolle Ergebnisse, etwa bezüglich den Aufgaben und Funktionen von Forschungsteams in verschiedenen Phasen des Forschungsprozesses oder hinsichtlich der method(olog)ischen Bedeutung von wissenschaftlichen Teams (im Zuge von Fallstudienforschung). Zu untersuchen, worin die spezifischen Vor- und Nachteile von Forschungsgruppen in anderen wissenschaftlichen Bereichen liegen und welche (methodischen) Auswirkungen dort festzustellen sind, wird jedoch weiteren Studien überlassen.

Ferner wird Nachdruck gelegt auf den Nutzen einer weiteren *Beforschung von Forschungspraxis – in ihrem Kontext*. Wie eingangs beschrieben, ist über Forschungspraxis generell nur wenig bekannt; dies gilt zum Beispiel bezüglich der praktischen Durchführung methodischer Verfahren oder dem Prozess der Dateninterpretation. Hier Abhilfe zu schaffen scheint wesentlich, um zu vermeiden, dass universalistische Vorstellungen von Wissenschaft vorherrschend bleiben, vor allem wenn diese (implizit) von den Naturwissenschaften auf andere Disziplinen schließen. Die Untersuchung von Forschungspraxis kann als gewinnbringend gelten, da auf der Grundlage von transparenten Verfahren die Qualität von (zukünftiger) Forschung gesteigert werden kann.

Besonders zentral wäre es, das wird mit der vorliegenden Arbeit hervorgehoben, wissenschaftliche Praktiken in ihrem Kontext zu verorten. Obwohl in der qualitativen Forschung (sowie in zahlreichen theoretischen Traditionen) die Bedeutung des Kontexts prinzipiell anerkannt ist und hoch bewertet wird, wird kaum systematisch betrachtet unter welchen Bedingungen Forschungsergebnisse zustande kommen bzw. welche Faktoren auf welche Weise auf Forschungsprozesse wirken. Eine stärkere Anerkennung der Kontextgebundenheit von Forschung wäre wünschenswert und notwendig, um wissenschaftliches Wissen in ihrem nationalgeprägten, kulturellem und institutionellem Rahmen zu verstehen.

Um eine angemessene Analyse von wissenschaftlicher Forschungspraxis in ihrem Kontext zu erreichen, scheint es allerdings notwendig, eine althergebrachte Arbeitsteilung innerhalb der Sozialwissenschaften in Frage zu stellen – die zwischen Wissenschaftstheorie und Sozialforschung. Methodologie reflektiert (als Wissenschaftstheorie) vorwiegend die epistemologischen Grundlagen und Folgen methodischer Verfahren, sie macht forschungspraktisches Handeln üblicherweise nicht zum Gegenstand; Sozialforschung wiederum widmet sich demgegenüber primär der praktischen Durchführung empirischer Studien, dabei werden kaum allgemeine Beurteilungen angewendeter methodischer Prinzipien vorgenommen. Diese Arbeitsteilung behindert den wissenschaftlichen Erkenntnisfortschritt. Dabei wäre ein profundes Verständnis wissenschaftlicher Forschungspraxis in ihrem Kontext zentral, um Sozialforschung weiterzuentwickeln.

Literatur

Abendroth, Michael; Beckenbach, Niels; Braun, Siegfried; Dombois, Rainer (1979): Hafenarbeit. Eine industriesoziologische Untersuchung der Arbeits- und Betriebsverhältnisse in den bremischen Häfen. Berlin, New York: Campus.

Ackers, Peter (2011): The Changing Systems of British Industrial Relations, 1954-1979: Hugh Clegg and the Warwick Sociological Turn. In: British Journal of Industrial Relations 49 (2), S. 306-330.

Ackers, Peter; Wilkinson, Adrian (Hg.) (2003): Understanding Work and Employment. Oxford: Oxford University Press.

Ackers, Peter; Wilkinson, Adrian (2008): Industrial Relations and the Social Sciences. In: Paul Blyton, Nicolas Bacon, Jack Fiorito und Edmund Heery (Hg.): The SAGE Handbook of Industrial Relations. London: Sage, S. 53-68.

Alvesson, Mats; Sköldberg, Kaj (2001): Reflexive Methodology. New Vistas for Qualitative Research. London, Thousand Oaks, New Delhi: Sage.

Arbeitsgruppe Bielefelder Soziologen (1976): Kommunikative Sozialforschung. Alltagswissen und Alltagshandeln, Gemeindemachtforschung, Polizei, politische Erwachsenenbildung. München: Fink.

Artus, Ingrid (2007): Prekäre Interessenvertretung. Ein deutsch-französischer Vergleich von Beschäftigtenrepräsentation im niedrig entlohnten Dienstleistungsbereich. In: Industrielle Beziehungen 14 (1), S. 5-29.

Artus, Ingrid (2008): Interessenhandeln jenseits der Norm. Mittelständische Betriebe und prekäre Dienstleistungsarbeit in Deutschland und Frankreich. Frankfurt am Main: Campus.

Atteslander, Peter (2003): Methoden der empirischen Sozialforschung. 10. Auflage. Berlin: Walter de Gruyter

Aulenbacher, Brigitte; Riegraf, Birgit (2011): Die Analyse alltäglicher und biografischer Arbeitsarrangements als Weg arbeits- und industriesoziologischer Sozial- und Zeitdiagnostik. In: Arbeits- und Industriesoziologische Studien 4 (2), S. 74-90.

Babchuk, Nicolas; Keith, Bruce; Peters, George (1999): Collaboration in Sociology and Other Scientific Disciplines: A Comparative Trend Analysis of Scholarship in the Social, Physical, and Mathematical Sciences. In: The American Sociologist 30 (3), S. 5-21.

Backett-Milburn, Kathryn; Mauthner, Natasha; Parry, Odette (1999): The Importance of the Conditions and Relations of Project Design for the Construction of Qualitative Data: Some Experiences from Collaborative Teamworking. In: International Journal of Social Research Methodology 2 (4), S. 297-312.

Bahnmüller, Reinhard; Fischbach, Stefanie (2006): Qualifizierung und Tarifvertrag. Befunde aus der Metallindustrie Baden-Württembergs. Hamburg: VSA Verlag.

Bahrdt, Hans P. (1971): Wissenschaftssoziologie – ad hoc. Düsseldorf: Bertelsmann.

Bahrdt, Hans P.; Krauch, Helmut; Rittel, Horst (1960): Die wissenschaftliche Arbeit in Gruppen. In: Kölner Zeitschrift für Soziologie und Sozialpsychologie 12 (1), S. 1-40.

Bain, George; Clegg, Hugh (1974): A Strategy for Industrial Relations Research in Great Britain. In: British Journal of Industrial Relations 12 (1), S. 91-113.

Barker, Katharine (2007): The UK Research Assessment Exercise: The Evolution of a National Research Evaluation System. In: Research Evaluation 16 (1), S. 3-12.

Barley, Stephen; Tolbert, Pamela (1997): Institutionalization and Structuration: Studying the Links between Action and Institution. In: Organization Studies 18 (1), S. 93-117.

Barnes, Barry; Dolby, Riki (1970): The Scientific Ethos: A Deviant Viewpoint. In: Archives of European Sociology 11, S. 3-25.

Barry, Christine; Britten, Nicky; Barber, Nick; Bradley, Collin; Stevenson, Fiona (1999): Using Reflexivity to Optimize Teamwork in Qualitative Research. In: Qualitative Health Research 9 (1), S. 26-44.

Batestone, Eric; Boraston, Ian; Frenkel, Stephen (1977): Shop Stewarts in Action. Oxford: Blackwell.

Baumeler, Carmen (2009): Entkopplung von Wissenschaft und Anwendung. Eine neo-institutionalistische Analyse der unternehmerischen Universität. In: Zeitschrift für Soziologie 38 (1), S. 68-84.

Becker-Schmidt, Regina (1984): Eines ist zuwenig – beides ist zuviel. Erfahrungen von Arbeiterfrauen zwischen Familie und Fabrik. Bonn: Verlag Neue Gesellschaft.

Beckert, Jens (1999): Agency, Entrepreneurs, and Institutional Change. The Role of Strategic Choice and Institutionalized Practices in Organizations. In: Organization Studies 20, S. 777-799.

Bence, Valerie; Oppenheim, Charles (2004): The Influence of Peer Review on the Research Assessment Exercise. In: Learned Publishing 17, S. 53-68.

Bennis, Warren (1956): Some Barriers to Teamwork in Social Research. In: Social Problems 3 (4), S. 223-235.

Berger, Peter L.; Luckmann, Thomas (1967): The Social Construction of Reality. A Treatise in the Sociology of Knowledge. Garden City, New York: Anchor.

Blackwell, Gordon W. (1955): Multidisciplinary Team Research. In: Social Forces 33 (4), S. 367-374.

Bloor, David (1976): Knowledge and Social Imagery. Chicago: University of Chicago Press.

Blutner, Doris; Brose, Hanns-Georg; Holtgrewe, Ursula (2002): Telekom – wie machen die das? Die Transformation der Beschäftigungsverhältnisse bei der Deutschen Telekom AG. Konstanz: UVK.

Blyton, Paul; Bacon, Nicolas; Fiorito, Jack; Heery, Edmund (Hg.) (2008): The SAGE Handbook of Industrial Relations. London: Sage.

Böhle, Fritz (2010): Arbeit als Handeln. In: Fritz Böhle, G. Günter Voß und Günther Wachtler (Hg.): Handbuch Arbeitssoziologie. Wiesbaden: VS Verlag für Sozialwissenschaften, S. 151-176.

Böhle, Fritz; Bolte, Annegret (2002): Die Entdeckung des Informellen. Kooperation im Arbeitsalltag. Frankfurt am Main: Campus.

Böhle, Fritz; Voß, G. Günter; Wachtler, Günther (Hg.) (2010): Handbuch Arbeitssoziologie. Wiesbaden: VS Verlag für Sozialwissenschaften.

Bohnsack, Ralf (2008): Rekonstruktive Sozialforschung. Einführung in qualitative Methoden. 7. Auflage. Opladen: Budrich.

Bollen, Kenneth; Entwisle, Barbara; Alderson, Arthur (1993): Macrocomparative Research Methods. In: Annual Review of Sociology 19, S. 321-351.

Bolte, Annegret; Porschen, Stephanie (2006): Die Organisation des Informellen. Modelle zur Organisation von Kooperation im Arbeitsalltag. Wiesbaden: VS Verlag für Sozialwissenschaften.

Bolte, Annegret; Neumer, Judith; Porschen, Stephanie (2008): Die alltägliche Last der Kooperation. Abstimmung als Arbeit und das Ende der Meeting-Euphorie. Berlin: Edition Sigma.

Bonß, Wolfgang; Hartmann, Heinz (1985): Konstruierte Gesellschaft, rationale Deutung. Zum Wirklichkeitscharakter soziologischer Diskurse. In: Wolfgang Bonß und Heinz Hartmann (Hg.): Entzauberte Wissenschaft. Zur Relativität und Geltung soziologischer Forschung. Göttingen: Schwartz (Soziale Welt Sonderband 3), S. 9-46.

Bonß, Wolfgang; Hohlfeld, Rainer; Kollek, Reigne (Hg.) (1993): Wissenschaft als Kontext – Kontexte der Wissenschaft. Stiftung Hamburger Institut für Sozialforschung. Hamburg: Junius.

Borgwardt, Angela (Hg.) (2010): Der lange Weg zur Professur. Berufliche Perspektiven für Nachwuchswissenschaftler/innen. Berlin: Friedrich-Ebert-Stiftung.

Bosch, Aida; Ellguth, Peter; Schmidt, Rudi; Trinczek, Rainer (1999): Betriebliches Interessenhandeln. Band 1. Zur politischen Kultur der Austauschbeziehungen zwischen Management und Betriebsrat in der westdeutschen Industrie. Opladen: Leske und Budrich.

Bourdieu, Pierre (1992 [1984]): Homo Academicus. Frankfurt am Main: Suhrkamp.

Bourdieu, Pierre (2004): Science of Science and Reflexivity. Chicago: University of Chicago Press.

Braczyk, Hans-Joachim; Knesebeck, Jost von dem; Schmidt, Gert (1982): Nach einer Renaissance. Zur gegenwärtigen Situation von Industriesoziologie in der Bundesrepublik Deutschland. In: Gert Schmidt, Hans-Joachim Braczyk und Jost von dem Knesebeck (Hg.): Materialien zur Industriesoziologie. Opladen: Westdeutscher Verlag, S. 16-56.

Bradley, Raymond (1982): Ethical Problems in Team Research: A Structural Analysis and an Agenda for Resolution. In: The American Sociologist 17, S. 87-94.

Broadhead, Lee-Anne; Howard, Sean (1998): ‚The Art of Punishing'. The Research Assessment Exercise and the Ritualisation of Power in Higher Education. In: Education Policy Analysis Archives 6 (8), S. 1-11.

Brown, Richard (1981): Sociologists and Industry. In: The Sociological Review 29, S. 217-275.

Brown, William (1973): Piecework Bargaining. London: Heinemann.

Brown, William; Wright, Martyn (1994): The Empirical Tradition in Workplace Bargaining. In: British Journal of Industrial Relations 32, S. 154-164.

Bryman, Alan; Burgess, Robert G. (Hg.) (1994): Analyzing Qualitative Data. London: Routledge.

Bulmer, Martin (1984): The Chicago School of Sociology: Institutionalization, Diversity, and the Rise of Sociological Research. Chicago: University of Chicago Press.

Burawoy, Michael (2009): The Extended Case Method. Four Countries, four Decades, four Great Transformations, and one Theoretical Tradition. Berkeley: University of California Press.

Burgess, Robert G. (2000): Some Issues and Problems in Cross-cultural Case Study Research. In: Cross-Cultural Case Study 6, S. 43-52.

Bush, George P.; Hattery, Lowell H. (1956): Teamwork and Creativity in Research. In: Administrative Science Quarterly 1 (3), S. 361-372.

Byrne, David; Ragin, Charles C. (Hg.) (2009): The SAGE Handbook of Case-Based Methods. Los Angeles: Sage.

Callus, Ron; Schumacher, Michelle (Hg.) (1994): Current Research in Industrial Relations. Proceedings of the 8th AIRAANZ Conference, February 1994. Association of Industrial Relations Academics of Australia and New Zealand.

Campbell, Donald (1985): Häuptlinge und Rituale. Das Sozialsystem der Wissenschaft als Stammesorganisation. In: Wolfgang Bonß und Heinz Hartmann (Hg.): Entzauberte Wissenschaft. Zur Relativität und Geltung soziologischer Forschung. Göttingen: Schwartz (Soziale Welt Sonderband 3), S. 257-274.

Cappelli, Peter (1985): Theory Construction in IR and Some Implications for Research. In: Industrial Relations Journal 24, S. 316-328.

Claessens, Dieter (1962): Forschungsteam und Persönlichkeitsstruktur. In: Kölner Zeitschrift für Soziologie und Sozialpsychologie 14, S. 487-503.

Clark, Burton (1998): Creating Entrepreneurial Universities. Organizational Pathways of Transformation. Surrey: Pergamon Press.

Cohen, Bernard P.; Kruse, Ronald J.; Anbar, Michael (1982): The Social Structure of Scientific Research Teams. In: The Pacific Sociological Review 85 (2), S. 205-232.

Colling, Trevor; Terry, Michael (Hg.) (2010): Industrial Relations. Theory and Practice. 3. Auflage. Chichester: Wiley.

Collins, Harry (1985): Changing Order. Replication and Induction in Scientific Practice. Chicago: University of Chicago Press.

Cooke, Fang L.; Earnshaw, Jill; Marchington, Mick; Rubery, Jill (2004): For Better and For Worse: Transfer of Undertakings and the Reshaping of Employment Relations. In: International Journal of Human Resource Management 15 (2), S. 276-294.

Cottrell, Adam H. (1962): Scientists: Solo or Concerted? In: Bernard Barber und Walter Hirsch (Hg.): The Sociology of Science. New York: The Free Press, S. 388-393.
Crow, Gary; Levine, Linda; Nager, Nancy (1992): Are Three Heads Better Than One? Reflections on Doing Collaborative Interdisciplinary Research. In: American Educational Research Journal 29 (4), S. 737-753.
Cunnison, Sheila (1966): Wages and Work Allocation: A Study of Social Relations in a Garment Workshop. London: Tavistock Publications.
Darlington, Ralph (Hg.) (2009): What's the Point of Industrial Relations. In Defense of Critical Social Science. Manchester: British Universities Industrial Relations Association.
David, Matthew (Hg.) (2006): Case Study Research. London, Thousand Oaks, New Delhi: Sage.
Del Monte, Kathleen (2000): Partners in Inquiry: Ethical Changes in Team Research. In: International Social Science Review 75 (3/4), S. 3-14.
Denzin, Norman K.; Lincoln, Yvonna S. (Hg.) (2005): The SAGE Handbook of Qualitative Research. 3. Auflage. London, Thousand Oaks, New Delhi: Sage.
Deutschmann, Christoph (2002): Postindustrielle Industriesoziologie. Theoretische Grundlagen, Arbeitsverhältnisse und soziale Identitäten. Weinheim: Juventa.
Diaz-Bone, Rainer (2010): Die Performativität der Sozialforschung – Sozialforschung als Sozio-Epistemologie. Workingpaper des Soziologischen Seminars, 04. Luzern.
Dietrich, Nicole; Huchler, Norbert (2010): Soziale Beziehungen im Luftverkehr. In: Karl-Siegbert Rehberg (Hg.): Die Natur der Gesellschaft. Verhandlungen des 33. Kongresses der Deutschen Gesellschaft für Soziologie in Kassel 2006. Frankfurt am Main: Campus, S. 4655-4663.
Dietrich, Nicole; Huchler, Norbert; Matuschek, Ingo (2009): Multilokale Arrangements im Luftverkehr. Voraussetzungen, Bedingungen und Folgen multilokalen Lebens. In: Informationen zur Raumentwicklung (1/2), S. 43-54.
DiMaggio, Paul J. (1988): Interest and Agency in Institutional theory. In: Lynne G. Zucker (Hg.): Institutional Patterns and Organizations. Culture and environment. Cambridge, Massachusetts: Ballinger Publications, S. 3-32.
DiMaggio, Paul J. (1997): Culture and Cognition. In: Annual Review of Sociology 23, S. 263-287.
DiMaggio, Paul J.; Powell, Walter W. (1991a): Introduction. In: Walter W. Powell und Paul J. DiMaggio (Hg.): The New Institutionalism in Organizational Analysis. Chicago: University of Chicago Press, S. 1-38.
DiMaggio, Paul J.; Powell, Walter W. (1991b): The Iron Cage revisited: Institutional Isomorphism and Collective Rationality in Organization Fields. In: Walter W. Powell und Paul J. DiMaggio (Hg.): The New Institutionalism in Organizational Analysis. Chicago: University of Chicago Press, S. 41-62.
Dörre, Klaus; Neis, Matthias (2010): Das Dilemma der unternehmerischen Universität. Hochschulen zwischen Wissensproduktion und Marktzwang. Berlin: Edition Sigma.
Dopson, Sue; Ferlie, Ewan; Fitzgerald, Louise; Locock, Louise (2009): Team-Based Aggregation of Qualitative Case Study Data in Health Care Contexts. Challenges and Learning. In: David Byrne und Charles C. Ragin (Hg.): The SAGE Handbook of Case-Based Methods. Los Angeles: Sage, S. 454-466.
Douglas, Jack D. (1976): Investigative Social Research. Individual and Team Field Research. Beverly Hills, California: Sage.
Drori, Gili S.; Meyer, John W.; Ramirez, Francisco; Schofer, Evan (2003): Science in the Modern World Polity. Institutionalization and Globalization. Stanford, California: Stanford University Press.
Durand, Claude (1991): Fallstudien in der international vergleichenden Forschung. In: Martin Heidenreich (Hg.): International vergleichende Organisationsforschung. Fragestellungen, Methoden und Ergebnisse ausgewählter Untersuchungen. Opladen: Westdeutscher Verlag, S. 41-48.
Eaton, Joseph (1951): Social Processes of Professional Teamwork. In: American Sociological Review 16 (5), S. 707-713.

Edwards, Paul (2003): The Future of Industrial Relations. In: Peter Ackers und Adrian Wilkinson (Hg.): Understanding Work and Employment. Oxford: Oxford University Press, S. 337-358.

Edwards, Paul; Scullion, Hugh (1982): The Social Organization of Industrial Conflict. Cambridge: Blackwell Business.

Edwards, Paul; Wolkowiz, Carol (2002): Great Britain. In: Daniel B. Cornfield und Randy Hodson (Hg.): Worlds of Work. Building an International Sociology of Work. New York: Kluwer Academic/Plenum Publishers, S. 253-274.

Eisenhardt, Kathleen M. (1989): Building Theories from Case Study Research. In: The Academy of Management Review (14), S. 532-550.

Elder, Jospeh (1976): Comparative Crossnational Methodology. In: Annual Review of Sociology 2, S. 209-230.

Ellinger, Andrea E.; Watkins, Karen E.; Marsick, Victoria J. (2005): Case Study Research Methods. In: Richard A. Swanson (Hg.): Research in Organizations. Foundations and methods of inquiry. San Francisco: Berrett-Koehler, S. 327-350.

Elton, Lewis (2000): The UK Research Assessment Exercise: Unintended Consequences. In: Higher Education Quarterly 54 (3), S. 274-283.

Faust, Michael (Hg.) (2005): Die ‚Organisation' der Arbeit. München: Hampp.

Felt, Ulrike; Nowotny, Helga; Taschwer, Klaus (1995): Wissenschaftsforschung. Eine Einführung. Frankfurt am Main: Campus.

Finch, Janet; Mason, Jennifer (1990): Decision Taking in the Fieldwork Process: Theoretical Sampling and Collaborative Work. In: Robert G. Burgess (Hg.): Reflections on Field Experience. Greenwich, Connecticut: Jai Press Inc., S. 25-51.

Finlay, Linda (2002a): ‚Outing' the Researcher: The Provenance, Process, and Practice of Reflexivity. In: Qualitative Health Research 12 (4), S. 531-545.

Finlay, Linda (2002b): Negotiating the Swamp: The Opportunity and Challenge of Reflexivity in Research Practice. In: Qualitative Research 2 (2), S. 209-230.

Fleck, Ludwik (1999 [1935]): Entstehung und Entwicklung einer wissenschaftlichen Tatsache. Einführung in die Lehre vom Denkstil und Denkkollektiv. 4. Auflage. Frankfurt am Main: Suhrkamp.

Flick, Uwe (2004): Triangulation. Eine Einführung. Wiesbaden: VS Verlag für Sozialwissenschaften.

Flick, Uwe (2007): Qualitative Sozialforschung. Eine Einführung. 4. Auflage. Reinbek bei Hamburg: Rowohlt.

Flick, Uwe; Kardoff, Ernst von; Steinke, Ines (2005): Was ist qualitative Forschung? Einleitung und Überblick. In: Uwe Flick, Ernst von Kardorff und Ines Steinke (Hg.): Qualitative Forschung. Ein Handbuch. Reinbek bei Hamburg: Rowohlt, S. 13-29.

Forde, Chris; MacKenzie, Robert (2007): The Social and Economic Experiences of Asylum Seekers, Migrant Workers, Refugees and Overstayers. Hg. Innovation and Change Centre for Employment Relations. Leeds University Business School.

Fox, Alan (1971): A Sociology of Work in Industry. London: Collier-Macmillan.

Fox, Mary; Faver, Catherine (1984): Independence and Cooperation in Research: The Motivations and Costs of Collaboration. In: The Journal of Higher Education 55 (3), S. 347-359.

Frankfurter Beiträge Soziologie (1955): Betriebsklima. Eine industriesoziologische Untersuchung aus dem Ruhrgebiet. Band 3. Frankfurt am Main: Europäische Verlagsanstalt.

Frege, Carola M. (2002): Scientific Knowledge Production in the United States and Germany: The Case of Industrial Relations Research. In: Comparative Labor Law and Policy Journal 23 (2), S. 865-894.

Frege, Carola M. (2007): Employment Research and State Traditions. A Comparative History of Britain, Germany, and the United States. Oxford: Oxford University Press.

Frege, Carola M. (2008): The History of Industrial Relations as a Field of Study. In: Paul Blyton, Nicolas Bacon, Jack Fiorito und Edmund Heery (Hg.): The SAGE Handbook of Industrial Relations. London: Sage, S. 33-54.

Frege, Carola M.; Kelly, John; McGovern, Patrick (2011): Richard Hyman: Marxism, Trade Unionism and Comparative Employment Relations. In: British Journal of Industrial Relations 49 (2), S. 209-230.

Frey, Bruno (2006): Evaluitis – Eine neue Krankheit. Institut für empirische Wirtschaftsforschung Zürich, Workingpaper 293.

Froschauer, Ulrike; Lueger, Manfred (1992): Das qualitative Interview. Zur Praxis interpretativer Analyse sozialer Systeme. Wien: WUV.

Froschauer, Ulrike; Lueger, Manfred (2009): Interpretative Sozialforschung: der Prozess. Wien: WUV.

Furney, Lester (1950): Co-operation in Scientific Research. In: The Journal of Higher Education 21 (2), S. 66-71.

Gardiner, Jean; Stuart, Mark; MacKenzie, Robert; Forde, Chris; Greenwood, Ian; Perrett, Robert (2009): Redundancy as a Critical Life Event: Moving on from the Welsh Steel Industry through Career Change. In: Work, Employment and Society 23 (4), S. 727-745.

Garland, Diana; O'Connor, Marry; Wolfer, Terry; and Netting, Ellen (2006): Team-based Research: Notes from the Field. In: Qualitative Social Work 5 (93), S. 93-109.

Geertz, Clifford (1987): Dichte Beschreibung. Beiträge zum Verstehen kultureller Systeme. Frankfurt am Main: Suhrkamp.

Gerring, John (2006): Case Study Research. Principles and Practices. Cambridge: Cambridge University Press.

Geuna, Aldo; Martin, Ben R. (2001): University Research Evaluation and Funding: An International Comparison. In: Minerva 41 (4), S. 277-304.

Gillham, Bill (2000): Case Study Research Methods. London: Continuum.

Girtler, Roland (2001): Methoden der Feldforschung. 4. Auflage. Wien: Böhlau.

Glaser, Barney G.; Strauss, Anselm L. (1999 [1967]): The Discovery of Grounded Theory. Strategies for Grounded Research. New York: Aldine de Gruyter.

Gläser, Jochen (2001): Macrostructures, Careers and Knowledge Production: A Neoinstitutionalist Approach. In: International Journal of Technology Management 22 (7/8), S. 698-715.

Gläser, Jochen; Laudel, Grit (2009): Experteninterviews und qualitative Inhaltsanalyse als Instrumente rekonstruierender Untersuchungen. 3. Auflage. Wiesbaden: VS Verlag für Sozialwissenschaften.

Goldthorpe, John; Lockwood, David; Bechhofer, Frank; Platt, Jennifer (1968): The Affluent Worker: Industrial Attitudes and Behaviour. Cambridge: Cambridge University Press.

Gomm, Roger; Hammersley, Martyn; Foster, Peter (2000): Case Study and Generalization. In: Roger Gomm, Martyn Hammersley und Peter Foster (Hg.): Case Study Method. Key Issues, Key Texts. London, Thousand Oaks, New Delhi: Sage, S. 98-115.

Goode, William J.; Hatt, Paul K. (1956): Die Einzelfallstudie. In: René König (Hg.): Beobachtung und Experiment in der Sozialforschung. Köln: Verlag für Politik und Wirtschaft, S. 299-313.

Gooding, David; Pinch, Trevor; Schaffer, Simon (Hg.) (1989): The Uses of Experiment. Studies in the Natural Sciences. Cambridge: Cambridge University Press.

Gottlieb, Alma (1995): Beyond the lonely Anthropologist. Collaboration in Research and Writing. In: American Anthropologist 97 (1), S. 21-26.

Grimshaw, Damian; Marchington, Mick; Rubery, Jill; Willmott, Hugh (2005): Introduction: Fragmenting Work across Organizational Boundaries. In: Mick Marchington, Damian Grimshaw, Jill Rubery und Hugh Willmott (Hg.): Fragmenting Work. Blurring Organizational Boundaries and Disordering Hierarchies. Oxford: Oxford University Press, S. 1-31.

Grint, Keith (1993): The Sociology of Work. An Introduction. 3.Auflage. Cambridge: Polity Press.

Hackman, J. Richard (Hg.) (1990): Groups that Work (and Those That Don't). Creating Conditions for Effective Teamwork. San Francisco: Jossey-Bass.

Hagstrom, Warren O. (1964): Traditional and Modern Forms of Scientific Teamwork. In: Administrative Science Quarterly 9 (3), S. 241-263.

Hakim, Catherine (2000): Research Design. Successful Designs for Social and Economic Research. 2. Auflage. London, New York: Routledge.

Halford, Susan; Strangleman, Tim (2009): In Search of Sociology of Work: Past, Present and Future. In: Sociology 43 (5), S. 811-828.

Hall, Mark (2006): A Cool Response to the ICE Regulations? Employer and Trade Union Approaches to New Legal Framework for Information and Consultation. In: Industrial Relations Journal 37 (5), S. 456-472.

Hall, Mark; Hutchinson, Sue; Purcell, John; Terry, Michael; Parker, Jane (2009): Implementing Information and Consultation: Developments in Medium-sized Organisations. London Employment Relations Research Series, 106.

Hall, Mark; Hutchinson, Sue; Purcell, John; Terry, Michael; Parker, Jane (2010): Information and Consultation under the ICE Regulations: Evidence from Longitudinal Case Studies. London Employment Relations Research Series, 117.

Hall, Wendy; Long, Bonita; Bermbach, Nicole; Jordan, Sharalyn; Patterson, Kathryn (2005): Qualitative Teamwork Issues and Strategies: Coordination Through Mutual Adjustment. In: Qualitative Health Research 19, S. 394-410.

Hallett, Tim; Ventresca, Marc (2006): Inhabited Institutions: Social Interactions and Organizational Forms in Gouldner's Patterns of Industrial Bureaucracy. In: Theory and Society 35, S. 312-236.

Halsey, Albert H. (2004): A History of Sociology in Britain. Oxford: Oxford University Press.

Hamel, Jacques; Dufour, Stéphane; Fortin, Dominic (1993): Case Study Methods. Newbury Park: Sage.

Hammersley, Martyn; Gomm, Roger (2000): Introduction. In: Roger Gomm, Martyn Hammersley und Peter Foster (Hg.): Case Study Method. Key Issues, Key Texts. London, Thousand Oaks, New Delhi: Sage, S. 1-16.

Hare, Paul (2003): The United Kingdom's Research Assessment Exercise: Impact on Institutions, Departments, Individuals. In: Higher Education Management and Policy 15 (2), S. 43-64.

Hartley, Jean (2004): Case Study Research. In: Catherine Cassell (Hg.): Essential Guide to Qualitative Methods in Organizational Research. London, Thousand Oaks, New Delhi: Sage, S. 323-333.

Hartmann, Michael (2010): Die Exzellenzinitiative und ihre Folgen. In: Leviathan 38, S. 369-387.

Hasse, Raimund (1996): Organisierte Forschung. Arbeitsteilung, Wettbewerb und Networking in Wissenschaft und Technik. Berlin: Edition Sigma.

Hasse, Raimund (2006): Der Neo-Institutionalismus als makrosoziologische Kulturtheorie. In: Konstanze Senge und Kai-Uwe Hellmann (Hg.): Einführung in den Neo-Institutionalismus. Wiesbaden: VS Verlag für Sozialwissenschaften, S. 150-159.

Hasse, Raimund; Krücken, Georg (1996): Was leistet der organisationssoziologische Neo-Institutionalismus? Eine theoretische Auseinandersetzung mit besonderer Berücksichtigung des wissenschaftlichen Wandels. In: Soziale Systeme 2, S. 91-112.

Hasse, Raimund; Krücken, Georg; Weingart, Peter (1994): Laborkonstruktivismus. Eine wissenschaftssoziologische Reflexion. In: Gebhard Rusch (Hg.): Konstruktivismus und Sozialtheorie. Frankfurt am Main: Suhrkamp, S. 220-263.

Hebson, Gail; Grimshaw, Damian; Marchington, Mick (2003): PPPs and the Changing Public Sector Ethos: Case Study Evidence from the Health and Local Authorities. In: Work, Employment and Society 17 (3), S. 481-501.

Heery, Edmund; Bacon, Nicolas; Blyton, Paul; Fiorito, Jack (2008): Introduction: The Field of Industrial Relations. In: Paul Blyton, Nicolas Bacon, Jack Fiorito und Edmund Heery (Hg.): The SAGE Handbook of Industrial Relations. London: Sage, S. 1-32.

Heidenreich, Martin (Hg.) (1991): International vergleichende Organisationsforschung. Fragestellungen, Methoden und Ergebnisse ausgewählter Untersuchungen. Opladen: Westdeutscher Verlag.

Heintz, Bettina (1993): Wissenschaft im Kontext. Neue Entwicklungstendenzen der Wissenschaftssoziologie. In: Kölner Zeitschrift für Soziologie und Sozialpsychologie 45 (3), S. 528-552.

Heintz, Bettina (1998): Die soziale Welt der Wissenschaft. Entwicklungen, Ansätze und Ergebnisse der Wissenschaftsforschung. In: Bettina Heintz (Hg.): Wissenschafts- und Technikforschung in der Schweiz. Sondierungen einer neuen Disziplin. Zürich: Seismo Verlag, S. 55-95.
Hirsch, Peter (1997): Review Essay: Sociology without Social Structure: Neoinstitutional Theory meets Brave New World. In: American Journal of Sociology 102, S. 170-173.
Hirschauer, Stefan; Amann, Klaus (Hg.) (1997): Die Befremdung der eigenen Kultur. Zur ethnographischen Herausforderung soziologischer Empirie. Frankfurt am Main: Suhrkamp.
Hoffmann-Riem, Christa (1980): Die Sozialforschung einer interpretativen Soziologie. Der Datengewinn. In: Kölner Zeitschrift für Soziologie und Sozialpsychologie 32 (2), 339-371.
Hoffmeyer-Zlotnik, Jürgen; Harkness, Janet (Hg.) (2006): Methodological Aspects in Cross-national Research. Mannheim: ZUMA.
Holgate, Jane; Hebson, Gail; McBride, Anne (2006): Why Gender and ‚Difference' matters: A Critical Appraisal of Industrial Relations Research. In: Industrial Relations Journal 37 (4), S. 310-328.
Horn, Klaus (1998 [1989]): Politische Psychologie. Schriften zur kritischen Theorie des Subjekts. Gießen: Psychosozial-Verlag.
Huchler, Norbert (Hg.) (2008): Ein Fach wird vermessen. Positionen zur Zukunft der Disziplin Arbeits- und Industriesoziologie. Berlin: Edition Sigma.
Hughes, Everett C. (1943): French Canada in Transition. Chicago: Chicago University Press.
Hunter, Laura; Leahey, Erin (2008): Collaborative Research in Sociology: Trends and Contributing Factors. In: The American Sociologist 39 (4), S. 290-306.
Huws, Ursula; Dahlmann, Simone (2006): Quality Standards for Organisational Case Studies in the European Foundation. Analytica Social and Economic Research. London.
Hyman, Richard (1975): Industrial Relations. A Marxist Introduction. London: Macmillan.
Hyman, Richard (2001): Trade Union Research and Cross-National Comparison. In: European Journal of Industrial Relations 7 (2), S. 203-232.
Ilgen, Daniel; Major, Debra; Hollenbeck, John; Sego, Douglas (2000): Team Research in the 1990ies. In: Martin M. Chemers (Hg.): Leadership Theory and Research. Perspectives and Directions. San Diego: Academy Press, S. 245-271.
Jacobs, Struan (1987): Scientific Community: Formulations and Critique of a Sociological Motif. In: The British Journal of Sociology 38 (2), S. 266-276.
Jasanoff, Sheila (Hg.) (1995): Handbook of Science and Technology Studies. London, Thousand Oaks, New Delhi: Sage.
Jepperson, Ronald (1991): Institutions, Institutional Effects, and Institutionalism. In: Walter W. Powell und Paul J. DiMaggio (Hg.): The New Institutionalism in Organizational Analysis. Chicago: University of Chicago Press, S. 143-163.
Jürgens, Kerstin (2006): Arbeits- und Lebenskraft. Reproduktion als eigensinnige Grenzziehung. Wiesbaden: VS Verlag für Sozialwissenschaften.
Kaufman, Bruce E. (2004): The Global Evolution of Industrial Relations. Events, Ideas and the IIRA. Geneva: International Labour Office.
Kelle, Udo (1996): Die Bedeutung theoretischen Vorwissens in der Methodologie der Grounded Theory. In: Rainer Strobl und Andreas Böttger (Hg.): Wahre Geschichten? Zu Theorie und Praxis qualitativer Interviews. Baden-Baden: Nomos Verlag, S. 22-47.
Keller, Berndt (1996): The German Approach to Industrial Relations: A Literature Review. In: European Journal of Industrial Relations 2 (2), S. 199-210.
Kelly, Diane (Hg.) (1999): Researching Industrial Relations. 2. Auflage. Sydney: Federation Press.
Kieser, Alfred (Hg.) (1999): Organisationstheorien. Stuttgart: Kohlhammer.
Kieser, Alfred (2010): Unternehmen Wissenschaft? In: Leviathan 38, S. 347-367.
Kitay, Jim; Callus, Ron (1998): The Role and Challenge of Case Study Design in Industrial Relations Research. In: Keith Whitfield und George Strauss (Hg.): Researching the World of Work. Strategies and Methods in Studying Industrial Relations. Ithaca: ILR Press, S. 101-112.

Kleemann, Frank (2005): Die Wirklichkeit der Teleheimarbeit. Eine arbeitssoziologische Untersuchung. Berlin: Edition Sigma.

Kleemann, Frank; Matuschek, Ingo (Hg.) (2003): Immer Anschluss unter dieser Nummer. Rationalisierte Dienstleistung und subjektivierte Arbeit in Call-Centern. Berlin: Edition Sigma.

Kleemann, Frank; Krähnke, Uwe; Matuschek, Ingo (2009): Interpretative Sozialforschung. Eine praxisorientierte Einführung. Wiesbaden: VS Verlag für Sozialwissenschaften.

Knorr-Cetina, Karin (1981): The Manufacture of Knowledge. An Essay on the Constructivist and Contextual Nature of Science. Oxford: Pergamon Press.

Knorr-Cetina, Karin (1985): Zur Produktion und Reproduktion von Wissen: Ein deskriptiver oder ein konstruktiver Vorgang. Überlegungen zu einem Modell wissenschaftlicher Ergebniserzeugung. In: Wolfgang Bonß und Heinz Hartmann (Hg.): Entzauberte Wissenschaft. Zur Relativität und Geltung soziologischer Forschung. Göttingen: Schwartz (Soziale Welt Sonderband 3), S. 151-178.

Knorr-Cetina, Karin (1995): The Cultural Approach to the Study of Science. In: Sheila Jasanoff (Hg.): Handbook of Science and Technology Studies. London, Thousand Oaks, New Delhi: Sage, S. 140-166.

Knorr-Cetina, Karin (1999): Epistemic Cultures. How the Sciences Make Knowledge. Cambridge Massachusetts: Harvard University Press.

Knorr-Cetina, Karin (2007): Neue Ansätze der Wissenschafts- und Techniksoziologie. In: Rainer Schützeichel (Hg.): Handbuch Wissenssoziologie und Wissensforschung. Konstanz: UVK, S. 328-342.

Knorr-Cetina, Karin; Mulkay, Michael (Hg.) (1983): Science Observed. Perspectives on the Social Study of Science. London, Beverly Hills: Sage.

Kohn, Melvin (1987): Cross-National Research as an Analytic Strategy. In: American Sociological Review 52 (6), S. 713-731.

Krücken, Georg; Meier, Frank (2006): Turning the University into an Organizational Actor. In: Gili S. Drori, John W. Meyer und Hokyu Hwang (Hg.): Globalization and Organization. World Society and Organizational Change. Oxford, New York: Oxford University Press, S. 241-257.

Krücken, Georg; Blümel, Albrecht; Kroke, Katharina (2012): Wissen schafft Management? Konturen der Manageralisierung im Hochschulbereich. In: Thomas Heinze und Georg Krücken (Hg.): Institutionelle Erneuerungsfähigkeit der Forschung. Wiesbaden: VS Verlag für Sozialwissenschaften, S. 219-255.

Kuckartz, Udo (2005): Einführung in die computergestützte Analyse qualitativer Daten. Wiesbaden: VS Verlag für Sozialwissenschaften.

Kudera, Werner (1992): Die Crux mit den kleinen Zahlen – zum Generalisierungsproblem bei qualitativer Sozialforschung. In: Franz Lehner (Hg.): Technik – Arbeit – Betrieb – Gesellschaft. Beiträge der Industriesoziologie und Organisationsforschung. Opladen: Leske & Budrich, S. 191-203.

Kuhn, Thomas S. (1973 [1962]): Die Struktur wissenschaftlicher Revolutionen. 2. Auflage. Frankfurt am Main: Suhrkamp.

Lamnek, Siegfried (1989): Qualitative Sozialforschung. Methoden und Techniken (Band 2). München: Beltz Psychologie Verlags Union.

Lamnek, Siegfried (2005): Qualitative Sozialforschung. 4. Auflage. München: Beltz Psychologie Verlags Union.

Langenohl, Andreas (2009): Zweimal Reflexivität in der gegenwärtigen Sozialwissenschaft: Anmerkungen zu einer nicht geführten Debatte. In: Forum Qualitative Sozialforschung/Forum: Qualitative Social Research [Online Journal], 10 (2), Art. 9. Zuletzt geprüft am 01.06.2012.

Latour, Bruno (1987): Science in Action. How to follow Scientists and Engineers through Society. Cambridge, Massachusetts: Harvard University Press.

Latour, Bruno; Woolgar, Steve (1979): Laboratory Life. The Construction of Scientific Facts. Princeton, New Jersey: Princeton University Press.

Laudel, Grit (2001): Collaboration, Creativity and Rewards: Why and How Scientists Collaborate. In: International Journal of Technology Management 22 (7/8), S. 762-781.

Lawrence, Thomas B.; Suddaby, Roy (2006): Institutions and Institutional Work. In: Stewart R. Clegg (Hg.): The SAGE Handbook of Organization Studies. 2. Auflage. London: Sage, S. 205-255.

Lawrence, Thomas B.; Suddaby, Roy; Leca, Bernard (2009): Institutional Work. Actors and Agency in Institutional Studies of Organizations. Cambridge: Cambridge University Press.

Leahey, Erin (2008): Methodological Memes and Mores: Toward a Sociology of Social Research. In: Annual Review of Sociology 34, S. 33-53.

Leisink, Peter; Greenwood, Ian (2007): Company-level Strategies for Raising Basic Skills: A Comparison of Corus Netherlands and UK. In: European Journal of Industrial Relations 13 (3), S. 341-360.

Leithäuser, Thomas (1979): Formen des Alltagsbewußtseins. Frankfurt am Main: Campus.

Leithäuser, Thomas; Volmerg, Birgit (1979): Anleitung zur empirischen Hermeneutik. Psychoanalytische Textinterpretation als sozialwissenschaftliches Verfahren. Frankfurt am Main: Suhrkamp.

Leithäuser, Thomas; Volmerg, Birgit (1988): Psychoanalyse in der Sozialforschung. Eine Einführung am Beispiel einer Sozialpsychologie der Arbeit. Opladen: Westdeutscher Verlag.

Lessenich, Stephan (2006): Institutionelle Einbettung, strategisches Handeln und die routinisierte Zerstörung von Institutionen. In: Michael Schmid und Maurer Andrea (Hg.): Ökonomischer und soziologischer Institutionalismus. Interdisziplinäre Beiträge und Perspektiven der Institutionentheorie und -analyse. Marburg: Metropolis, S. 277-290.

Liebold, Renate; Trinczek, Rainer (2002): Experteninterview. In: Stefan Kühl und Petra Strodtholz (Hg.): Methoden der Organisationsforschung. Ein Handbuch. Reinbek bei Hamburg: Rowohlt, S. 33-71.

Liggett, Annette; Glesne, Corrine; Johnston, Angus P.; Hasazi, Susan; Schattman, Richard (1994): Teaming in Qualitative Research: Lessons Learned. In: Qualitative Studies in Education 7 (1), S. 77-88.

Littek, Wolfgang; Rammert, Werner; Wachtler, Günther (Hg.) (1983): Einführung in die Arbeits- und Industriesoziologie. 2. Auflage. Frankfurt am Main: Campus.

Lueger, Manfred (2000): Grundlagen qualitativer Feldforschung. Methodologie, Organisierung, Materialanalyse. Wien: WUV.

Lupton, Thomas (1963): On the Shop Floor. Two Studies of Workshop Organization and Output. Oxford, London, New York, Paris: Pergamon Press.

Luszki, Margaret Barron (1958): Interdisciplinary Team Research. Methods and Problems. New York: New York University Press.

Lutz, Burkart; Schmidt, Gert (1969): Industriesoziologie. In: Réne König (Hg.): Beruf – Industrie – Sozialer Wandel in unterentwickelten Ländern. Stuttgart: Enke, S. 101-262.

Lynch, Michael (1985): Art and Artifact in Laboratory Science. A Study of Shop Work and Shop Talk in a Research Laboratory. London, Boston: Routledge & Kegan.

Maasen, Sabine; Weingart, Peter (2006): Unternehmerische Universität und neue Wissenschaftskultur. In: Die Hochschule 1, S. 19-45.

MacKenzie, Robert (2002): The Migration of Bureaucracy: Contracting and the Regulation of Labour in the Telecommunications Industry. In: Work, Employment and Society 16 (4), S. 599-616.

MacKenzie, Robert; Forde, Chris (2009): The Rhetoric of the ‚Good Worker' versus the Realities of Employers' Use and the Experiences of Migrant Workers. In: Work, Employment and Society 23 (1), S. 142-159.

Marchington, Mick; Grimshaw, Damian; Rubery, Jill; Willmott, Hugh (Hg.) (2005): Fragmenting Work. Blurring Organizational Boundaries and Disordering Hierarchies. Oxford: Oxford University Press.

Marginson, Paul (1998): The Survey Tradition in British Industrial Relations Research. An Assessment of the Contribution of Large-scale Workplace and Enterprise Surveys. In: British Journal of Industrial Relations 36 (3), S. 361-388.

Marginson, Paul; Hall, Mark; Hoffmann, Aline; Müller, Torsten (2004): The Impact of European Works Councils on Management Decision-Making in UK and US-based Multinationals: A Case Study Comparison. In: British Journal of Industrial Relations 42 (2), S. 209-233.

Marginson, Paul; Sisson, Keith (2006): European Integration and Industrial Relations. Multi-level Governance in the Making. Basingstoke: Palgrave Macmillan.

Martinez Lucio, Miguel (2003): New Communication Systems and Trade Union Politics: A Case Study of Spanish Trade Unions and the Role of the Internet. In: Industrial Relations Journal 34 (4), S. 334-347.

Martinez Lucio, Miguel; Perrett, Robert; McBride, Jo; Craig, Steve (2007): Migrant Workers in the Labour Market. The Role of Unions in the Recognition of Skills and Qualifications. Unionlearn, Research Paper 7. London.

Matuschek, Ingo (Hg.) (2008): Luft-Schichten. Arbeit, Organisation und Technik im Luftverkehr. Berlin: Edition Sigma.

Matuschek, Ingo; Voß, G. Günter (2008): Multiple Entgrenzung des fliegenden Personals im kommerziellen Luftverkehr. In: Ingo Matuschek (Hg.): Luft-Schichten. Arbeit, Organisation und Technik im Luftverkehr. Berlin: Edition Sigma, S. 181-204.

Maurice, Marc (1991): Methodologische Aspekte internationaler Vergleiche: Zum Ansatz des gesellschaftlichen Effekts. In: Martin Heidenreich (Hg.): International vergleichende Organisationsforschung. Fragestellungen, Methoden und Ergebnisse ausgewählter Untersuchungen. Opladen: Westdeutscher Verlag, S. 82-105.

Mauthner, Natasha; Doucet, Andrea (2008): Knowledge Once Divided Can Be Hard to Put Together Again: An Epistemological Critique of Collaborative and Team-Based Research Practices. In: Sociology 42 (5), S. 971-985.

Mayntz, Renate (1985): Über den begrenzten Nutzen methodologischer Regeln in der Sozialforschung. In: Wolfgang Bonß und Heinz Hartmann (Hg.): Entzauberte Wissenschaft. Zur Relativität und Geltung soziologischer Forschung. Göttingen: Schwartz (Soziale Welt Sonderband 3), S. 77-89.

McCarthy, William (1994): Of Hats and Cattle: Or the Limits of Macro-survey Research in Industrial Relations. In: Industrial Relations Journal 25 (4), S. 315-322.

McNay, Ian (1997): The Impact of the 1992 RAE on Institutional and Individual Behaviour in English Higher Education. HEFCE. Bristol.

Meier, Frank; Schimank, Uwe (2009): Matthäus schlägt Humboldt? New Public Management und die Einheit von Forschung und Lehre. In: Beiträge zur Hochschulforschung 31 (1), S. 42-61.

Meier, Frank; Schimank, Uwe (2010): Mission Now Possible: Profile Building and Leadership in German Universities. In: Richard Whitley, Jochen Gläser und Lars Engwall (Hg.): Reconfiguring Knowledge Production. Changing Authority Relationships in the Sciences and their Consequences for Intellectual Innovation. Oxford: Oxford University Press, S. 211-239.

Meinefeld, Werner (1995): Realität und Konstruktion. Erkenntnistheoretische Grundlagen einer Methodologie der empirischen Sozialforschung. Opladen: Leske & Budrich.

Meinefeld, Werner (2005): Hypothesen und Vorwissen in der qualitativen Sozialforschung. In: Uwe Flick, Ernst von Kardorff und Ines Steinke (Hg.): Qualitative Forschung. Ein Handbuch. Reinbek bei Hamburg: Rowohlt, S. 265-275.

Merton, Robert K. (1973 [1942]): The Normative Structure of Science. In: Robert K. Merton (Hg.): The Sociology of Science. Theoretical and Empirical Investigations. Chicago: University of Chicago Press, S. 267-279.

Merton, Robert K. (1973 [1968]): The Matthew Effect in Science. In: Robert K. Merton (Hg.): The Sociology of Science. Theoretical and Empirical Investigations. Chicago: University of Chicago Press, S. 438-459.

Meyer, John (2010): World Society, Institutional Theories, and the Actor. In: Annual Review of Sociology 36, S. 1-20.
Meyer, John; Rowan, Brian (1977): Institutionalized Organizations: Formal Structure as Myth and Ceremony. In: American Journal of Sociology 83 (2), S. 340-363.
Meyer, John; Boli, John; Thomas, George M. (1987): Ontology and Rationalization in the Western Cultural Account. In: George M. Thomas, John Meyer, Francisco Ramirez, Boli John (Hg.): Institutional Structure. Constituting State, Society, and the Individual. Newbury Park: Sage, S. 12-37.
Meyer, Renate; Hammerschmid, Gerhard (2006): Die Mikroperspektive des Neo-Institutionalismus. Konzeption und Rolle des Akteurs. In: Konstanze Senge und Kai-Uwe Hellmann (Hg.): Einführung in den Neo-Institutionalismus. Wiesbaden: VS Verlag für Sozialwissenschaften, S. 160-171.
Miles, Matthew B.; Huberman, A. Michael (2005): Qualitative Data Analysis. An Expanded Sourcebook. 2. Auflage. London, Thousand Oaks, New Delhi: Sage.
Mills, Albert J.; Durepos, Gabrielle; Wiebe, Elden (Hg.) (2010): Encyclopedia of Case Study Research. Los Angeles: Sage.
Minssen, Heiner (2006): Arbeits- und Industriesoziologie. Eine Einführung. Frankfurt am Main: Campus.
Minssen, Heiner; Riese, Christian (2007): Professionalität der Interessenvertretung. Arbeitsbedingungen und Organisationspraxis von Betriebsräten. Berlin: Edition Sigma.
Moldaschl, Manfred; Holtgrewe, Ursula (2003): Wissenschaft als Arbeit. In: Hans-Werner Franz, Jürgen Howaldt, Heike Jacobsen und Rald Kopp (Hg.): Forschen, lernen, beraten. Der Wandel von Wissensproduktion und -transfer in den Sozialwissenschaften. Berlin: Edition Sigma, S. 205-239.
Mountz, Alison; Miyares, Ines; Wright, Richard; Bailey, Adrian (2003): Methodologically Becoming: Power, Knowledge and Team Research. In: Gender, Place and Culture 10 (1), S. 29-46.
Mruck, Katja; Breuer, Franz (2003): Subjektivität und Selbstreflexivität im qualitativen Forschungsprozess. In: Forum Qualitative Sozialforschung/Forum: Qualitative Social Research [Online Journal], 4 (2), Art. 23. Zuletzt geprüft am 01.06.2012.
Mruck, Katja; unter Mitarbeit von Mey, Günter (2000): Qualitative Sozialforschung in Deutschland. In: Forum Qualitative Sozialforschung/Forum: Qualitative Social Research [Online Journal], 1 (1), Art. 4. Zuletzt geprüft am 01.06.2012.
Müller-Jentsch, Walther (2002): Germany. In: Daniel B. Cornfield und Randy Hodson (Hg.): Worlds of work. Building an International Sociology of Work. New York: Kluwer Academic/Plenum Publishers, S. 221-252.
Müller-Jentsch, Walther (2006): Akteure, Interessen, Institutionen. In: Michael Schmid und Andrea Maurer (Hg.): Ökonomischer und soziologischer Institutionalismus. Interdisziplinäre Beiträge und Perspektiven der Institutionentheorie und -analyse. Marburg: Metropolis, S. 245-258.
Mulkay, Michael (1979): Science and the Sociology of Knowledge. London, Boston: Allen & Unwin.
Mulkay, Michael (1983): Why an Analysis of Scientific Discourse is Needed. In: Karin Knorr-Cetina und Michael Mulkay (Hg.): Science Observed. Perspectives on the Social Study of Science. London, Beverly Hills: Sage, S. 171-203.
Münch, Richard (2008): Stratifikation durch Evaluation: Mechanismen der Konstruktion von Statushierarchien in der Forschung. In: Zeitschrift für Soziologie 37 (1), S. 60-80.
Münch, Richard (2009): Kein Kartell, kein Monopol, keine Oligarchie? Wie die Soziologie zur Affirmationswissenschaft wird. In: Kölner Zeitschrift für Soziologie und Sozialpsychologie 61, S. 453-461.
Münch, Richard (2010): Der Monopolmechanismus in der Wissenschaft. Auf den Schultern von Robert K. Merton. In: Berliner Journal für Soziologe 20, 341-370.
Mullins, Nicolas (1972): The Development of a Scientific Specialty. In: Minerva 10, S. 51-82.

Neidhardt, Friedhelm (1983): Gruppierungsprobleme sozialwissenschaftlicher Forschungsteams. In: Friedhelm Neidhardt (Hg.): Gruppensoziologie. Perspektiven und Materialien. Opladen: Westdeutscher Verlag (Kölner Zeitschrift für Soziologie und Sozialpsychologie Sonderheft 25), S. 552-573.

Neuloh, Otto (1960): Der neue Betriebsstil. Untersuchungen über Wirklichkeit und Wirkungen der Mitbestimmung. Tübingen: J.C.B. Mohr.

Nies, Sarah; Sauer, Dieter (2010): Theoriegeleitete Fallstudienforschung. Forschungsstrategien am ISF München. In: Hans J. Pongratz und Rainer Trinczek (Hg.): Industriesoziologische Fallstudien. Entwicklungspotenziale einer Forschungsstrategie. Berlin: Edition Sigma, S. 119-162.

Noon, Mike; Blyton, Paul (2007): The Realities of Work. Experiencing Work and Employment in Contemporary Society. 3. Auflage. New York: Palgrave Macmillan.

North, Cecil (1990): Institutions, Institutional Change, and Economic Performance. Cambridge: Cambridge University Press.

Oevermann, Ulrich; Allert, Tilman; Konau, Elisabeth; Krambeck, Jürgen (1979): Die Methodologie einer ‚objektiven Hermeneutik' und ihre allgemeine forschungslogische Bedeutung in den Sozialwissenschaften. In: Hans-Georg Soeffner (Hg.): Interpretative Verfahren in den Sozial- und Textwissenschaften. Stuttgart: Metzler, S. 352-434.

Olesen, Virginia; Droes, Nellie; Hatton, Diane; Chico, Nan; Schatzman, Leonard (1994): Analyzing Together: Recollections of a Team Approach. In: Alan Bryman und Robert G. Burgess (Hg.): Analyzing Qualitative Data. London: Routledge, S. 110-128.

Oliver, Christine (1991): Strategic Responses to Institutional Processes. In: The Academy of Management Review 16 (1), 145-179.

Orum, Anthony M.; Feagin, Joe R.; Sjoberg, Gideon (1991): Introduction. The Nature of the Case Study. In: Joe R. Feagin, Anthony M. Orum und Gideon Sjoberg (Hg.): A Case for the Case Study. Chapel Hill: The University of North Carolina Press, S. 1-26.

Parthey, Heinrich (1983): Forschungssituation in interdisziplinärer Arbeit in Forschergruppen. In: Heinrich Parthey und Klaus Schreiber (Hg.): Interdisziplinarität in der Forschung. Analysen und Fallstudien. Berlin: Akademie Verlag, S. 13-46.

Parthey, Heinrich; Schreiber, Klaus (Hg.): Interdisziplinarität in der Forschung. Analysen und Fallstudien. Berlin: Akademie Verlag.

Pelz, Donald; Andrews, Frank (1966): Scientists in Organizations. Productive Climates for Research and Development. New York, London, Sydney: John Wiley and Sons, Inc.

Perrett, Robert; Martinez Lucio, Miguel (2008): The Challenge of Connecting and Co-ordinating the Learning Agenda. A Case Study of a Trade Union Learning Centre in the UK. In: Employee Relations 30 (6), S. 623-639.

Pflüger, Jessica (2012): Triangulation in der arbeits- und industriesoziologischen Fallstudienforschung. In: Kölner Zeitschrift für Soziologie und Sozialpsychologie 64 (1), S. 155-173.

Pflüger, Jessica; Pongratz, Hans J.; Trinczek, Rainer (2010a): Fallstudien in der deutschen Arbeits- und Industriesoziologie. In: Hans J. Pongratz und Rainer Trinczek (Hg.): Industriesoziologische Fallstudien. Entwicklungspotenziale einer Forschungsstrategie. Berlin: Edition Sigma, S. 23-70.

Pflüger, Jessica; Pongratz, Hans J.; Trinczek, Rainer (2010b): Methodische Herausforderungen arbeits- und industriesoziologischer Fallstudienforschung. In: Arbeits- und Industriesoziologische Studien 3 (1), S. 5-13.

Pickering, Andrew (1994): From Science as Knowledge to Science as Practice. In: Andrew Pickering (Hg.): Science as Practice and Culture. Chicago: University of Chicago Press, S. 1-28.

Pirker, Theo; Braun, Siegfried; Lutz, Burkart; Hammelrath, Fro (1955): Arbeiter – Management – Mitbestimmung. Stuttgart, Düsseldorf: Ring-Verlag.

Platt, Jennifer (1976): Realities of Social Research. An Empirical Study of British Sociologists. London: Sussex University Press.

Pollert, Anna (1981): Girls, Wives, Factory Lives. London: Macmillan.

Pongratz, Hans J. (2005): Industriesoziologie als Institution. Eine organisationstheoretische Deutung ihrer organisationstheoretischen Defizite. In: Michael Faust (Hg.): Die ‚Organisation' der Arbeit. München: Hampp, S. 21-41.
Pongratz, Hans J.; Trinczek, Rainer (Hg.) (2010): Industriesoziologische Fallstudien. Entwicklungspotenziale einer Forschungsstrategie. Berlin: Edition Sigma.
Popitz, Heinrich; Bahrdt, Hans P.; Jüres, Ernst A.; Kesting, Hanno (1957a): Technik und Industriearbeit. Tübingen: J.C.B. Mohr.
Popitz, Heinrich; Bahrdt, Hans P.; Jüres, Ernst A.; Kesting, Hanno (1957b): Das Gesellschaftsbild des Arbeiters. Soziologische Untersuchungen in der Hüttenindustrie. Tübingen: J.C.B. Mohr.
Powell, Walter W.; DiMaggio, Paul J. (Hg.) (1991): The New Institutionalism in Organizational Analysis. Chicago: University of Chicago Press.
Procter, Stephen J.; Mueller, Frank (Hg.) (2000): Teamworking. New York: St. Martin's Press.
Przyborski, Aglaja; Wohlrab-Sahr, Monika (2010): Qualitative Sozialforschung. Ein Arbeitsbuch. 3. Auflage. München: Oldenbourg Verlag.
Pugh, Derek; Hickson, David (Hg.) (1976): Organizational Structure in its Context. The Aston Programme I. Westmead: Saxon House.
Purcell, John; Hutchinson, Sue (2007): Front-line Managers as Agents in the HRM-performance Causal Chain: Theory, Analysis and Evidence. In: Human Resource Management Journal 17 (1), S. 3-20.
Ragin, Charles C.; Becker, Howard Saul (Hg.) (1992): What is a Case? Exploring the Foundations of Social Inquiry. Cambridge: Cambridge University Press.
Reichertz, Jo (1986): Probleme qualitativer Sozialforschung. Zur Entwicklungsgeschichte der objektiven Hermeneutik. Frankfurt am Main: Campus.
Richards, Lyn (1999): Qualitative Teamwork. Making it Work. In: Qualitative Health Research 9 (1), S. 7-10.
Rose, Richard (1991): Comparing Forms of Comparative Analysis. In: Political Studies 39 (3).
Rubery, Jill; Cooke, Fang Lee; Earnshaw, Jill; Marchington, Mick (2003): Inter-organizational Relations and Employment in a Multi-employer Environment. In: British Journal of Industrial Relations 41 (2), S. 265-289.
Schatzman, Leonard; Strauss, Anselm L. (1973): Field Research. Strategies for a Natural Sociology. Englewood Cliffs, New Jersey: Prentice-Hall.
Scheuch, Erwin (1989): Theoretical Implications of Comparative Survey Research: Why the Wheel of Cross-cultural Methodology Keeps on Being Reinvented. In: International Sociology 4 (2), S. 147-167.
Schimank, Uwe (1995): Für eine Erneuerung der institutionalistischen Wissenschaftssoziologie. In: Zeitschrift für Soziologie 24 (1), S. 42-57.
Schmidt, Gert (1982): Blicke über die Grenzen. Zur Situation industriesoziologischer Forschung in einigen westeuropäischen Ländern. In: Gert Schmidt, Hans-Joachim Braczyk und Jost dem von Knesebeck (Hg.): Materialien zur Industriesoziologie. Opladen: Westdeutscher Verlag (Sonderheft der Kölner Zeitschrift für Soziologie und Sozialpsychologie 24), S. 57-83.
Schmoch, Ulrich (2009): Geeignete Ansätze zur Messung wissenschaftlicher Leistung. In: Beiträge zur Hochschulforschung 31 (1), S. 26-41.
Schnell, Rainer; Hill, Paul; Esser, Elke (2011): Methoden der empirischen Sozialforschung. 9. Auflage. München: Oldenbourg Verlag.
Schütze, Fritz (1978): Was ist ‚kommunikative Sozialforschung'? In: Adrian Gärtner und Sabine Hering (Hg.): Regionale Sozialforschung. Modellversuch Soziale Studiengänge an der Gesamthochschule Kassel, Materialien 12. Kassel: Gesamthochschulbibliothek, S. 117-131.
Schumann, Michael; Baethge-Kinsky, Volker; Kuhlmann, Martin; Kurz, Constanze; Neumann, Uwe (1994): Trendreport Rationalisierung. Automobilindustrie, Werkzeugmaschinenbau, Chemische Industrie. Berlin: Edition Sigma.

Scott, Richard (2006): Reflexionen über ein halbes Jahrhundert Organisationssoziologie. In: Konstanze Senge und Kai-Uwe Hellmann (Hg.): Einführung in den Neo-Institutionalismus. Wiesbaden: VS Verlag für Sozialwissenschaften, S. 201-223.
Scott, Richard (2008a [1985]): Institutions and Organizations. Ideas and Interests. Los Angeles: Sage.
Scott, Richard (2008b): Lords of the Dance: Professionals as Institutional Agents. In: Organization Studies 29, S. 219-238.
Scott, William H.; Banks, Joseph A.; Halsey, Albert H.; Lupton, Thomas (1956): Technical Change and Industrial Relations. A Study of Relations between Technical Change and the Social Structure of a Large Steelworks. Liverpool: Liverpool University Press.
Seale, Clive (1999): The quality of qualitative research. London, Thousand Oaks, New Delhi: Sage.
Senge, Konstanze (2011): Das Neue am Neo-Institutionalismus. Der Neo-Institutionalismus im Kontext der Organisationswissenschaft. Wiesbaden: VS Verlag für Sozialwissenschaften.
Senge, Konstanze; Hellmann, Kai-Uwe (2006): Einleitung. In: Konstanze Senge und Kai-Uwe Hellmann (Hg.): Einführung in den Neo-Institutionalismus. Wiesbaden: VS Verlag für Sozialwissenschaften, S. 7-35.
Senghaas-Knobloch, Eva; Nagler, Brigitte; Dohms, Annette (1996): Zukunft der industriellen Arbeitskultur. Münster: LIT.
Shrum, Wesley; Genuth, Joel; Chompalov, Ivan (2007): Structures of Scientific Collaboration. Cambridge, Massachusetts: MIT Press.
Siltanen, Janet; Willis, Alette; Scobie, Willow (2008): Separately Together: Working Reflexively as a Team. In: International Journal of Social Research Methodology 11 (1), S. 45-61.
Simons, Helen (2008): Case Study Research in Practice. London: Sage.
Sismondo, Sergio (1993): Some Social Constructions. In: Social Studies of Science 23, S. 515-553.
Stake, Robert E. (1995): The Art of Case Study Research. London, Thousand Oaks, New Delhi: Sage.
Stake, Robert E. (2005): Qualitative Case Studies. In: Norman K. Denzin und Yvonna S. Lincoln (Hg.): The SAGE Handbook of Qualitative Research. 3. Auflage. London, Thousand Oaks, New Delhi: Sage, S. 443-466.
Stanley, Christine A.; Slattery, Patrick (2003): Interdisciplinary, Biracial, Male/Female Research Team Who Reveals what to whom? In: Qualitative Inquiry 9 (5), S. 705-728
Steinke, Ines (2005): Gütekriterien qualitativer Forschung. In: Uwe Flick, Ernst von Kardorff und Ines Steinke (Hg.): Qualitative Forschung. Ein Handbuch. Reinbek bei Hamburg: Rowohlt, S. 319-331.
Storer, Norman (1966): The Social System of Science. New York: Holt, Rinehardt and Winston.
Strauss, Anselm L. (1998): Grundlagen qualitativer Sozialforschung. Datenanalyse und Theoriebildung in der empirischen soziologischen Forschung. München: Fink.
Strauss, Anselm L.; Corbin, Juliet M. (1996): Grounded Theory. Grundlagen qualitativer Sozialforschung. Weinheim: Beltz, PsychologieVerlagsUnion.
Strauss, George (1998): Comparative International Industrial Relations. In: Keith Whitfield und George Strauss (Hg.): Researching the World of Work. Strategies and Methods in Studying Industrial Relations. Ithaca: ILR Press, S. 175-192.
Strauss, George; Whitfield, Keith (1998): Research Methods in Industrial Relations. In: Keith Whitfield und George Strauss (Hg.): Researching the World of Work. Strategies and Methods in Studying Industrial Relations. Ithaca: ILR Press, S. 5-29.
Strauss, George; Whitfield, Keith (2008): Changing Traditions in Industrial Relations Research. In: Paul Blyton, Nicolas Bacon, Jack Fiorito und Edmund Heery (Hg.): The SAGE Handbook of Industrial Relations. London: Sage, S. 170-187.
Strübing, Jörg (2005): Pragmatistische Wissenschafts- und Technikforschung. Frankfurt am Main: Campus.

Strübing, Jörg (2008): Grounded Theory. Zur sozialtheoretischen und epistemologischen Fundierung des Verfahrens der empirisch begründeten Theoriebildung. 2. Auflage. Wiesbaden: VS Verlag für Sozialwissenschaften.
Swanborn, Peter G. (2010): Case Study Research. What, Why and How? Los Angeles: Sage.
Swanson, Richard A. (Hg.) (2005): Research in Organizations. Foundations and Methods of Inquiry. San Francisco: Berrett-Koehler.
Talib, Ameen Ali (2001): The Continuing Behavioural Modification of Academics since the 1992 Research Assessment Exercise. In: Higher Education Review 33 (3), S. 30-46.
Teichler, Ulrich (2012): Hochschulstrukturen im Übergang. In: Barbara Kehm, Harald Schomburg und Ulrich Teichler (Hg.): Differenzierung, Internationalisierung, Relevanzsteigerung. Hochschulen im Funktionswandel. Frankfurt am Main: Campus, S. 281-299.
Thomas, William; Znaniecki, Florian (1918): The Polish Peasant in Europe and America. Chicago: University of Chicago Press.
Thornton, Patricia; Ocasio, William (1999): Institutional Logics and the Historical Contingency of Power in Organizations: Executive Succession in the Higher Education Publishing Industry, 1958-1990. In: American Journal of Sociology 105 (3), S. 801-843.
Thornton, Patricia; Ocasio, William (2008): Institutional Logics. In: Royston Greenwood (Hg.): The SAGE Handbook of Organizational Institutionalism. Los Angeles: Sage, S. 99-130.
Timmermans, Stefan; Epstein, Steven (2010): A World of Standards but not a Standard World: Toward a Sociology of Standards and Standardization. In: Annual Review of Sociology 36, S. 69-89.
Tolbert, Pamela; Zucker, Lynne G. (1996): The Institutionalization of Institutional Theory. In: Stewart Clegg, Cynthia Hardy und Walter R. Nord (Hg.): Handbook of Organization Studies. London, Thousand Oaks, New Delhi: Sage, S. 175-190.
Torka, Marc (2008): Die Projektförmigkeit der Forschung. Baden-Baden: Nomos.
Torka, Marc (2011): Der Evaluator. Positionierungen, Strategien, Deutungs-, Handlungs- und Urteilswissen von Wissenschaftlern in Prozessen der Wissenschaftsevaluation. In: Sozialer Sinn 12, S. 81-114.
Trinczek, Rainer (2011): Überlegungen zum Wandel von Arbeit. In: WSI-Mitteilungen 64 (11), S. 606-614.
Tripp-Reimer, Toni; Sorofman, Bernard; Peters, Jennifer; Waterman, James (1994): Research Teams: Possibilities and Pitfalls in Collaborative Qualitative Research. In: Janice M. Morse (Hg.): Critical Issues in Qualitative Research Methods. London, Thousand Oaks, New Delhi: Sage, S. 318-331.
Vaughan, Diane (1992): Theory Elaboration: The Heuristics of Case Analysis. In: Charles C. Ragin und Howard Saul Becker (Hg.): What is a Case? Exploring the Foundations of Social Inquiry. Cambridge: Cambridge University Press, S. 173-192.
Volmerg, Birgit; Senghaas-Knobloch, Eva; Leithäuser, Thomas (1986): Betriebliche Lebenswelt. Eine Sozialpsychologie industrieller Lebensverhältnisse. Opladen: Westdeutscher Verlag.
Walgenbach, Peter (1999): Institutionalistische Ansätze der Organisationstheorie. In: Alfred Kieser (Hg.): Organisationstheorien. Stuttgart: Kohlhammer, S. 319-355.
Walgenbach, Peter; Meyer, Renate E. (2008): Neoinstitutionalistische Organisationstheorie. Stuttgart: Kohlhammer.
Wasser, Judith; Bresler, Liora (1996): Working in the Interpretive Zone: Conceptualizing Collaboration in Qualitative Research Teams. In: Educational Researcher 25 (5), S. 5-15.
Weber, Max (2002 [1914]): Schriften 1894 – 1922. Unter Mitarbeit von Dirk Kaesler. Stuttgart: Kröner.
Weingart, Peter (2003): Wissenschaftssoziologie. Bielefeld: Transcript.
Whitfield, Keith (1994): Adding it All Up: A Review of Quantitative Techniques on Industrial Relations. In: Ron Callus und Michelle Schumacher (Hg.): Current Research in Industrial Rela-

tions. Association of Industrial Relations Academics of Australia and New Zealand, S. 1421-1436.

Whitfield, Keith; Strauss, George (2000): Methods Matter: Changes in Industrial Relations Research and their Implications. In: British Journal of Industrial Relations 38 (1), S. 141-151.

Whitley, Richard; Gläser, Jochen; Engwall, Lars (Hg.) (2010): Reconfiguring Knowledge Production. Changing Authority Relationships in the Sciences and their Consequences for Intellectual Innovation. Oxford: Oxford University Press.

Whyte, William F. (1943): Street Corner Society: The Social Structure of an Italian Slum. Chicago: Chicago University Press.

Williamson, Oliver (1994): Transaction Cost Economics and Organization. In: Neil J. Smelser und Richard Swedberg (Hg.): The Handbook of Economic Sociology. Princeton, New Jersey: Princeton University Press, S. 77-107.

Witzel, Andreas (1982): Verfahren der qualitativen Sozialforschung. Überblick und Alternativen. Frankfurt am Main: Campus.

Witzel, Andreas (2000): Das problemzentrierte Interview. In: Forum Qualitative Sozialforschung/Forum: Qualitative Social Research [Online Journal], 1 (1), Art. 22. Zuletzt geprüft am 19.12.2011.

Wolff, Stephan (2005): Dokumenten- und Aktenanalyse. In: Uwe Flick, Ernst von Kardorff und Ines Steinke (Hg.): Qualitative Forschung. Ein Handbuch. Reinbek bei Hamburg: Rowohlt, S. 502-514.

Woods, Peter; Jeffrey, Bob; Troman, Geoff; Boyle, Mari; Cocklin, Barry (1998): Team and Technology in Writing up Research. In: British Educational Research Journal 24 (5), S. 573-592.

Woodside, Arch G. (2010): Case Study Research. Theory, Methods and Practice. Bingley: Emerald.

Woodward, Jean (1965): Industrial Organization: Theory and Practice. London: Oxford University Press.

Woolgar, Steve (1988): Science. The Very Idea. London: Tavistock Publications.

Yin, Robert K. (1994): Case Study Research. Design and Methods. London, Thousand Oaks, New Delhi: Sage.

Yin, Robert K. (2003): Applications of Case Study Research. London, Thousand Oaks, New Delhi: Sage.

Yin, Robert K. (2003): Case Study Research. Design and Methods. 3. Auflage. London, Thousand Oaks, New Delhi: Sage.

Yin, Robert K. (2009): Case Study Research. Design and Methods. 4. Auflage. London, Thousand Oaks, New Delhi: Sage.

Ziegaus, Sebastian (2009): Die Abhängigkeit der Sozialwissenschaften von ihren Medien. Grundlagen einer kommunikativen Sozialforschung. Bielefeld: Transcript.

Zucker, Lynne G. (1979): Production of Trust: Institutional Sources of Economic Structure: 1840 to 1920. In: Barry M. Staw und Larry L. Cummings (Hg.): Research in Organizational Behaviour. An Annual Series of Analytical Essays and Critical Reviews. Greenwich, Connecticut: Jai Press Inc., S. 55-111.

Zucker, Lynne G. (1983): Organizations as Institutions. In: Samuel B. Bacharach (Hg.): Research in the Sociology of Organizations. Greenwich, Connecticut: Jai Press Inc., S. 1-47.

Zucker, Lynne G. (Hg.) (1988): Institutional Patterns and Organizations. Culture and Environment. Cambridge, Massachusetts: Ballinger Publications.

Zuckerman, Harriet (1988): The Sociology of Science. In: Neil J. Smelser (Hg.): Handbook of Sociology. Newbury Park: Sage, S. 511-545.

Elektronische Quellen

Elektronische Quelle 1: http://research.mbs.ac.uk/european-employment/Aboutus.aspx
Elektronische Quelle 2: http://lubswww2.leeds.ac.uk/ceric/about-the-centre/mission
Elektronische Quelle 3: http://www2.warwick.ac.uk/fac/soc/wbs/research/irru
Elektronische Quelle 4: http://www.artec.uni-bremen.de/start.php
Elektronische Quelle 5: http://www.artec.uni-bremen.de/forschung/show_ff.php?id=2
Elektronische Quelle 6: http://www.isf-muenchen.de/forschung/index
Elektronische Quelle 7: http://www.tu-chemnitz.de/hsw/soziologie/institut
Elektronische Quelle 8: http://www.rae.ac.uk

alle zuletzt geprüft am 04.06.2012

Made in the USA
Las Vegas, NV
11 November 2024

11562378R00134